陳家莊國際元立企業百年發展史

1910 1920 1930 1940 1950 1960 1970 1980 1990 2000 2010

1913-1933
陳家莊扎根與成型

- **1913** 先祖陳炎遺由中國潮汕地區落番新加坡，生活飄泊不定
- **1923** 陳炎遺回鄉，把妻子和兩個兒子接到新加坡，在芽籠租地種菜
- **1927** 陳炎遺夫婦攜長子陳亞財返鄉娶妻，妻子是陳亞財表姊朱如貂
- **1928** 陳家開始與豬結緣，從一隻小豬飼養起
- **1929** 陳亞財長子陳逢揚出世
- **1933** 陳炎遺逝世，享年四十七歲，陳亞財與兩個弟弟同住，陳家莊成型

1937-1984
從養豬戶到新加坡豬王

- **1937** 陳家莊第一次搬遷，由芽籠搬到樟宜
- **1939** 陳亞財由春聯得到靈感，把養豬場取名為「陳財發農場」
- **1952** 樟宜大面積水患，陳亞財舉家搬回芽籠福順村，養豬規模超過一千頭
- **1965** 新加坡政府宣佈徵用芽籠大片土地發展工業
- **1966** 陳家莊搬遷到紅沙厘
- **1967～1977** 陳財發農場不斷擴大，養豬達到六千多頭
- **1977** 政府徵用紅沙厘土地，陳家莊搬遷到榜鵝
- **1984** 陳家莊養豬規模達到五萬頭，成為新加坡的「豬王」

1985-1991
第一階段成功轉型

- **1984** 新加坡政府宣佈，五年內全面淘汰養豬業。同年底，在新加坡喬治王道下開始第一家自營小型超市
- **1985** 陸續開了四家超市（目前共十九家，為新加坡市占率第四大）
- **1986** 舉行第二代接班人投票會議，陳逢坤和陳逢秋正式成為家族企業第一和第二把手。同年創立百美貿易有限公司和元立投資有限公司
- **1987** 到馬來西亞開發熱帶蘭花園
- **1991** 發展成為全球第二大的熱帶蘭花園

1993-2012
進軍大陸市場，開創多元企業

- **1993** 陳逢坤赴上海，買地開發太陽島
- **1994** 捲入上海最大「確權案」，官司前後耗時兩年半
- **1995** 新加坡總理吳作棟參觀太陽島。興建上海第一座私人橋梁，連接太陽島與陸地
- **1996** 設立上海新加坡國際學校（目前外籍學生約1460人，入學須經嚴格考試。）崇明島設立中新農場
- **1997** 太陽島高爾夫酒店度假村開幕。同年在馬爾代夫舉行的世界旅遊部長會議上，中國代表在大會所作的報告中，用一半以上的篇幅介紹上海太陽島國際俱樂部，視其為「外商投資的典範」
- **1998** 設立上海元立房地產發展有限公司
- **2002** 太陽島業務逐漸走出陰霾，陸續成功開發昆山、蘇州、南京等太陽島系列高爾夫休閒度假村
- **2010** 開展「泰生學」的思想與實踐，建設泰生示範農場，將「泰生」理念逐步導入養生、餐飲、企業和教育等領域

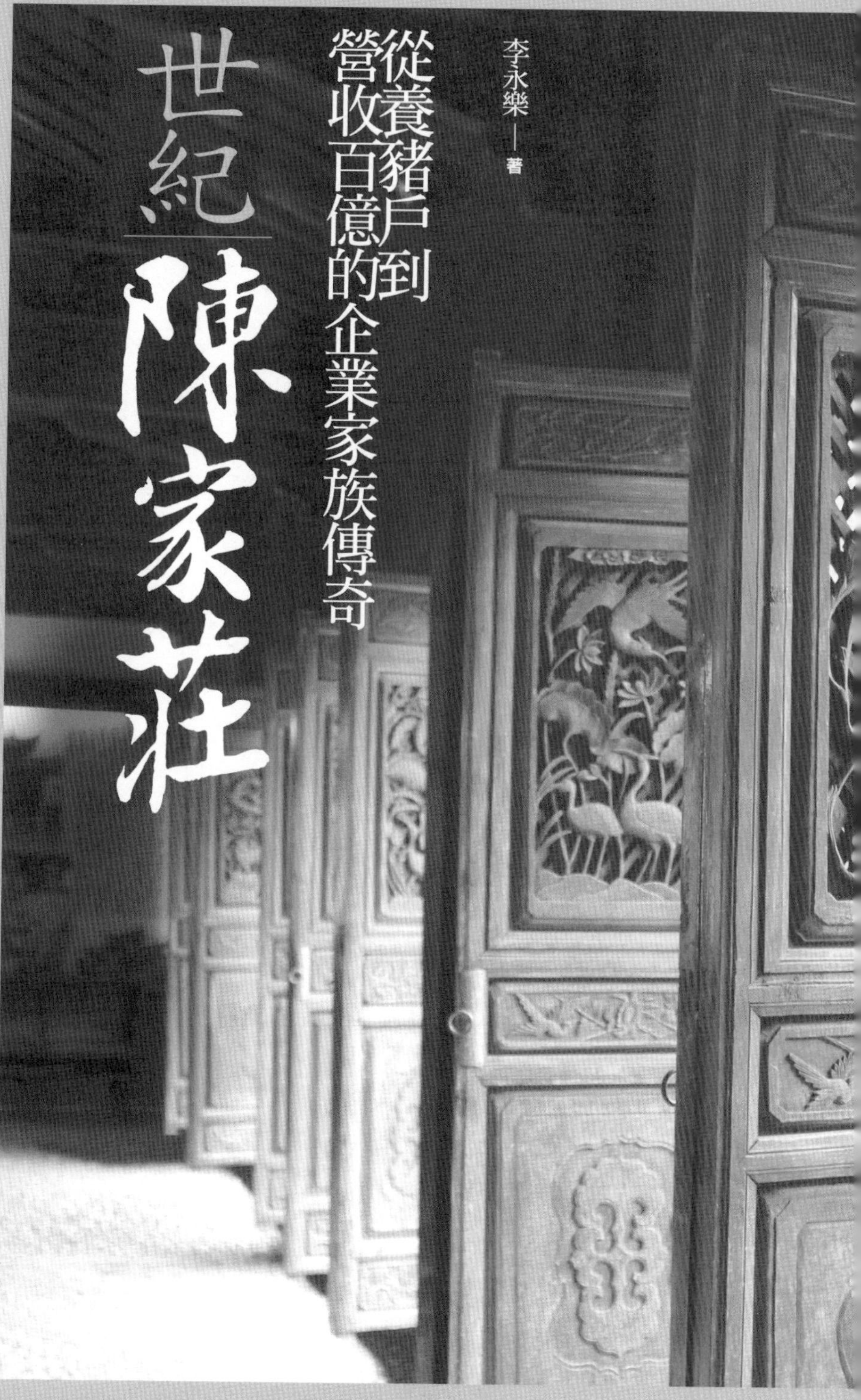

世紀陳家莊

從養豬戶到營收百億的企業家族傳奇

李永樂——著

【專文推薦】

千年居家之夢像一種哲學

余秋雨

十多年前，我與台灣朋友高信疆先生一起，在新加坡的樟宜機場附近，參觀了一個叫陳家莊的驚人大家庭。這麼多年過去了，我還常常對各地友人說起，這種情景對我這個早已走遍世界的人來說，是不多的。

陳家莊爲什麼讓我歷久難忘？

這是因爲，它讓我看到了一種「聚族而居，世代同堂」的儒家理想，居然在當代世界，實現得那麼酣暢淋漓。這是一個大宅子，當時住著一百多人，五代同堂。三十多個臥室，兩個大廳，一個很大的廚房，不小的圖書閱覽室，院子後面有寬敞的地面可以晾曬衣服。

現代人都會想：儘管是一家人，但人口那麼多，每個小家庭都有自己的生活方式，住在一起多不方便！這就牽涉到一整套嚴密的集體福利制度了。集體福利又必須依賴家族企業的興旺發達，有足夠的財力支撐門庭。除了經濟基礎，當然還要重建親

情基礎，那就是讓最老的長輩像老佛爺一樣被供奉著、侍候著，讓家族成員由此看到傳代的尊嚴和秩序，構成金字塔般的平穩氣氛。

說到這裡，誰都想到了一個難點：是不是要讓最老的長輩來決定家裡的一切重大事情？對此，陳家莊作出了否定。老人早已體弱思鈍，又是隔代之人，早已無法承擔裁斷權。這道理誰都明白，但一放到實踐中總是麻煩重重。最老的長輩不決定，那就要從下一輩老人中挑選了，但每個老人都牽扯著一大堆後代，勾心鬥角難於避免，因此只能把裁斷權再拱手交還給最沒有裁斷力的那個最老的長輩。說實話，中國歷史上很多大家族終於衰敗，就與這種無奈的體制有關。

陳家莊有幸，居然通過民主選舉，選出了學歷最高的第二代最小兒子陳逢坤，擔任大家長。老佛爺還是被恭敬地侍候著，但全家一切大事的裁斷權卻交到了陳逢坤先生手裡。

陳逢坤是一個具有現代國際觀念的企業家，他手下又有各個企業的CEO，隨著形勢的變化，他及時帶著家人來到他們的故鄉中國大陸，在上海開發太陽島，建高爾夫球場和度假村，又發展教育、農場、房地產、園林、貿易等諸多領域，度過一次次危機，陳家莊比過去更繁榮了。

記得那次在新加坡參觀完陳家莊後，我曾對高信疆先生說：「孔子『聚族而居，世代同堂』的理想，是針對農耕文明而言的，他認爲這就是中國朝廷的一個小範本，以家庭爲起點，『齊家、治國、平天下』。但是，他沒有論述一個大家庭延續長久的艱難操作過程，更沒有付之實踐。他如果九天有知，也一定會到陳家莊的上空來看一看。使孔子老人家感到陌生的是，陳家莊已經離開農耕大地而浮海遠行，與孔子不熟悉的海洋文明相結合，結合後，又做得那麼漂亮。」

高信疆先生說：「陳家莊的魅力，確實要從宏觀看，從長遠看。千年居家之夢，能夠延續至今，像一首老詩。」

我說：「更像一種哲學。」

本文作者爲知名文化學者

【專文推薦】

扎根情感，見證繁華

王如玄

我認識的陳逢坤，低調、誠懇、實在，重誠信。

我一向喜歡接觸不同職業、形形色色的人，到各地去看看，聽他們娓娓訴說著自己一步一腳印、一枝草一點露的故事，在他們身上可以看到自身以外的不同世界，瞭解每一位看似平凡者的背後，曾付出多少辛酸與血淚，藉此幫助我們內心多一份對於土地的關懷，多一些關於人情的溫暖，也鼓勵有志者事竟成。

這幾年忙於公務，有機會走訪台灣各鄉鎮角落，發現和陳逢坤一樣默默耕耘、認眞努力、用心經營的各行各業朋友，其實在我們的生活中處處可見，有時一個不起眼的人物或事務，細心剖開來看，每一頁都是屬於自己的美麗傳奇，而大樹的開枝繁茂，更是來自草根厚植的深層力量。當然，陳逢坤的事業版圖是跨國且較多元的。

卸任公職後，難得有時間和老朋友聚一聚，知道他要將自己家族百年來所走的路、所做的事，一點一滴記錄下來成書，並無私地與大家分享，實在很感佩。任何成功的背後，都是無數心血的累積，而其心路歷程的分享，一定可以爲有心人帶來更大的啓發和鼓舞。

陳逢坤與多數似曾相識的成功企業家的故事一般，過程中一定有篳路藍縷的開創艱辛、承繼者的堅毅果斷、家族企業走向企業家族治理的觀念衝突與爭執，當然還有面對事業版圖擴大，如何在家族情感矛盾與社會責任間，找到永續經營的方法。而重要的是，他實驗成功了，證明了他的方法是對的。

更特別的是，陳家莊這三代人的前塵往事，見證中華民族海外移民的繁華與失落、遷徙與安定，在那段曾經風雨飄搖的歲月中，還能令人感受到陽光的和煦與溫暖，而情感的溫度，遍灑在他的家族、企業員工與社會。從家族企業變爲企業家族，將更多員工納入照顧保護對象，不但是陳逢坤企業發展的方向，相信也是他企業能夠成功的重要關鍵。

陳逢坤家族是以養豬業起家，農民企業家的精神在陳逢坤身上一覽無遺，這也是很令人感動的特質。扎根家族的情感，踏實地走每一步路，樸實地做每一件事，誠信地對待每一個人，縱使在生命旅程中經歷過幾次突如其來的變遷與打擊、失去至親的悲傷與健康的苦痛，但懷抱著飲水思源的心、懂得感恩與分享，則不管是個人或社會，員工或企業，即使面對狂風驟雨，依然能夠屹立不搖，挺拔茁壯，甚至歸根地回饋大地、共生共享。

在閱讀本書之際，正好也看了幾部勞動紀錄片，相同的故事情節，在我們的生活中不斷上演，卻總被我們忙碌擾攘的步伐給錯過了。回頭想想，在我們身邊也有很多這樣的朋友，很認眞地實踐著這樣不畏艱難、一路向前的精神。有時不必行千里路，讀一本逆境向上的書，關心不一樣的人，人生的感悟更深一層，付出的心也會多一些。

平凡但不平庸，是陳逢坤和他的家族的故事，也是你我的人生。

本文作者爲常青國際法律事務所律師、前行政院勞工委員會主委

【專文推薦】

陳家莊與泖島：華人傳統與文化企業

王潤華

陳家莊不只是四代群居家族，它保存了完整的中華文化傳統精神與價值觀，所以才能創造有文化的企業與企業文化，上海太陽島就是其成就的象徵。

我是先有機緣訪問上海太陽島，之後才走進新加坡的陳家莊大門。第一次訪問太陽島，是在二〇〇九年，新加坡國際元立集團總裁陳逢坤先生帶我到他位在高樓上的辦公室，指著窗外地面高爾夫球場草地上的一個小湖，他說秋天湖裡有兩個太陽。這是我對上海太陽島的第一個印象，後來我寫了一首詩〈泖島〉，就是關於陳逢坤先生從誕生與生長的赤道島國回返中華文化的原鄉，尋找到另個太陽的故事：

他棄船上岸以後
滾滾的浪濤退回海洋
河水也回到了河床

泖塔走出唐朝的雄風
黃昏
白色的鷺鷥飛落處
他尋找到兩個金黃的太陽
在池塘底下對話
泖塔即是古剎也是燈塔
泖河即是河也是湖
他棄船上岸以後
白雲低鎖泖塔
斷虹斜掛樹梢
梵鐘濤聲對話
似乎還能聽見
唐代殘留的
多元文化的遺跡與聲音

接下來，他帶我遊覽黃浦江上游的河中小島，他最驕傲的不是擁有這個島的財富，而是島上一座建於唐代之大泖塔，也是國家重點保護文物，是中國僅存五座古燈塔之一，見證將近一千兩百年的文化歷史。歷代詩人從晉朝陸機、唐代陸龜蒙、宋代王安石、明代徐霞客，都曾留下旅遊詩文。據說島主陳逢坤無意中乘小船登陸參觀，為泖文化所啓蒙，決定買島並且發展為五星級高爾夫、溫泉度假酒店，更決心發展多元文化。而宋代的王安石曾乘船上岸，後來寫了〈華亭谷〉，提到「巨川非一源，源亦在眾流」，以河水的交匯暗示泖島的多元文化：

巨川非一源，源亦在眾流。
此谷乃清淺，松江能覆舟。
蟲魚何所知，上下相沉浮。
徒嗟大盈浦，浩浩無春秋。

因此我與島主陳逢坤馬上決定，在二〇一〇年九月上海世博會期間所舉辦的「上海太陽島多元文化高峰會」，主題便是「新加坡作家與世界華文作家對話」，這是上海太陽島一系列的文化工程之一。這次的對話，恐怕是太陽島首次有來自世界各地的華文作家與馬來西亞、印度籍作家的對話與朗讀多種語文的詩歌，如果王安石聽見，也會感到自己有先見之明。

同時我們兩人也決定將重建島上的共同文化記憶工程。第一件工作，就是將歷代書寫沙島的詩歌，精選了三十首，翻譯成英文，出版一本中英選集，而這本由王潤華與陳逢坤主編的《上海太陽島詩選》（台北：文史哲出版社）在二〇一〇年上海世博會上舉行新書發表會。與會的作家也因上海太陽島的感受寫了很多詩，後來在二〇一一年九月出版了《上海太陽島現代詩選》。

我初訪陳家莊是在二〇一〇年二月十三日，那是華人新年的除夕早上。令我驚訝的是，這個擁有三十二個客房，另有大餐廳、圖書館、會客室的陳家莊，風格如太陽島，充滿著陽光，無論屋內屋外，自然樸實，強調的人文氣息，遠遠超越物質文明。莊主陳逢坤送客時，竟然還赤足走在巨大的停車場。

在西方文化霸權統治下的新加坡，很多人都驚訝於還有一個完整的中華群居家族存在。陳家莊將近百名成員，居住與生活在同一個莊園的屋簷下，同居共財、同甘共苦。他們繼承的不只是傳統的生活方式，更重要的是中華人文精神與價值觀。陳家莊由「家族企業」走向「企業家族」，再發展成爲跨國界的企業家族。爲什麼新加坡還有這樣一個傳奇故事？原因就是中華文化的繼承。

成功的企業，只能得到一個太陽。陳逢坤追求的是兩個太陽，一個是企業，另一個是文化。我前面談到太陽島上的文化與詩歌的建構，還有正在積極建構的「泰生學」，這種文化是現代企業的發動力，沒有文化的企業很快會凋萎，因爲它只是賺錢的工具，有文化的企業是與大自然的土地、人類的精神文明共生長。

《世紀陳家莊》這本書有深度、可讀性高，既是報導文學，也是文學與文化書寫。更重要的，作者將一個家族及其企業創造成功的傳奇故事，用多元創新的敘述手法寫出，感人生動。相信讀者讀了，除了陶醉在無窮的趣味裡，也會受到有關人生、家庭、文化、創業多方面的感動與啓發。因此本人大力推薦給喜歡讀好書的讀者。

本文作者爲馬來西亞南方大學資深副校長

【專文推薦】

跨越中國和新加坡百年時空的現代傳奇

林任君

傍水而建的房屋，設計得宛如天然的人造河道，綠意碧波相得益彰的「生態」新鎮……榜鵝的今生，是精心打造的宜居環境，完善的設施，怡人的景色，典型的新加坡一絲不苟的城建規畫產物。

但在鎮中公園走道上遛狗騎車的新潮男女，在平整的草坪上帶孩子放風箏的七〇、八〇後，有多少人知道這裡的前世，曾經綻放著另一種全然不同的蓬勃生態呢？

「前世」其實並不是太遙遠，只不過二、三十年前，這裡還是個生機盎然的農村，欣欣向榮的種植業與養殖業沿著榜鵝許多鄉道星羅棋佈，不斷延伸，直到遙望柔佛的海邊，維持著多少農民的生計，培育了多少大大小小的民間企業。

陳亞財和他的家族當年所經營的農場就設在這裡。那可不是普通的家庭作業，經過家族多年的辛苦經營，陳家的養豬場到了一九八〇年代已經發展成為飼養著五萬頭豬的現代化農場，無論從營運規模、先進設備及電腦化管理等角度來看，都稱得上是具有世界水準。把陳家養豬場帶上現代化道路的，是陳亞財的兒子陳逢坤。他是家中的老么，爲繼承並發揚父業到台灣大學攻讀畜牧系，一九七九年學成歸來，帶回科技管理農場的學識和經驗，正好趕上國家發展大農場的政策——鼓勵將眾多小型養豬場合併成幾家大型農場。於是他全心全意地投身進去，大施拳腳擴展業務，終於將陳家莊發展成爲新加坡的「養豬大王」。

然而，那樣的光景維持沒多久，政策就突然改變了。隨著經濟起飛及城市化步伐的加速，養豬場及其他農業用地若轉換用途，變成工業、商業或住宅用地，其飆升之溢價不難計算；「價值最大化」、「犧牲少數」、「看長遠」的經濟理性畢竟是生存發展的硬道理。於是，政府在一九八〇年代中期突然宣佈淘汰養豬業。對廣大豬農來說，這簡直是晴天霹靂，他們的生計頓時沒了著落，陷入恐慌之中，一些豬農甚至在絕望中自殺了。

對於長期依賴養豬爲生，而且是靠它養活數百口的陳家莊來說，這個打擊更是非同小可，因爲豬群不只維持著陳家的經濟命脈，也是維繫這個龐大家族的紐帶。其實，在這之前，從一九六〇年代開始，陳家的農場已經因爲新加坡的工業和建屋需要，以及農業政策的調整，數次被迫連人帶豬大事遷徙，雖然折騰費事卻還能繼續生存發展，以豬活口。如今突然完全不准養豬，等於切斷了經濟命脈，陳家面對的不只是飯碗打破的厄運，更是家族分崩離析的下場！

但這畢竟是個不一般的家族。陳家在震驚之餘並沒有慌張失措，而是沉著應對。在陳逢坤帶領下，這個具有堅強韌性的家族下決心朝多元化發展，強力反彈，終於成功轉型，殺出一條生路。

將鏡頭從一九八〇年代的榜鵝快速推進到今天，畫面中的「陳家莊」，已經是個跨越中國大陸、新加坡、馬來西亞和台灣的現代化大企業了——陳家莊成立的國際元立集團，如今在新加坡擁有十九家超級市場，在馬來西亞擁有世界第二大的熱帶蘭花園，在上海擁有太陽島高爾夫球場度假村，除此之外，它所經營的主要業務還涵蓋了養生度假村、農林漁牧綜合農場、國際學校、房地產開發、文化旅遊、中醫理療等等。其中的綜合農場更訂下宏偉的目標，要在中國發展萬畝農田。當然，這個豬農世家並沒有放棄養豬業，陳家在榜鵝的養豬場被迫遷出新加坡後，如今已經在元立的中國農場另起爐灶了。

榜鵝的前世今生，經歷的滄海桑田，是新加坡過去數十年急劇發展的一個縮影，是從殖民地到共和國翻天覆地變化的一幕深刻寫照。養豬業只不過是這個所向披靡的城市化進程的一個必然犧牲品罷了，而陳家也只是千千萬萬個為成就現代新加坡而付出沉重代價的家庭或企業之一。隨著傳統經濟生態的破壞，新經濟秩序的建立，多少個人和企業在這一無情的建國過程中消逝沉淪了，當然也有不少頑強地生存下來。但像陳家這樣從純粹務農蛻變成為跨國跨業的現代化集團，畢竟屈指可數，非常難能可貴。

當然，蛻變不是沒有痛苦的，陳家莊跨界向外和進軍其他行業的道路曲折艱辛，崎嶇險峻，尤其是在一九九〇年代進入中國時，那可是另一個正從傳統迅速奔向現代化而充滿變數的國度，一個充滿不確定性的年代，加上遇到突如其來的亞洲金融風暴，其驚險危難的程度，其顛簸起伏的歷程，更是難以想像。但陳家一路披荊斬棘，終於克服重重困難走過來了，走上了康莊大道，成就了今天豁然開朗的局面。

更難得的是，這個擁有一百多人的大家族從榜鵝到上海，從單靠養豬到多元發展，始終團結一致，緊密地凝聚在一起，企業的迅速擴張並沒有帶來似乎已成規律的衝突分裂的結局，甚至還大體維持著「同居共財」的集體生活方式。

從祖父陳炎遺整整一百年前自汕頭啓程過番到南洋討生活開始，經歷父親陳亞財那一代在新加坡開枝散葉建立陳家莊、開闢養豬場，一直到陳逢坤帶領家族度過一個又一個難關，開創國際元立集團，甚至將企業發展到祖居地……百年陳家莊的故事，是波瀾壯闊、可歌可泣的中國移民南洋百年史的一個縮影，也是新加坡人掙扎求存、艱辛奮鬥五十年歲月中的一頁血汗篇章。

陳家的移民和求生經歷也許有一定的代表性，但這個家族從「豬王」蛻變爲跨國多元企業的發展，以及數十年如一日聚居於同一莊園、甚至同一屋簷下的獨特生活方式，卻絕非典型——它簡直就是個傳奇！

《世紀陳家莊》述說的就是這麼一個跨越中國和新加坡百年時空的現代傳奇。將這個世紀傳奇翔實而生動地呈現給我們的，是集記者、作家、學者於一身的李永樂博士，我的前同事。

永樂從事新聞工作前後二十多年，從《南洋商報》記者到《聯合早報》編輯，期間更擔任了四年的早報上海特派員。新聞工作的豐富經驗練就了他採訪調查和蒐集資料的專業能力。作爲一名從年輕時代筆耕至今的寫作人，從詩歌散文、雜文評論到報導文學，他都信手拈來，發揮自如，文學的經歷讓他掌握了嫻熟練達的文筆，也銳化了他對社會人性的觀察力。在復旦大學攻讀政治學，考獲博士學位，更讓他得到了扎實的學術訓練，大大提高邏輯推理和嚴謹思維能力。

這些必需條件，加上擁有前後十多年的企業界經驗，在新加坡和中國大陸生活、學習及工作的歷練，以及出任國際元立集團出版部兼旗下《洂塔》季刊總編輯的優勢等有利因素，形成了完美的搭配，使他成爲撰寫這部傳奇的理想人選。

因此，在細述陳家莊四代人跨越星馬中台百年時空的家族遷徙、修身、齊家與創業的生生不息發展過程時，他寫來得心應手，思路綿密，有條不紊，娓娓道來，引人入勝。

但這本書並不只是平鋪直敘陳家的故事而已。憑著記者的敏鋭觀察和學者的探究精神，永樂在書中也提出並探討了一些發人深思的問題，例如：爲何這個家族能以這種方式在這種情況下生存發展並壯大？何以過了三代還能逃過分裂瓦解的宿命？其中有多少偶然性和必然性？這個家族究竟如何維持內部秩序？如何處理群居生活中無法避免的人事與利益的糾紛衝突？

此外，在今時今日若非絕無僅有也絕對是罕見的「陳家莊模式」，有什麼經濟學或管理學上的意義和社會價值嗎？更重要的是，這個模式究竟能持續嗎？持續多久？

本書並沒有回避這些敏感的問題，其實從永樂的陳述看出，陳家早已未雨綢繆，對如何確保家族和企業永續發展的問題進行了思考，而且還爲此創建了一套具有可操作性的家庭與企業價值觀，稱爲「泰生學」。

「泰生模式」能否讓陳家莊找到永續之路，且讓我們拭目以待，但若想瞭解其眞義，瞭解陳逢坤及其族人從陳家莊這些年來的生存發展以至脫胎換骨中，究竟悟出了什麼珍貴的道理，有什麼可以參考借鑑的地方，則無須等待，可以立刻從本書中找到答案。何不先睹爲快呢？

本文作者爲新加坡報業控股華文報集團總編輯

【專文推薦】

陳家莊——傳奇中的傳奇！

南方朔

這個世界從不缺乏各種功成名就的傳奇，但像「世紀陳家莊」這種傳奇，可真是少之又少。一個卑微的移民家族，歷經歲月的滄桑，從養豬種菜開始，一家人與時俱進地轉型發展，終於成了一個響噹噹的跨國企業和品牌。最古老的家族認同和最新的企業意識做了巧妙的結合，這個家族企業現在年營收驚人，員工四千多人，眞是傳奇中的傳奇！

「陳家莊」是這個家族的名字，而它的企業名字則是「國際元立集團」，縱使到了二十一世紀的現在，它仍保存最古老的家族認同與團結，是個四代及五代同堂的緊密家人團體，爲了維繫家族永續的生命，一路走來，克服種種難關。這也譜成了這個家族動人的故事。

「陳家莊」家族的遠祖是福建莆田人，後來移居汕頭。這個陳氏家族的一支，後來移民新加坡，而移民新加坡的這一支，陳炎遺算是第一代，他於一九一三年二十七歲時，獨自一人下南洋，到了一九二三年才偕同妻子和兩個幼小的兒子在新加坡定居，陳炎遺後來於一九三三年因肺癆逝世，享年僅四十七歲。

像陳炎遺這種卑微的經濟型移民，多半都沒受過什麼教育，或者就是出賣勞力謀生，或者就是從養雞養豬種菜的小自耕農開始。而小自耕農正是陳氏家族移民新加坡生活的第一步，他們艱苦勤儉持家，總算穩定了下來。

陳炎遺逝後，家族的重擔就落到了長子陳亞財肩上，由陳亞財這個有點土氣的名字，可知他一家學識不高，乃是個典型的鄉下農民。他多次搬遷，以種菜養豬爲業，在家人團結努力之下，逐步發展成了新加坡的大養豬戶，並有餘力將眾多後輩中的兩個送去讀大學，他最小的兒子陳逢坤即到台灣大學畜牧系就讀。養豬這個古老辛苦的行業，終於養出了人丁興旺，在社會階梯上向上流動的陳氏家族。陳亞財的晚年已開始局部轉型，開了好幾家小型的超市。陳亞財是「陳家莊」的第一代莊主，他的么兒陳逢坤於一九七九年從台灣學成回到新加坡，一九八〇年就接任第二任莊主。陳亞財則於一九九〇年逝世，得年八十歲。

時代在變、世界在變、國家也在變，在國家底下的家族及產業當然也必須轉變，「陳家莊」最獨特之處，乃是它因應時代的變化而一再調整轉型，一九八四年新加坡在政策上決定淘汰養豬這個產業，對「陳家莊」是生死存亡的大考驗，於是它快速轉型，從大型養豬戶轉向超市經營，並於馬來西亞經營蘭花園，涉足花卉產業，一九九二年陳逢坤進一步遠赴上海，一九九三年決定投資黃埔江太陽島高爾夫球場度假村的開發，在產業上，它已由最低階的畜牧養豬業，跨升到了消費服務業的最高端。時至今日，它的事業已可概括爲八大塊：超級市場、度假酒店與養生、高爾夫球場、農業、教育產業、房地產、貿易與文化事業。

我們常說「產業升級」，但何謂「產業升級」，眾說紛紜。由「陳家莊」的例子來看，它已把「產業升級」的整齣劇本，活脫脫呈現在世人面前。而其轉變故事現在還在發展，準備將事業版圖拓展到更多國家、產業範圍也繼續擴大，使自己成爲典型的全球化企業。一個出身卑微的經濟型移民家族，靠著旺盛的生命力，百年拚搏，由種菜養豬起家，最後發展成了一個跨國集團和企業品牌。它眞是傳奇中的傳奇！

我和「陳家莊」第二代莊主陳逢坤是台大農學院的校友，堅此百忍的志氣一向佩服。我印象最深刻的，乃是有次在上海機場相遇，他已是個億萬富翁等級的「陳島主」，卻仍單獨一人，拎著手提箱，買經濟艙的機票爲家族和事業而奔波。我在他的身上，見到了那種世上已罕見的「農民企業家」的眞精神！

本文作者爲知名評論家

【導讀】

不可思議的家族故事

何飛鵬

第一次認識陳逢坤，就被他的故事深深吸引，他的故事包括了海外僑商回中國的創業劇情；他的故事也包括了過去幾百年來，中國人隻身下南洋，尋找幸運，胼手胝足的冒險情節；他的故事也包括用大家族吃大鍋飯的方式，轉型成一個大企業的奇蹟……這些都讓我在認識他的當下就下定決心，有一天，我要把他的故事出成書，在中國的世界流傳。

可是這個心願，幾經波折，在陳逢坤及他的元立集團因亞洲金融風暴，在中國差一點滅頂時，幾乎已經不可能實現。誰知道，陳逢坤的堅持，以及堅守中國人儒家思想的「以誠爲本」、「敬天愛人」的原則，感動了上天，他從風暴中走出來，從地獄回到了人間。

二〇一〇年初，我們再次見面，這時他又是我們初見面時的陳逢坤，熱情、誠懇、陽光、勇往直前，他正營造一個繁榮、興盛、健康的企業大夢。

說完他走出鬼門關的波折後，他告訴我：「我的公司現在是零負債，我們在中國擁有一百二十六洞的高爾夫球場，從上海、昆山到蘇州、南京，是一個橫跨休閒、酒店、旅遊、房地產的產業。」

農業則是陳逢坤家族在新加坡起家的領域，他也沒忘記，在長江三角洲的崇明島，發展有機休閒農業，延伸之後，這個事業也進入健康養生、教育及文化產業。陳逢坤在中國找到了陳氏家族的新起點。

這就是這本《世紀陳家莊》的內容，描述一百年來，廣東汕頭澄海區的一個農民陳炎遺（陳逢坤的祖父），隻手空拳出海下南洋「落番」，然後在新加坡立足，後世子孫成就了新加坡最大的養豬事業、超級市場，也成就了馬來西亞最大的蘭花種植事業，最後陳逢坤，在一九九〇年代，重回鄉里，在上海灘的邊緣，重建一個「陳家莊」，仍然用大家族一起生活、一起打拚、一起創業的方法，成就了現代化的休閒、農業、養生、旅遊集團的故事。

讀完書稿，我開始思考《世紀陳家莊》的故事：最吸引我的還是大家族一起生活，共同經營企業的劇情。

新加坡電視台曾經報導陳家莊，描述一個上百口人家的大家族，在新加坡樟宜機場附近，建造了一幢大建築，陳氏家族聚居於此，由一個大家長陳逢坤負責打理，經營了新加坡最大的養豬事業，也經營超級市場，家族成員就像公司員工一樣領薪水，大家同心協力經營家族事業。元立是一個「家族事業」，陳家則是一個「企業家族」，把中國傳統的大家族生活方式，留存到現代化的新加坡，也把中國傳統的大家族治理智慧，融入現代企業的經營之中。

這當然是一個奇蹟，奇蹟不只是大家族的存在，也在於元立集團的欣欣向榮，證明中國式管理是存在的，證明大家族共生、和諧、共榮的方式，在企業經營中，也是有效的。中國人傳統的「修身、齊家、治國、平天下」的思維，可以變成「修身、齊家、治企業、成就世界級的產業」的可能之道。

其次吸引我的地方，則是陳逢坤及元立集團在中國的陷落與再起。

當金融風暴橫掃亞洲時，陳逢坤在上海的太陽島高爾夫球場及旅館剛開業，立即陷入營收大減的危機，再加上銀行的雨天收傘，新加坡總部的資金也緊縮，元立集團的資金鏈斷裂，付不出員工薪水、包商貸款，每天都有人到上海太陽島總部示威討債，在這種狀況下，陳逢坤又如何逢凶化吉呢？

結論很簡單：「誠信」，因爲陳逢坤一向眞心待人，眞心做事，在馬來西亞創設蘭花種植事業時，他在園中一住數年，建設太陽島亦是如此，陳逢坤的爲人讓人信任，在最困難時，員工並未散去，反而集資借給老闆，地方政府也願意伸出援手，這些外力，加上陳逢坤的不放棄，太陽島終於活過來。

所有的事業，都有簡單的道理，而「誠信」就是不變的法則，陳逢坤擁有中國人最好的美德，這些美德化成巨大無比的能量。

因爲「誠信」，所以陳逢坤擁有信用，元立集團及太陽島擁有品牌、擁有信譽。因此當二〇〇〇年，元立集團營運狀況稍微穩定之後，立即獲得各種擴大發展的機會。在上海近郊的昆山，元立受邀建球場與經營房地產，這是元立集團重新出發重要的一步，大難之後必有後福，再加上陳逢坤也瞭解中國的商場，並組織出高效率的團隊，因此接下來的發展，就變成順理成章，水到渠成。

從二〇〇二年起，是元立集團的大發展期，他的腳步遍及長三角，昆山、蘇州、南京、崇明島，球場陸續興建，房地產銷售一空，而這時陳逢坤重回農業，展開他在農業的第二春，這一次他更進一步迎上了世界最先進的潮流：有機及養生，要爲人類在物質豐裕之後，還要吃得更好、活得更好。

陳逢坤提出「泰生學」，藉由和諧、共生、共享的觀念，營造一個陳家莊的未來願景。

最後在全書中，我找到一個企業經營最寶貴的元素：「應變」。百年陳家莊的故事，都在述說應變的劇情。

百年前陳炎遺「落番」南洋，是對家鄉無法生存的應變；而在新加坡養豬，也是在異地的應變；其後新加坡禁止養豬，陳氏家族轉經營銷售，成立超級市場是應變；渡海到馬來西亞種蘭花更是應變。

而陳逢坤趕上祖國大發展的時代，歸燕回巢，落腳上海，也是應變；在上海選擇休閒產業經營高爾夫球場，再轉房地產、旅遊，這些都是應變。

每一個「應變」，都有精彩的過程，也有驚心動魄的劇情，當然也有美好的結局，在書中我充分體會了企業經營的奧祕，這是一本很好的創業書，對每一個在創業中煎熬的人，都有活生生的參考指導。

不過，在看完全書之後，我也有些遺憾，許多精彩的劇情，都不見在書中，我清楚知道，這也是陳逢坤的個性，如果內容對別人有影響，他是不會讓它出現的，因爲和諧、與人爲善才是爲人之道。所以我也就讓這些故事保留在我心中。所幸全篇已夠精彩，對所有的讀者而言，這已經是不可多得的故事，或許未來，事過境遷，還有機會和讀者分享。

二〇一二・台北・桂石山居

本文作者爲城邦出版集團首席執行長

目次 CONTENTS

第二部

雲清天地寬

第三部 回首來時路

第四部　共生與分享

【前言】

一個家族的百年傳奇

站在這幢已經廢棄多年的老屋天井，我不知不覺陷入迷惘的沉思。這裡是中國廣東省汕頭市澄海區蓮下鎮陳厝洲，眼前可見破舊、有些髒亂的舊屋街巷，長長的巷道顯得狹窄，路旁堆積不少生活垃圾，與不遠處的粵東名城汕頭市，繁華程度有如天壤之別。

老屋到底經歷多少滄桑歲月？帶路的當地人告訴我，那是清朝年間的建築結構。格局方正的老宅，有點像北京的四合院，然而論氣勢與規模，北京四合院的恢弘氣勢、極具大戶人家氣派的構造，絕非這座潮汕鄉下平民化的老土住宅可以媲美。

「口字型」房屋的佈局，是四戶人家共用一個進出口；緊臨大門的天井則是公家之地，四個家庭各有家門。從「人煙」是否存在來觀察，坐落在仰東祠（陳家祖祠之一）背後不遠處的這棟口字型舊住宅，目前只住著一戶家庭，其餘三戶應該都空置了好一段日子。

三個空房屋的其中一戶，屬於陳炎遺和陳亞財父子所有，他們早在一九一〇、二〇年代，就已先後落番、移居到新加坡，並陸續把家小接到海外。經過數十年漫長歲月，本來留在當地的親屬也搬走了，屋子在乏人照料之下，漸漸老舊，風寒雨露侵蝕下，也逐漸破損。

二〇一二年三月七日，我和已故陳亞財老先生的最小兒子，新加坡國際元立集團總裁陳逢坤，專程從上海直飛揭陽潮汕機場，再前往他的祖籍地，澄海區蓮下鎮的陳厝洲。這趟三天兩夜的「返鄉之旅」，是爲出版收集資料和實地考察。

此刻的我，就站在陳家「人去屋空」的祖厝內，從面積不大的天井向四周張望。站在空蕩蕩且無人的破舊老屋前，呼吸著早春三月沁涼的空氣，那種冷清的感覺，非僅僅是物理學意義上的低溫，而是心靈層面的冰寒感應。

我不由自主地發揮想像力，把時間的輪盤迅速撥回一百年前，想像一九一三年的某一天，年僅二十七歲的陳炎遺，拜別了父母和親友，攜帶簡單的行李，隻身前往汕頭碼頭，跟隨眾多過番客，登上蒸氣引擎驅動的遠洋客輪，在茫茫大海上航行，駛向吉凶未卜的將來。

或許就連陳炎遺自己也料想不到，他這一無奈的決定，從此扭轉了兒女及子孫後代的命運。陳炎遺的長子，陳家莊第一代大家長陳亞財，帶領著兩個弟弟、一個妹妹和他們的家人，加上自己的十三名子女，憑藉不屈不撓、艱苦奮鬥的精神，一步一腳印地奠定了陳家莊的基礎；在他把「當家」重任託付給最小的兒子陳逢坤之後，家族事業更有了飛躍式的發展，不但在新加坡本地擴充規模，還將家族事業的觸角延伸到馬來西亞、中國大陸和台灣，形成一個「祖父南來、孫子北往」的美麗回歸。

陳炎遺到了石叻坡後，雖然曾經回返家鄉，陸續將妻小和兒媳婦安排到南洋，但是在他不幸以四十七歲的壯年之齡逝世前，綜觀他的一生，幾乎沒有過上一天好日子。由於遭遇大時代的變遷、自身小環境的貧苦，以及發生在那個年代的天災人禍，陳炎遺選擇離鄉發展，後來落腳的新加坡雖無天災威脅，日子同樣也不好過，甚至在他生病入院，嚥下最後一口氣之前，還向護士要求吃一碗飯，飽餐一頓才撒手人寰。那樣的場景，讓人無不聞之心酸。

然而，陳炎遺的南來，雖說沒能爲他個人帶來美好的生活，最大的意義卻是把家族的「根」延伸到海外。這就好比六百多年前，陳家的一位先祖陳德厚，由福建的莆田遷移到潮汕地區的澄海縣，讓陳氏族人的這一分支從此在澄海繁衍開來。從陳炎遺落戶星洲，三個兒子先後成家立業生養後代，到今年（二〇一二）正好整整一百年，陳炎遺長子陳亞財和兩個弟弟這三個家庭組成的陳家莊也已開枝散葉（三弟陳財有後來分家另住），成員超過兩百人。

走進陰暗而帶點霉味的陳家老宅，只見入口與房間低矮的木門上，還殘留幅幅紅底墨字，寫的是「金玉滿堂」、「四季平安」、「財丁興旺」等帶吉祥涵義的字句，可以看出當年在貧窮落後的煎熬下，鄉下老百姓的共同願望，就是祈盼能有多一點錢，讓一家大小生活過得去，所以陳炎遺的三個兒子，名字裡都帶有「財」字。倘若當年陳炎遺沒有落番，陳家歷史必然得重新改寫。

我和陳家莊第二代大家長陳逢坤的潮汕澄海之行，目的除了到訪陳家祖先的老宅，也希望能和當地的親屬談談，從宏觀角度深入認識陳氏先輩的遷徙情況，爲撰寫本書拉開「資料收集與實地考察」的序幕。

爲什麼要出版這本書？出書的目的與意義在哪裡？書寫和思考的角度又是如何？且讓我細說從頭：

新加坡電視台於一九九五、九六年間，通過其《焦點》系列節目及「人在異鄉」的節目單元，製作兩套分別聚焦於陳家莊家庭和事業的專題，首次讓眾多新加坡人見識到，在現代化、繁華、兼帶有西方色彩的新加坡，竟然有個如此獨特的群居家族：陳家莊。他們一家四代、近百成員，全都居住與生活在同一個屋簷下，同居共財，同甘共苦。

紀錄片從陳家莊第一代大家長陳亞財的夫人，高齡九十歲的朱如貂女士的壽辰拍起，讓觀眾看到陳家莊人丁興旺的場面，以及家族成員生活、工作、休閒的各個面向，也專訪包括陳逢坤在內的幾位領導成員，一步步揭開陳家莊的特殊管理模式，攝製團隊還拉到上海，拍攝正在大興土木的太陽島開發案和崇明島的養豬場。

位於新加坡東部樟宜地區的陳家莊莊園，是個建築面積達兩萬七千平方英尺的三層樓建築。大門和主建築之間，有個可以停放二十多部車子的大停車場；陳家大宅總共有三十二間臥室、十個浴室、八間廁所、兩個大廳、一個大廚房、一間圖書閱覽室，院子後面是寬敞的曬衣場地。

陳家大宅的最大特點，是所有的臥室都不附帶衛浴設備，衛生間都是共用性質，因此房間也就沒有主人房和普通房的區分。這樣的設計和佈局，背後有著不流於俗的思考方式，也反映出這個家族與眾不同的地方。

一九九〇年代已開始進入資訊爆炸的時代，報紙和電視台的新聞和專題報導非常之多，爲何「陳家莊」的專題特別引人矚目？大致分析，原因有二：首先，打從一九七〇年代新加坡政府提倡「生育越多，分享越少，兩個就夠了」的計畫生育政策，新加坡家庭就朝向「小家庭化」的趨勢發展，陳家莊人口這麼龐大，在新加坡確實屬於「異類」，不免引起好奇心；其次，滿足好奇心的背後，有識之士更想知道的是，這個絕對屬於「少數中的極少數」的大家庭，究竟如何維持秩序？顯然單靠親情無法持續和穩定，陳家莊的存在與發展，必定有其偶然與必然的因素，大家族如何營運、怎樣管理，會碰上哪些困難和挑戰，它的存在又有何社會意義和價值，種種有待深入探索與研究的事實，比僅僅滿足好奇心來得更重要。

二〇一二年十一月，距離新加坡電視台製作「陳家莊專輯」已經過了十七年。十七年來，陳家莊非但人丁繼續興旺、事業更上層樓，海內外業務也取得有目共睹的擴展，從數十年前在新加坡以「小規模、家庭式、兢兢業業」的方式起步，到現在「經營跨區域、業務跨行業、人才跨地域」的專業化作業，實際上已經由「家族企業」脫胎換骨成爲名副其實的「企業家族」，顛覆了「富不過三代」、「家族化是企業發展的障礙」等不成文定律。

筆者與陳家莊接觸已好幾年，也曾多次前往拜訪，更與陳家三代成員進行過許多回合的訪問，結果發現，陳家莊自從祖父輩的陳炎遺老先生過番南來，到今年正好是代表一個世紀的百年歲月，期間經歷了世界與區域局勢的演變、新加坡從殖民地到獨立自主，再到工業化建國的轉型，陳氏家族成員遭遇種種變遷和打擊，卻變得益發堅強，並且體悟一套家族和諧、共同發展的觀念和實施辦法。

綜觀世界各地，擁有龐大資產的名門望族爲數不少，但是能夠在歷經一個世紀的種種考驗後非但歷久不衰，還茁壯成長、生命力越來越強的家族，卻是屈指可數。我們不難發現，有些富豪家庭由於身爲大家長的沒有以身作則，恪守夫妻和睦相處之道，反而利用財富和地位花天酒地、三妻四妾，深深種下「家庭矛盾」的前因；在他掌握權力與資產的時候，衝突的因子只是潛伏起來，一旦大家長逝世，或者只不過健康出現問題，各房妻妾和子女即群起爭財奪產，同室操戈，此乃早年種下惡因導致的惡果，只能說咎由自取、怨不得人。對於陳家莊來說，這樣的事情至今未曾發生，他們更未雨綢繆，從治家和置業中發展出一套模式，以確保家族和企業的永續發展。

陳家莊的百年歷史，過程一點兒都不平坦，幾代人的經歷，只能用「多災多難」

來形容。陳炎遺出生的年代，中國人——尤其是東南沿海各省——正遭逢西方列強擴大經濟侵略的狂潮。家鄉水深火熱，農村生產嚴重衰退，土地荒蕪，民不聊生。陳炎遺被迫出洋謀求生路，吃盡苦頭卻英年早逝。陳炎遺的時代，主要的挑戰是解決溫飽。

來到陳亞財這一代，面對的是日本南侵後的鐵血統治，他本人曾遭日本員警毒打；父親壯年去世，年僅二十四歲的他，除了必須奉養母親、養育兩個年幼的弟弟和自己一家大小，父親生前還交代他得照顧家鄉的親人。後來好不容易建設養豬場，卻又幾度被迫搬遷，並與三弟意見分歧而兄弟分家。

陳逢坤接掌第二代重任時，他從小處著手，通過「凝聚親情、招攬人才、多元發展、規模經營」，不但做大陳家莊的農場、適時轉型進軍超級市場、到鄰國開發蘭花園，還把事業版圖擴展到中國大陸，將原來的家族企業提升爲跨國的企業家族。

然而，陳逢坤接任莊主之後的這些年，陳家莊遭遇的危機規模之大、牽涉面之廣、難度之深，都遠較上兩代人爲甚，若以性質劃分，陳逢坤經歷了「家庭、行業、環境和個人」在內，總共四方面的七大危機。

懂事以來的半個世紀，陳逢坤始終無法忘懷的大小事件，既有溫馨愉快的記憶，也有苦惱和驚險，午夜夢回，總是點點滴滴上心頭。「陳家莊」這個卑微而平凡的農民家族，一個世紀以來歷經變遷和打擊，這些凝聚血淚、逆境求存的眞實紀錄，很値得與大家分享。

在時間意義上，一百年不過是歷史長河中的一滴水，但對於一個家族而言，則是五代人的漫長經歷。《世紀陳家莊》眞實反映陳家莊幾代人的家族遷徙、修身、齊家與創業的過程，時間長度整整一百年，空間橫跨中國大陸、新加坡、馬來西亞與台灣，形成一部生生不息的家族發展史。而本書的出版，有以下幾個目的：

首先，讓陳家莊爲數眾多的子弟清楚明瞭家族的遷徙和史實。這是任何一本「家族故事」出版發行的基本目標。新加坡自一九六五年獨立後，短短近五十年時間，就從一無所有的貧窮落後狀態，一躍而爲先進國家，然而疾速發展的腳步、世代交替的同時，也遺失了許多寶貴的傳統與價値觀，年輕一代與身邊的父母已有代溝，更不用說隔代的祖父及祖先。因此，任何家族故事的出版，必然具備「傳承子孫」的任務。

其次，《世紀陳家莊》這本書，不僅僅是另外一本「家族奮鬥史」，更不是某個家族的「致富傳奇」。作爲「從家族企業到企業家族」的特殊家族，《世紀陳家莊》的出版宗旨，除了傳承先輩的奮鬥精神，重點更在描述一個家族企業如何發展成跨國的企業家族，通過創建「泰生事業」，找到家庭與企業發展的永續道路。

第三，本書也是新加坡和海峽兩岸華人企業的典型個案。華族新加坡人都源自中國大陸或台灣，有的是父母輩那一代南來，有的落地生根已經好多代，新加坡與兩岸華人既有文化與血統淵源，也有緊密的經貿聯繫。陳家莊這個大家族，更與中國大陸、台灣和新加坡的關係密不可分。

前言之外，本書將分成四大部分：

第一部分「變色的太陽」共分四章，先以企業遭受金融風暴衝擊，帶出一場聲勢浩大的示威抗議事件，作爲「破題」的主要場景；接著分別敘述接踵而來的衝擊，包括裁員、各方人馬逼債，以及捲入一場曠日持久的訴訟案。陳逢坤在危機發生的同時，除了想方設法化解，也反守爲攻、積極尋求出路，終於「殺出一條血路」，撥開雲霧見青天。

第二部分「雲清天地寬」分成三章，主要介紹陳家莊這些年來的事業宏圖，包括新加坡全面淘汰農業後，陳逢坤帶領陳家莊轉型經營超級市場，到馬來西亞開闢蘭花園，再走向區域化，到中國大陸建設高爾夫度假村、國際學校和生態農場。另外，本部分也介紹了陳家莊今後的發展方向。

第三部分「回首來時路」亦分三章，主要是歷史的回顧。先以宏觀視角，介紹早年潮汕移民海外的歷史，然後鏡頭聚焦澄海區蓮下鎮，再鎖定陳家莊老祖父陳炎遺下南洋的種種經歷，一直寫到陳炎遺逝世爲止；接著是以陳家莊第一代大家長陳亞財爲主軸，描述夫人朱如貂南來，陳家開枝散葉，經歷日治時期、新加坡獨立、多次的搬遷，一直到一九八〇年代，陳亞財將「大家長」的棒子交到最小兒子陳逢坤手上的種種經歷；然後是陳逢坤登場，描述他台大深造，備戰未來，帶領家族發展事業的過程，最終領悟出「要永續發展，須走泰生之路」的道理。

第四部分「共生與分享」，用兩章的篇幅來描述。重點是分析：家族企業到企業家族的轉化，家族的管理，陳逢坤遭遇健康危機，度過生死關之後對生命的新注解，以及企業成功要素。

最後是本書的「後記」，藉助採訪和撰寫陳家莊事蹟的過程，筆者希望能探索這些故事和經歷背後蘊涵哪些豐富的價值觀念。這些價值觀中，有的可資借鑑，有的足爲前車之鑑，無論是正面或反面例子，都可作爲「正確與美好人生」的參照。

三月的汕頭澄海沒有北京那麼寒冷，也不像赤道地帶那麼炎熱，攝氏十六度正是舒適的感覺。走出陳家祖厝的當兒，外頭還淅瀝瀝下著小雨，天空密佈的陰霾，彷彿罩著一段沉重的歷史，然而我知道，風雨總會過去，陽光就在前方的路上。

【第一部】

變色的太陽

二十年成就家族企業另一個高峰

二〇一二年三月上旬的上海，儘管春寒料峭，陳逢坤還是喜歡坐在室外。這裡是上海太陽島國際高爾夫度假村的會員餐廳，玻璃窗外的廊道也擺設了餐桌；廊道外是景觀水池，水池過去，就是洞洞環湖的球場了。抬頭望去，翠綠的草坪、粼粼水波盡收眼底。

早上八點鐘，氣溫還只有讓人感覺冷颼颼的十一、二度，球客們卻已迫不及待，下場暖身了。陳逢坤要了一份用崇明島農場當季蔬果做成的養生餐，外加一碗海鮮河粉、一顆水煮蛋。

只要不在十度以下，或暑氣沒那麼逼人，陳逢坤都喜歡坐在室外用餐，有時候和妻子一起，有時邀約同事，也常單獨一人，邊吃東西邊思考，或者什麼都不想，就讓心情好好輕鬆一陣子——早餐過後，一天的工作便要拉開序幕，一直到傍晚時分，會議與公務總是排滿日程。

吃過熱騰騰的河粉，陳逢坤剝開還有點燙手的蛋殼，在蛋上沾了點醬油，吃下肚後，又啜了一口不加糖的黑咖啡，原已暖和的身子感覺更溫熱了，便脫下身上的薄外套。在十來度的氣溫中只需件長袖衫就足以禦寒，他內心不禁泛起一絲滿足感。

太陽島國際高爾夫度假村有上千名員工，但陳逢坤的「健康意識」比他們都來得強烈。由於曾經遭遇病魔打擊，在生死邊緣走過一遭，他比常人更重視健康、珍惜「無病無痛」的平凡時日，也更能體會身心健康有多可貴。

一九九二年隻身前來上海，第二年便開創太陽島事業，至今近二十年了。除了曾經因爲心肌梗塞而差點送命，陳逢坤所經歷的一波三折與困難，光用「千辛萬苦」四個字根本無法一語道盡。如今雖然難關都挺過去了，集團的事業也進入穩健成長的階段，那些人生的道道坎坷和重重障礙，卻總是像倒帶重播般，時不時浮上腦海，一再提醒他曾經發生過的許多事。

早餐過後，從會員餐廳往前檯的方向走去時，遇見負責清掃的大嬸，陳逢坤便主動微笑打招呼，大嬸也總是禮貌地回應「陳總早上好」。這一天，前檯職員正忙著接待客人，提供各式服務，但最能引發陳逢坤感慨的，是大門口那一幅寫著「歡迎某某企業主辦會議」朱紅大字的長布條。

三月時節，春暖花開，前來太陽島打高球和住店的球客日漸增多，租借度假村主辦會議的企業客户也絡繹而至。每逢太陽島進入業務旺季，各種活動的主題布幅隨處可見，標誌著生意的蓬勃。望著這些布條的陳逢坤，卻「別有一番滋味在心頭」，思緒突然墜入記憶深淵裡的十三年前……

第一章

屋漏偏逢連夜雨

經·營·啟·示·摘·記

◆改革與轉型，首要抓準契機
◆尋找投資標的，實地考察勝過專家報告
◆預先規畫勝於事後補救
◆十分鐘的決定，背後是十足的準備

陳逢坤從沒遭遇過那樣的恥辱和危機。這一頭，承包商組織的百人抗議大隊在太陽島度假村大廳外聚集，拉起兩張寫著斗大鮮紅字樣的長幅布條：「陳逢坤是大騙子」，「還我工程款、還我血汗錢」；那一頭，是已經好幾個月沒領到薪水的員工，儘管有人堅守崗位，但也有不少人因不滿而離開。在那段狂風暴雨般的日子裡，銀行追貸、供應商討債、公司裁員，當真是「屋漏偏逢連夜雨，行船又遇打頭風」。

十三年前，一九九九年三月，夜裡透著絲絲涼意，晚餐時間過後不久，太陽島度假村大廳外忽然起了一陣騷動，人聲鼎沸，群情激昂。當時的陳逢坤正在十幾公尺外的會員餐廳裡，只見前檯職員匆忙跑過來，語帶驚慌地對他說：「陳總，不好了，那些人又來鬧事了，人挺多的，就在門外大喊大叫。」

一聽通報，陳逢坤便明白是怎麼一回事，一定又是那批承包商的施工隊，糾集一班人前來催討工程款。這種事已經不是第一次發生，幾乎週週都有，甚且場面的火爆、參與者的規模，一次比一次大，大門外的值班保安人員根本擋不住。

這一回來的，正是負責工程的總承包商，因爲多次追討不到工程款，特地組織了一百多人到太陽島示威抗議，擺明了就是要給資方難看。知情者事後透露，抗議人群其實只有一部分是承包商的員工，在老闆的要求下不得不來，其他則都是「雇傭兵」，由抗議活動的組織者發給每人三十塊人民幣「走路工」，冒充搖旗吶喊的受害者。

由於主事者事先就已要求，這場示威抗議必須達到「羞辱」的效果，所以這群「拿人錢財，替人消災」的雇傭兵，演出自然格外賣力——只要能讓度假村的客人、來賓都見識到這精彩生動的一幕，一傳十、十傳百，讓人覺得這個度假島嶼隨時有人喊打喊殺，往後還有幾個顧客敢上門？

那天晚上，太陽島確實來了個貴賓，上海玉佛寺的新方丈覺醒法師。鬧事者來到時，陳逢坤正在會員餐廳與法師談話，便先向法師說明了前因後果，再陪法師走到餐廳前，一起觀望激烈的示威活動。

抗議布條上，一幅寫著「還我工程款、還我血汗錢」，另一幅更直接點名「陳逢坤是大騙子」，都是用斗大的紅漆寫上去的，讓人看得怵目驚心。眼見自己的名字被人冠上極具誹謗和侮辱性的字眼，陳逢坤除了憤怒，更感受到極大的悲痛。

陳逢坤是在家教非常嚴格的環境裡長大，上有九個哥哥和三位姊姊，父母具有絕對的權威，即便年長他二十四歲的大哥，對爸媽也是畢恭畢敬，更別說其他的弟妹了，言談舉止絕不容許頂撞父母。父親平日沉默寡言，雖然很少打罵孩子，卻有一種不怒自威的神情，看不順眼的時候，只要喉底發出「嘖嘖」聲和搖搖頭，子女們就曉得老爸不高興了，莫不趕緊找出錯處、立刻糾正。

如果說父親是「表情派」，那麼母親就是「行動派」了，對於犯錯的兒女，教訓起來絕不手軟，不管哪一個孩子，挨打都是家常便飯。陳逢坤的二哥逢千，便曾如此形容：「只要媽媽發起脾氣，犯錯的孩子最好有多遠就跑多遠，因爲就算她手邊沒有藤條，也會有什麼就拿什麼打。」雖然手段不同，但父母的教養毫無二致，總是要求子女們爲人處事都得頂天立地，必須對得起別人，也要對得起自己，絕對不許違法或坑害他人。這麼多年來，陳家上下幾代人都秉承這一大原則，從來不敢違逆。

尊嚴盡失，人格掃地

陳逢坤比誰都清楚，他之所以到中國大陸投資創業，一方面是企業發展所需，另一方面則是希望能回饋父親和祖父的祖國。在新加坡移民的第二代中，他屬於接受中文教育的一分子，對於中國的歷史與文化感情，要比一般接受西方教育的新加坡人強烈得多。雖然當初是在新加坡政府「第二對經濟翅膀」的號召下至中國投資，但他也希望藉此創造更多的就業機會，爲改革開放的中國貢獻一點力量。怎麼也料想不到，如今竟會被人如此公然辱罵，落到尊嚴盡失、人格掃地的處境。

明知鬧事者的指責與事實不符，面對公然的誣衊時，心裡更是憤慨、失望交集，但真正的折磨，卻是發自內心的那股悲痛。陳逢坤心想，要是遠在南洋的母親看到這一幕，不知會有多傷心與擔心，已故的父親若泉下有知，想必也會爲小兒子的處境憂心如焚。

儘管失望，但陳逢坤並不絕望；雖然悲傷，反而讓他「化悲憤爲力量」，展現不服輸的毅力。回顧陳家莊的事業，從來就不是一帆風順，所以他下定決心，先面對困境、接受現實，再積極尋找應對的良策，妥善處理，繼續往前走。

太陽島上的一名員工，拍下了「百人拉布條抗議」此一幕場面，讓那個喧囂、混亂的畫面永遠定格在歷史的檔案上。諸多照片中，布條上寫著陳逢坤名字的那張，他一直保存在辦公室的保險櫃裡。

那一回的示威抗議究竟吵鬧了多久，如今陳逢坤已不復記憶，只記得當年類似的場面此起彼落，雖然他不願迴避，但中方的主要管理人員都極力勸說這位新加坡來的老闆，千萬別動不動就親自出面，交給他們應付比較妥當。當時的中國大陸，只要遇上必須賠償損失的事故，不同於本國人，「老外」經常都得付出高昂許多的代價，才可望從糾紛中脫身，在地的主管當然瞭解這種特殊情況，才會建議陳逢坤別與對方正面交鋒。

中方管理者中，當年曾擔任財務經理、目前已是元立集團副總裁的沈世萍女士，就經常主動站在企業之前，傾力應付這類討債和鬧事的艱難場面，在地方上，她也有一定的「人面」，儘管衝擊一波又一波、壓力一輪又一輪，她永遠挺身而出，站在浪尖與火口，協助陳逢坤一一抵擋、化解承包商的攻勢。另外，由於當初投資和開發太陽島時，國家領導相當重視，地方政府也提供了不少協助與配合，因此在陳逢坤面臨危機時，地方領導並沒有坐視。就以上述事件爲例，當晚除了太陽島上的員工，地方公安人員也出面調解，疏散示威人群，暫時緩解對峙的緊張場面。只不過，當企業碰上外部的經濟風暴，結構性的問題還有待解決時，這種做法當然也只能治標。

一切的一切，都得從一九九三年說起

回想起來，陳逢坤說，當年的一幕幕情景，彷彿昨日才發生般清晰、眞實。前塵往事，並未如煙消散，若要追索前因後果，一切得從一九九三年開始說起。

那一年，他在一位留學台大時的室友鼓動下，單憑一股農民子弟的開拓精神和勇氣，都沒做足充分準備，就仿傚老祖父當年移民南洋的精神，單槍匹馬、豪氣干雲地北上大陸開創事業。

那時候，中國大陸這邊，第二代領導人、時任副總理的鄧小平於一九七八年十一月出訪泰國、新加坡和日本，獲得「市場經濟如何運作」的啓發，回到大陸參與中共第十一屆三中全會之後，隨即揭開改革開放的序幕，掀起一九八〇年代一波波海外投資大陸的浪潮，直到一九八九年爆發「六四天安門事件」，在國際政治因素的干擾下，境外投資才一度緩慢下來。然而，沒過多久，隨著美國政經制裁的鬆動，各國資金又開始湧入，加上一九九〇年，也是在鄧小平的主導下，上海吹起開發浦東新區的號角，四面八方的商氣，逐漸匯集黃浦江兩岸。

善於判斷國際形勢、甫於一九九〇年卸下新加坡總理職務，改任內閣資政的李光耀先生，便在此時登高一呼，號召新加坡人好好把握區域發展契機，尤其是印度和中國大陸（皆屬七小時航程範圍內）這兩個商機湧現的區域，與國家一起打造「第二對經濟翅膀」。緊接著，新加坡多位內閣部長便帶領一個又一個經貿考察團，政商攜手前進大陸，尋找商業機會。受到這股熱潮的感召，加上家族企業發展的需求，陳逢坤也在一九九二年前往大陸，尋覓第二次創業的機會。

早在一九九二年鄧小平「南巡」時，陳逢坤就曾產生這樣的聯想：短短十幾年間，深圳就從一個一九七八年時不過十萬人口的城鎮，發展爲幾百萬人摩肩接踵的大都市。介紹深圳的文字，開頭總是說：「從一個邊陲小漁村，崛起成爲一座千萬人口的現代化大城市。」歌曲《春天的故事》中那一句，「一九七九年，有一位老人在中國的南海邊畫下一個圈」，說的就是鄧小平當年在深圳所勾勒的改革開放藍圖。

陳逢坤非常肯定：如果南海之濱的深圳都可以成功改造，那麼，早在三〇年代就有「東方巴黎」之稱、曾經是十里洋場的上海，新一輪的改革開放也一定會成功。據瞭解，當時中共中央的稅收，有高達六分之一是來自上海。所以陳逢坤相信，這是開發上海千載難逢的機會，更是他改寫商業成就的契機。

有了這樣的認知，僅僅相隔一年，陳逢坤便在一九九三年決定投資太陽島，而且把這項行動當成一生中最重要的決定之一。因爲他堅信，誠如李光耀先生所言，未來的世界三大國際城市，一定是紐約、東京與上海，如果走向中國的第一站，就能把元立集團的海外總部設在上海，極具戰略意義。

太陽島上寫奇緣

初識陳逢坤的人，一旦曉得這位陳總擁有六座十八洞高爾夫球場，一定會以爲，就算他稱不上「高球發燒友」，至少也打得一手好球。實際上，陳逢坤並不熱中高爾夫球，他的九位農民出身的兄長，也都對高爾夫球一竅不通。他之所以投資球場，完全基於此一行業在大陸「前景看好」的判斷。

一九九〇年代初期，上海湧進了很多外商，陳逢坤認爲，這些外商就是新一波的高檔消費者。而在國外，生意人需要的商務與休閒設施，就是高爾夫球場、度假村、會議廳等等。

陳逢坤沒有打造高球場的經驗，便到台灣考察。他的大學室友章士男有個女性朋友叫王問，和先生蘇源標一起經營高爾夫球會員卡的買賣。陳逢坤找上王問，說明他建造球場的願望後，王問還專程飛到新加坡和馬來西亞走了一圈。返台後，她對陳逢坤說：「在馬來西亞的蘭花園時，我看到你貴爲老闆的哥哥，也在維修機械，跟工人打成一片。到了陳家莊，又看到好多家人住在一起。」陳家莊成員的儉樸與實幹作風，深深感動了王問，讓她留下深刻的好印象，認定這是個值得信任的企業，而擁有可靠、誠信成員的企業，是合作最牢靠的基礎。

王問決定幫陳逢坤未來的高爾夫球場銷售會員卡，更親自陪同陳逢坤考察了台灣六座球場，同時陳逢坤也找到一位年方三十二的加拿大設計師尼爾遜．霍華德（Nelson Howard）。陳逢坤對他說：「我不但要你設計上海的這個球場，未來還要以你的設計爲原型，衍生一座又一座連鎖球場。」當時的霍華德或許半信半疑，後來事實證明，太陽島系列的所有球場，陳逢坤完全都交託給他設計；甚至中國每年三、四十個新開發的球場中，就有兩成是他設計的，使得他晉升爲世界級的設計師。

事後來看，陳逢坤開發太陽島，只能說是個不折不扣的奇緣。別的不說，光是第一期的開發費用就高達數千萬美元，陳逢坤卻只在乘船登島後，考察了十分鐘，就拍板決定「押下這一重注」；他與太陽島的因緣，簡直可說是一見鍾情。這個小島到底有何魅力，竟能如此快速擄獲陳逢坤的心？

太陽島總面積二三五〇畝，大約是新加坡著名旅遊勝地聖淘沙島的六成大，島上有個唐代的泖塔，本來還有間建於唐朝乾符年間的澄照禪院，不過據說明朝末年時，一場大火燒光了所有的建物，只留下一個泖塔，也因爲這個泖塔來頭不小，還有人特地爲它寫了本書。

泖塔是哪一種塔？簡單說，泖是低窪的意思，而這個島最早的時候就叫泖島，所以島上的塔才會有「泖塔」之名。後來，當地政府認爲「泖」這個字少見難懂，爲了方便招商，改其名爲太陽島。太陽島好聽又好記，也給人光明燦爛的感受，對趨吉避凶的商賈人士來說，更有「旺」的好兆頭。

陳逢坤初訪太陽島時，眼前只見一片泥濘「泖」地，爲了方便在雜草叢生的低窪地行走，上島的人還得穿上高筒雨靴。考察當天，陳逢坤與幾位當地員工整整徒步了兩個小時，走到腳上都起了水泡。島上荒無人煙，有魚塘，也有人種了茭白，但沒有住任何人家，往來小島都靠划槳操舟。

陳逢坤清楚記得，當年他在上海聘用的總經理吳明意轉告他，青浦縣委書記辦公室副主任陳建中說，青浦縣轄下的沈巷有個泖島，因爲島名拗口，位置又稍稍偏遠，不容易招商引資，所以縣政府就改其名爲上海太陽島。

帶領陳逢坤上太陽島的，是當時沈巷的書記李明雲和（太陽島）招商專案負責人朱國輝。一行人由沈巷邊上的一條河轉入東泖河，再靠岸登島。站在船上遠眺小島，及至由島東一路走到泖塔所在地爲止，陳逢坤身心起了一種奇妙的變化，感覺這個島富有靈性。或許在他的潛意識裡，本來就有「擁有一個島」的想法和衝動，一旦眞的站在太陽島上，便宛如邂逅了心儀的對象，心裡不禁泛起一親芳澤的念頭。

但是，這可不是盲目的一見傾心。許多年來，陳逢坤透過整個陳家莊，觀察到許多人的生活、整個社會的脈動，也發現有很多不合理的事物；他認爲，與其批評和埋怨，倒不如自己做出示範，而買下這座小島，正可以藉由自己的構想、專家的規畫，實現胸中的理想與抱負。來到太陽島的陳逢坤，彷彿看到了「五年後的太陽島」重現昔日人文光輝的景象，他希望、也有信心，這一願景能付諸實施。

上海是中國大陸的「經濟首都」，光是繁華的南京路，據說每天就有兩百萬人次穿梭其間，外灘更是經常擠得水洩不通。從世界各地來到上海這個國際大都會的人，心中究竟帶著什麼期望？哪裡才是投資經商的最佳切入點？這些問題陳逢坤也曾全盤考量過，最終選擇地處郊縣的太陽島，就是打算「從零開始」，化夢想為事實。當年老祖父選擇落腳星洲，父親開荒墾地，憑藉的不也就是這股開拓精神？

十分鐘內決定買島

有了這麼一個憧憬，陳逢坤在登島後的十分鐘裡，其實就已下定決心要買島，之後更馬不停蹄，只費了短短三天接洽、溝通，雙方便簽署了意向書；那時沈巷的一把手李書記和縣委書記辦公室陳副主任積極配合，二十六天後就辦妥營業執照。這樣的高效率，在政府部門繁文縟節的當年，可說十分罕見，更突顯當局對這項投資的重視程度。雖然在登島十分鐘內便決定耗資數千萬美元買下五十年使用權，但陳逢坤既非意氣用事，也絕不是單單為了滿足自己的浪漫思維。

一九九二年陳逢坤來到上海，住進每天房價九十美元的東湖賓館，這一住，竟然就是一年半。在這段期間內，他和許多投資者一樣到處尋找投資標的，與眾不同的是，他一不找專家，二不讓人幫他寫「可行性報告」。他開玩笑地說，那大多是「可騙性」的報告——爲了賺錢，能寫多好就寫多好，但可信度、可行性相對很低。

陳逢坤相信，上海是一個壓縮了幾十年的國際大都會，一旦開放，能量會非常可觀。爲了準確把握這樣的天時地利，他不是派人來這裡開拓市場，而是親自長住上海，腳踏實地瞭解情況，親自進行調研工作。所以他常常這邊談談、那邊看看，也見了不少領導、看了不少專案，透過這樣的形式，日漸積累對上海的認識。

那一年半裡，陳逢坤白天到處考察投資項目，晚上回房仔細研究，查資料、看電視，凡事親力親爲，慢慢地實際體驗、感受上海的脈動，所以才能在極短的時間裡，做出投資太陽島的決定。所謂「台上一分鐘，台下十年功」，在只費十分鐘就做出重大決定之前，陳逢坤已做足了一年半的功課與準備工夫。

地處黃浦江上游、看似遺世獨立的小小泖島，其實也曾人文薈萃，獲得不少文人雅士的青睞，包括王安石、朱熹和燒鴉片的林則徐，後來人氣漸漸散失，才慢慢飄出人們的視野，走入被遺忘的歷史記憶，獨自沉睡了一百多年，人跡漸稀，卻變成自然生態的溫床。

自然生態的改變，是小島「野化」的最鮮明反映。家住青浦的當地員工說，光是蛇類，島上就有好幾十種，據說如今都聚集在泖塔下；開發之後，泖塔周圍蛇類的天敵便少了許多。除了蛇類，島上還有野鳥、野雞、野鴨、野兔隨處可見，生氣盎然。

根據鳥類生態研究者的觀察，即使太陽島如今已全面開發，生態平衡還是保持得很好，時節一到，各種候鳥依舊成群飛臨，把太陽島當成生命旅途的驛站。百餘年來，鳥兒就是看中這裡的杳無人煙，因爲這裡交通不便，也不在主要航道上，不適人居，反倒使它成爲鳥類天堂。

泖塔以前是指引來往船隻的燈塔，雖然不具備居住條件，卻是市級文化遺產，必須好好保護，因此陳逢坤投資初期就花了一百五十多萬人民幣加以修復。由於早就卸下了「海上明燈」的歷史任務，當時的泖塔殘破不堪。根據考證，泖塔所在地，六千年前還是上海的海岸線。小島地下還有溫泉，大概是佘山地區火山爆發所遺留的。

陳逢坤相信，太陽島既有深厚的文化背景，又有豐富的自然生態，沒有理由不能重現昔日光輝。在翻閱有關泖島的人文資料時，他欣喜地發現出自王安石的一首詩〈華亭谷〉，他特別喜歡開頭兩句：「巨川非一源，源亦在眾流。」有一種海納百川的豪邁之情和廣闊無比的胸襟。

開發太陽島，從破土到落成都充滿艱辛，但對於陳逢坤而言，篳路藍縷、披荊斬棘本是家常便飯。除了自小務農，一九八〇年代時，陳逢坤也曾獨自一人到馬來西亞開發蘭花園，面對的同樣是荒山野嶺。那時「拓荒」帶來的滿足感，如今又在太陽島上重拾。

儘管蘭花園的開發過程艱辛萬分，但相對而言，開拓太陽島的挑戰性所帶來的成就感更大，因爲這可是一座堪稱「遺世獨立」的孤島，買下之後，必須從零開始規畫，把構想從一張張的圖紙化爲看得見、摸得著的現實，像是在實現一個遙不可及的夢想。陳逢坤來自寸土尺金的新加坡，對於能夠自由發揮、把一座荒島當成創作的畫布，任重道遠的感覺尤其強烈。

開發太陽島初期，也就是從一九九三年五月領取營業執照以後到八月的這三個月，主要的工作都是開發項目的規畫。直到十月，才開始動工「吹土」。西泖河有五條疏浚用的吹土船，一個小時可以吹土一二二〇立方公尺。

所謂的「吹土」，就是吸取泖河裡的含土河水，讓百分之三十的土留在島上，百分之七十的土流回河裡。光是這個工程，前後就費了一年工夫。防汛方面，按照歷史記載，百年來吳淞口的水位最高時是四．二公尺，因此就把島地填高到五公尺。

再來就是比照上海外灘，按照上海三十年來曾經連續下過十個小時雨的總量，做了三個大型的抽水站，可以在暴雨來襲時把水抽乾。一九九八、一九九九年長江河水暴漲的自然災害時期，尤其證明了陳逢坤當初的決定是正確的——整個青浦縣都淹水時，縣政府人員也曾來到太陽島視察情況，沒想到當時的太陽島絲毫不受水患影響，水位離路面還整整差了一公尺。

邀請高齡母親開幕

吹完一年的土以後，島上才開始建設高爾夫球場，一九九五來臨前，就建好了十八洞的前九洞，但前後仍然費了四年時光，直到一九九七年十二月才正式開業。太陽島上的度假別墅區，整體風格屬北歐風情，共有四五三個客房、一千多個床位。截至目前爲止，島上已有兩座十八洞的標準高爾夫球場。

一九九七年七月十二日，太陽島舉行落成典禮，受邀貴賓包括中國國家旅遊總局局長何光偉、上海負責旅遊相關事務的副市長龔學平、新加坡駐中國第一任大使鄭東發，以及陳逢坤的母親朱如貂。開幕儀式，就在泖塔廣場舉行。

透過浦東機場總經理杜春才的協助，那天還特地安排了直升機，打算帶領來賓到空中鳥瞰太陽島美麗的全貌，可惜大家都沒什麼意願，只好作罷。開幕儀式過後，陳逢坤特地讓媽媽乘坐馬車，從他開發太陽島時的住所（一〇二〇號別墅）登上馬車，巡遊全島，母子倆手拉著手四處觀看。見到老人家一路欣賞，臉上滿是高興的神情，陳逢坤也感到非常開心。

朱如貂女士第一次到上海，就是來幫小兒子建設的太陽島主持開幕儀式，但這也是她老人家最後一次到上海；二〇〇六年六月，朱如貂女士去世，享年九十七歲。開幕當天，陳逢坤表達了對母親的最高敬意，他說：「太陽島之所以能成功開發，全是媽媽給我們的支持和力量，沒有她，也就沒有太陽島的開發。」特邀高齡母親千里迢迢來見證開幕盛典，這個洋溢親情與孝心的舉動，深深感動了在場的來賓和員工。

開業前後到太陽島參觀的貴賓，除了許多上海的地方領導，還包括新加坡第二任總理吳作棟（一九九五年），以及新加坡政府內閣的多位部長。一九九七年二月十七日，在馬爾代夫舉行的世界旅遊部長會議上，中國國家旅遊局副局長孫鋼代表中國在大會所作的報告中，幾乎用一半以上的篇幅，介紹了「上海太陽島國際俱樂部」這一國家級旅遊度假區的開發成果，把它視爲一個「外商投資的典範」。

建設上海第一座私有橋梁

特別值得一提的是，太陽島與陸地之間架起的那座一公里長的「中新橋」，更是上海檔案館記載裡的第一座私人橋。「中新」即中國和新加坡兩國的簡稱。說起建造中新橋，還有下面這麼一個典故：

還記得一九九五年震驚中外的「千島湖事件」嗎？一批台灣人到島上去遊玩時，不幸遭遇海盜劫船，幾位台灣旅客慘遭殺害，轟動一時。一些嫉妒太陽島的同業便乘機抹黑太陽島，故意散播太陽島附近也藏匿海盜的謠言，暗示有「千島湖事件」的隱憂，想要借此嚇跑客人。

有鑑於此，就在發生「千島湖事件」的那一年，陳逢坤投資了兩千多萬人民幣，用七個月時間建造了中新橋，免去登島都必須乘船的環節。從此之後，開車就能直入太陽島。全國人大委員長吳邦國在上海擔任市委書記的時候，曾兩度到訪太陽島，也曾對陳逢坤說，他在一九九二年與時任國務院總理的李鵬一同治理這條太浦河的時候，臨近的太湖每年都氾濫成災，當初人大副委員長田紀雲希望上海幫忙，拓寬從太湖流到黃浦江的太浦河。當許多人投入太浦河拓寬工程時，登臨太陽島的吳邦國與李鵬就曾打算，作爲上海黃浦江上游的唯一島嶼，太陽島將來一定要好好開發。

吳邦國有多關心太陽島呢？陳逢坤投資、開發太陽島以後，吳邦國便親自到島上與陳逢坤見面，希望陳逢坤好好規畫、發展太陽島。陳逢坤當下就請吳書記放心，並對他承諾：「上海是一流的城市，應該要有一流的旅遊設施。」吳邦國聽了非常滿意，還補充了一句：「我們是社會主義國家，希望有一部分能開放給大眾。」

兩年後吳邦國升任國務院副總理，再度來到太陽島時，看到原來的荒島已搖身一變，成爲綠蔭處處、設施一流、一片北歐風情的度假島嶼，心裡很是欣慰，因爲陳逢坤兌現了當初的承諾。那時候上海農委的範德官書記，特地到北京請吳邦國幫太陽島新建的橋梁命名與題字，他不但一口答應，並且取其名爲「中新橋」，讓上海第一座私有橋梁代表中國與新加坡的友誼。

橋梁的建設，本屬中國市政配套，既是國家所有，也由國家規畫，但中新橋突破了這個限制，落成之後，大大拓寬了太陽島的市場；如果沒有這座橋，客戶、物資都只依靠船運，後來的客流量根本不可能達成。當時也曾有比較先進的想法，打算構建一座生態島，禁止車輛通行，把環保擺在第一位，來往全靠渡船，然而，這個構想顯然與現實還有一段距離。隨著改革開放步調加速，生活消費大大提高，汽車已成了市民必備的交通工具，趨勢難以抵擋。然而，太陽島的環保要求和水準從來沒有因爲汽車通行而降低。

由於國家領導重視、地方官員大力支持，太陽島有了一個好的起步，開了一個好頭。不過，人算不如天算，開業不久，東南亞金融危機先是在泰國爆發，接著像瘟疫般蔓延開來，彷彿烏雲籠罩，太陽島的「陽光」頓時黯然失色，陷入淒風苦雨的境地，以致後來發生百人大示威的事件。

說到這裡，感慨萬千的陳逢坤小心翼翼打開保險櫃，拿出那張「標誌恥辱與挫折」的泛黃照片，這張照片早已成爲他的珍藏品，因爲照片中有他此生不忘的場景，也是他創業生涯的一記警鐘。

身爲陳家莊這個百年大家族的一分子，雖是家中唯一有機會到海外受高等教育的孩子，但陳逢坤永遠把自己看成農民之子，養豬男兒。陳家莊的每個成員，從小過慣勤懇和忙碌的勞動日子，人人瞭解一分耕耘、一分收穫的道理，也因此，過去的半個世紀，陳家莊雖然也曾遭遇許多危機和磨難，但大家團結一致、咬緊牙根，也就一一挺了過來。

陳逢坤從來沒有遭遇那般自尊被殘酷打擊、人格被無情踐踏的場面。捫心自問，年過半百的他從來不曾做過一件違背良心的事，更別說在商場上搞什麼坑蒙拐騙的勾當，如今卻被人——不是一、兩個，而是數以百計的人——高舉橫幅大布條，將他連名帶姓地與侮辱性字眼擺在一起，還公然在度假村的客人面前叫囂。這個場景讓他畢生難忘，因此他刻意「珍而藏之」當時員工拍攝的這張照片，以便時時提醒自己，此生再不能讓這樣的事發生。

如今，在二〇一二年三月的這個上午，用完早餐、步出會員餐廳、走過度假酒店前檯的陳逢坤，眼前所見再也不是示威抗議的群眾，而是客似雲來的場景，心中感受到的，是一種熱切、溫馨的氛圍。同樣一個空間，只因爲時間緯度不同，氣氛截然不同，而且差異之大只能用天壤之別來形容，不禁讓陳逢坤輕輕嘆了口氣。那一聲輕嘆五味雜陳，很難用文字形容，但有一點他比誰都更有體認：路是人開出來的，既然開了路就必須勇往直前，沿途如何崎嶇與艱難，也得義無反顧地走下去。

一如往常，這一天陳逢坤都在工作會議和邀約拜訪的日程中度過。傍晚時分，離開辦公室後，陳逢坤獨自開了高球場的電動小車，返回居住的一〇二〇號別墅。這幾天，妻子和長女都在美國參加度假村的國際會議，兒子剛好也去了倫敦，爲他的博士畢業論文會見指導教授，住在上海辦事處旁公寓的小女兒，則要到週末才會返回太陽島。

陳逢坤自己下廚，清洗今早農場送來的幾種蔬菜，吃了份簡單的晚餐，一個人坐在客廳的沙發休息時，這才突然想起：多年前太陽島面對金融危機狂風暴雨襲擊的那個時候，妻子、兒女們也都剛好不在身邊。

很多個白天和夜晚，一一解決繁雜和惱人的事務之後，他拖著疲憊的身子，回到這幢最初到太陽島就住宿的落腳地，一個人坐在沙發上時，外頭的風聲和蟲鳴讓他心頭泛起一種「漂流」的感覺，在這種時候，看《魯賓遜漂流記》，對書中主角的境遇更能感同身受。

《魯賓遜漂流記》是十八世紀英國名作家笛福受一個蘇格蘭水手海上遇險的經歷啓發，寫成的一部家喻戶曉、現實主義回憶錄式冒險小說。在這部世界級名著裡，笛福塑造了一個勇於面對自然挑戰的新型人物——魯賓遜，不屑守成，傾心開拓，三番五次地拋開小康家庭，出海闖天下。

遭遇海難、流落荒島的魯賓遜，運用自己的頭腦和雙手，修建住所、種植糧食、馴養家畜、製造器具、縫紉衣服，在長達二十八年的漂流生活中，把荒島改造成「世外桃源」，並且救了一個野人，取名「星期五」。經歷千辛萬苦，終於得到了可觀的財富，回到了祖國英國，完成一個劃時代英雄人物的傳奇。

這是一部流傳甚廣，影響極大的文學名著，主角魯賓遜個性樂觀，鬥志昂揚，不但體現了自我奮鬥的精神，他的創造性勞動及成果，也體現了人類智慧的無窮魅力。如果一個人遭遇困境而無人解救，除了必須學會樂觀地改變現狀，還要有像魯賓遜那樣驚人的毅力和百折不撓的氣魄。

回想起來，陳逢坤十九年前隻身前往中國大陸，乘船登上當年一片荒涼的泖島，情景猶如魯賓遜碰上海難、流落荒島。從頭開拓太陽島，也必須克服各種自然與人為的挑戰，一如魯賓遜。因此，在這趟艱難的旅途上，每當情緒有些低落時，陳逢坤就會拿出《魯賓遜漂流記》翻閱，隨著情節的推展，看魯賓遜如何抵擋排山倒海的難題，怎樣與惡劣的環境作戰，讀著讀著，彷彿就有一股遠從十八世紀穿透時空而來的精神力量，幫他有點消沉的意志充電，讓他重新找回無窮的戰鬥力。

就像這一天，當遙遠的記憶又被撩起，那時的挫折與磨難，可以說就是魯賓遜荒島歷險的現代版；書中人物魯賓遜克服種種困難，現實世界陳逢坤度過一個又一個難關，情節雖然不同，冥冥之中卻有一種遙相呼應的精神在延續和傳承，給他力量和信心。

低潮時刻，除了閱讀《魯賓遜漂流記》這本勵志的著作，陳逢坤也喜歡聆賞心儀的潮州音樂。陳逢坤是潮汕移民的後代，所以從小耳濡目染，對家鄉曲藝情有獨鍾。

陳逢坤有一張題爲《綠色的旋律》的潮州音樂光碟，內容是極具地方特色的潮樂演奏會，演奏陣容中，有聽眾非常熟悉的古箏大師楊秀明、潮汕二弦名家林吉衡、潮樂演奏家王培瑜等。曲目包括大小鑼鼓、弦詩樂、廟堂音樂、笛套蘇鑼鼓、嗩吶曲和清唱等。

其中，最值得一提的應該是弦詩樂了，這種把樂曲當成詩篇吟詠，體會當中「聲、氣、韻、味」的一種獨特傳承方式，也是潮州音樂的特色之一。祖籍潮汕澄海的陳逢坤，由於從小聽慣潮州音樂，每當鄉音飄入耳際時，兒時承歡父母膝下的情景便歷歷在目。

離鄉背井、一個人到台北留學的那四年期間，陳逢坤甚至還特地學習古箏，爲的就是回國後與兄長們相聚時，能以古箏彈奏潮樂，讓鄉情雅韻聯繫骨肉親情。就算獨自一人在上海打拚，家鄉音樂也是心靈的雞湯，能在情緒低落時給他一種精神的力量。

因此，就在三月的這一天，陳逢坤不禁又想到《魯賓遜漂流記》這本書，想起他聆賞不下百回的《綠色的旋律》，那象徵不屈不撓的「魯賓遜精神」、代表遠祖「信心加持」的潮州樂曲，又一次充滿胸懷。

那些年和那些事，也再度從沉睡之中甦醒。

第二章

四十年經歷七大危機

經·營·啟·示·摘·記

- 改造家族企業，必須力求突破現狀
- 維繫家族凝聚力，唯有擴大並強化家族企業
- 創業要「開大門、走大路」
- 老闆親力親爲，員工怎敢怠惰
- 量力而爲，借貸不可動搖企業資產

總結陳家莊過去數十年的發展，陳逢坤認為，真正稱得上意義重大的挑戰共有七件：兩次農場大搬遷、父親陳亞財生病、新加坡政府淘汰養豬業、父親逝世、東南亞金融危機，以及陳逢坤本人的健康災難。若以不同星數區分七次危機的難度，一九九七年的東南亞金融危機最稱得上「五星級」。

一九八〇年代，台灣有一首相當知名、由王夢麟創作與演唱的民歌《小草》，歌詞很短，總共只有五十二個字：

大風起，把頭搖一搖
風停了，又挺直腰
大雨來，彎著背，讓雨澆

雨停了，抬起頭，站直腳
不怕風，不怕雨，立志要長高
小草，實在是，並不小

這首文字質樸、旋律簡單優美、帶點童真的可愛歌謠，體現了一股堅韌不拔、不向困難低頭的意志力，尤其當中「大雨來，彎著背，讓雨澆，雨停了，抬起頭，站直腳」，充分展現頑強拚搏的鬥志。

若把陳家莊比喻爲歌詞中的「小草」，或許也屬貼切。這個「小」字，可以作兩種解釋：首先，陳家莊百餘成員就像大部分的新加坡人，是一群普通的「小」人物，兢兢業業做事、老老實實做人；其次，他們也像自然界的小草那樣，必須承受命運的作弄，任由風吹雨打，風雨過後再抬頭挺腰，毫無怨言地繼續生活，面對困難從不退縮，跨過逆境勇往直前。

過去十九年來，太陽島經歷的風雨炎陽非但沒有擊垮陳逢坤和陳家莊，反而令陳家莊這株「小草」的生命力更加旺盛。當年那場「百人拉布條抗議」的鬧劇，正是「小草」遭遇風雨的一個實例。眞要弄清前因後果，還得細說從頭。

陳逢坤領導下的陳家莊，目前的海外總部就設在上海太陽島，至於事業發跡地新加坡，則是元立集團和陳家莊成員的精神堡壘，也是陳家莊的「革命根據地」。對陳逢坤來說，上海太陽島既是他海外事業的起點，也曾經是他遭遇最大危機的地方。爲了建設太陽島，陳逢坤付出了無限的心血與努力。

借太陽島實現終極理念

當年他來到上海太陽島，最直接的原因，雖然是大陸的開放政策和新加坡政府的鼓勵，其實也是受「改造家族企業、力求突破現狀」的願望所驅動，期待家族事業根留新加坡，枝葉則伸展到海外。

拍板買下太陽島的五十年使用權後，他隨即請來新加坡藝術家陳得興負責總體規畫，把太陽島國際俱樂部設計成集高爾夫、度假、文化、藝術、高科技娛樂等於一島的旅遊休閒專案，在商業元素中結合了自然、人文與藝術，提供多方位、完善與周到的設施與服務，讓登島的每位客人，都能在這上海的後花園、「市」外桃源般的都市綠肺中，徹底放鬆身心。

打從一開始，陳逢坤對太陽島便寄以厚望，除了投資回報，還要通過建設太陽島實現家族事業的轉型，從家族企業走向企業家族，實踐「共生、分享與和諧」的終極理念。因此，太陽島專案的總體規畫，一開始的標準便拉得很高。

陳逢坤明白，半世紀以來靠養豬維生的陳家莊，成員日漸龐大，想要維繫家族的凝聚力及永續發展，唯有不斷擴大與強化家族企業，倘若僧多粥少，家族成員必然為生活所迫而各尋出路，因此，他必須確保「粥」的數量與品質，以滿足越來越多族人的工作需求。

養豬的勞動力需求本就很高，當新加坡全面淘汰養豬業時，陳逢坤的轉型標的為超級市場，也屬勞力密集行業，基本上尚能滿足家中老少的工作需求。然而，逐漸長大的第三代，教育程度已大幅提高，當中不少大學畢業生，單靠超市業務所能提供的職位，已無法讓年輕一代發揮所學。

陳逢坤向來有「居安思危」的憂患意識，不會等到危機迫在眉睫才行動，也始終相信延伸觸角、開拓多元化事業才是保證陳家莊長治久安之計。決定投資太陽島，很大程度上是基於這方面的考慮。在陳逢坤心中的長遠規畫，以及漸進的接班部署上，購買太陽島是極為重要的一大步。

陳逢坤爲何鍾愛太陽島？在他眼裡和心裡，這座小島的形狀既像往返泖河的一艘船，也像粼粼波光中的一隻眼睛，又像穿梭時光的梭子、東方的巨人，守望著黃浦江，是航向世界的視窗。這些天然的條件，再結合豐厚的人文與歷史底蘊，便構成了太陽島總體規畫的思考基礎。

有了這些難得匯集的雄厚元素，規畫師陳得興很快就勾勒出整體開發理念，把太陽島塑造成俯游的東方巨人，歷經千年歷史風沙的洗禮，順應潮流來到現代，航向未來；太陽島的總體建設，便是沿著這條思想脈絡展開，衍生出后羿射日、夸父追日等巧思，貫穿商業、運動與休閒等功能，結合成有機的、結構性的設計規畫，所有設施各有清楚的定位，一切開發也都有了明確的方向，形成一個網絡相連的架構，爲太陽島的古老靈魂注入現代元素，喚醒島嶼的生機。

雖然整體規畫周密又專業，陳逢坤仍然覺得不夠，於是廣邀大陸文藝界名人到太陽島，讓這些人文大師出謀獻策，激發更多創新的火花。前後登島的藝術家，包括原任上海中國畫院院長的國畫大師唐雲、表演藝術家白楊女士、中國佛教協會常務理事蘇淵雷、舞蹈家舒巧、國畫大師程十發、作曲家朱踐耳、上海西泠印社副祕書長高式熊，都爲太陽島的建設貢獻了各自的靈思妙想。

島上原本雜草叢生，在施工團隊長時間整地、夷平全島之後，又到臨近的城鎮蒐購多種花草樹木，一一移植到島上。爲了創造多功能的度假空間，光是打算栽種、會在不同季節各展風姿的樹種，總計就有二十萬株，當中有針葉、長青、落葉等高矮相映的花木，將疏密有致地覆蓋全島，創造高達百分之八十五的綠地面積。

這項耗資三千萬人民幣的大手筆綠化工程，不僅符合世界環境保護的意識，也透過時任上海市副市長的龔學平等領導在島上親手植樹，給當年「綠色意識」尚未普遍的上海市民帶來啓示與示範的作用。

經過大規模的綠化工程，太陽島成爲一座既有自然美景、又具人文色彩的生態型島嶼，提供終日在鋼骨水泥森林生活與工作的上海市民陽光普照、空氣清新的島嶼樂園，讓人們在疲憊與忙碌過後，得以走進一處調劑身心的人間福地。

開發太陽島期間，陳逢坤發揮一貫事必躬親的作風，和員工一起工作、生活，全副身心都投入建設的行列。眼見老闆穩紮穩打、腳踏實地的做事風格，員工也不敢有絲毫的怠惰，人人苦幹實幹，無形中加快了工程的進度，也保證了建設的品質，使太陽島成爲大陸同類項目中的優質品牌。

不測風雲，起於旦夕

太陽島的開發與建設，是陳逢坤經歷家族養豬事業被迫結束後，投入最大資金與心血的海外投資，怎麼也想不到，這個起步順利、影響深遠的大計畫，竟會因爲金融風暴的突然爆發而遭受重創，搞到債主上門鬧事、員工被迫離職、小島陷入淒風苦雨的困境。

回頭看，一九九七年的東南亞金融危機宛如巨石投江，爆發之後，影響力與破壞力不斷延伸擴大。一九九九年三月那個晚上的示威抗議，僅僅是陳逢坤所面臨的一次突發事件。而那幾年間，太陽島可謂「腹背受敵」，從裡到外都是挑戰。難怪陳逢坤會說，那是他將近五十年的人生裡，所遇見的最大障礙。

回首前塵，陳逢坤百感交集。自懂事以來，他就和陳家莊的每一個親人禍福與共，經歷大大小小的挫折和挑戰。養豬種菜的農家生活，流汗出力是家常便飯，不算什麼挑戰，務農過程中豬隻生病、蔬菜蟲害，甚或天氣影響收成、市場競爭激烈，大家也都能同心協力，算不上危機。

在第二代大家長陳逢坤眼裡，數十年來，陳家莊眞正稱得上「重大」的挑戰可以總結歸納爲以下七件：

- 一九六六年：農場大搬遷（從芽籠搬到紅沙厘）
- 一九七七年：農場大搬遷（紅沙厘到榜鵝）
- 一九八〇年：父親陳亞財生病
- 一九八四年：新加坡政府宣佈淘汰養豬業
- 一九九〇年：父親逝世
- 一九九七年：東南亞金融風暴
- 二〇〇七年：陳逢坤突發健康危機——心肌梗塞

這七件事，就好比是陳家莊的七大關卡；時間上，從第三個危機開始陳逢坤便已當家作主，因此責無旁貸，必須領導家族應對挑戰。

陳逢坤以不一樣的星級區分這七次危機的難度，星數越多，表示難度越高。根據這個標準衡量，一九九七年的東南亞金融危機名列榜首，困難程度達到五顆星；其次是二〇〇七年他自己的突發性心肌梗塞，以及一九八四年新加坡政府宣佈淘汰養豬業，難度都是四顆星；列入三星級的則是一九八〇年父親生病。其餘事件，包括兩次大搬家和父親病逝，對陳逢坤來說都只是一星級的危機。

養豬場的兩次大搬遷，造成諸多不便，因爲遷移農場是花錢費力的事，從找地方到從頭建設、設備轉移、牲畜適應等等，牽涉層面非常之廣，但陳家莊人丁旺盛又勤奮努力，都能一一克服，因此稱不上重大的危機，只是小小挑戰。

至於一九九〇年八月，陳逢坤的父親（陳家莊第一代大家長陳亞財）往生這件大事，爲何陳逢坤只視之爲一星級的危機，還低於一九八〇年他父親生病的那一次？這就必須稍作解釋了。

陳逢坤心中的「七大危機」，純粹是從「事件對家族企業造成的衝擊程度」來衡量，當中沒有摻入感情因素，因此，一九八〇年他剛接手家族生意，根基未穩，父親卻突然生病入院，家族成員頓時有一種「群龍無首」的茫然和擔憂。一九九〇年父親往生時，陳逢坤接班已經十年，期間的風風雨雨，陳逢坤都沉著迎戰、克服困難，一再證明領導的能力，雖然大家長的病逝讓族人陷入極大的悲傷，但那是「至親永別」的情感哀痛，對於企業運作的實際影響不大。

在這種標準下分級衡量，情況就再清楚不過了：陳逢坤數十年來最大的人生障礙，莫過於一九九七年在泰國爆發，隨後逐漸蔓延、終至席捲整個東南亞的金融危機。太陽島高爾夫度假村於一九九七年七月開業時，金融風暴還沒延燒至此，業務還過得去；然而，一九九八年後，情勢開始逆轉。

時機不對，入不敷出

陳逢坤向來處事當機立斷、動作雷厲風行，當年看上荒無人煙的太陽島時，他只登島考察了十分鐘，便決定買下小島，如今回頭審視，決策時機確實超前了點——當時上海的外資企業和外商相當有限，當地人消費水準不高，可說風氣未開，利基還不牢靠。

就在太陽島高爾夫度假村開幕的同一年年底，東南亞金融危機便展現骨牌效應，席捲了亞洲多個國家地區。骨牌的傾倒速度起初並不快，至少在剛發生的那一年，負面影響還沒有全盤顯現。

陳逢坤料想不到，就在一九九八和九九年，原本緩緩升高的衝擊波突然就像山洪爆發般，排山倒海襲向上海，許多企業都遭遇重創，太陽島也無法倖免於難。

銀根斷裂，周轉困難，打擊接二連三，引發裁員、拖欠供應商工程款、銀行逼債等惡性循環，期間陳逢坤和主管們當然想盡辦法，四處奔波，透過各種管道設法解決難題。這段長達四年多的危機，始終沒有擊潰陳逢坤堅強的意志，他知道不能接受失敗的命運，因爲家族百餘成員、企業數千員工，以及員工的家人，未來的命運都與太陽島的生死存亡息息相關。

由於銀根緊縮，企業不得不拖欠員工長達三個月的工資，換句話說，當月領的其實是三個月前的薪水。當時的太陽島雖已正式開幕，但整體建設只完成初期部分，還有一系列的工程持續進行；由於來客降低、收入大減，資金鏈跟著吃緊，施工單位要不到錢當然十分惱火，先是言語不客氣，接著便來硬的，打架鬧事、聚眾示威抗議，用盡各種手段追討工資，演出前一章裡所描述的百人示威場景。

開業不久就遇上金融危機，既要建設、籌錢，又得安定軍心，處境之艱難非筆墨能形容，所幸地方政府給予陳逢坤多方面的支援與配合，每當發生民工鬧事突發事件，公安部門都會立刻組織公安幹警，火速開往太陽島協助解決問題。

根據當時副總經理分管財務的現任集團副總裁沈世萍的回憶，一九九七年其實是旅遊休閒業非常不利的一年，選在那年七月開幕，回想起來確實考慮欠周；如果緩個

一、兩年再開幕，情況可能就不會那麼糟糕，至少不會捲入金融危機——不開業固然沒有收入，但也少了營運支出的龐大負擔。

只要一開門營業，每個月涉及的固定營運成本，單是員工薪金就得一百五十幾萬人民幣，加上工程款等其他軟硬體支出，每月總開銷約需兩千萬人民幣，若無相應收入怎麼吃得消？即使上門打球和住宿的客人不多，水電設施、空調等照樣都要隨時運轉與養護，眾多員工照樣得用餐，數十輛交通工具不開也要維護，保安員要二十四小時上班，所有人員的工資一毛錢也不能少給……這些都是固定成本，即使後來裁員到剩下一千人，節省人力開銷，實際營業收入還是一樣低迷。

大張旗鼓日，金融海嘯來臨時

一九九八年間，太陽島光是工程款的債務，累積已達三千多萬人民幣，經營虧損無法還債，就只好向銀行追加借款，在「拆東牆補西牆，借新債還舊債」中度日，情況甚至惡化到連銀行利息都無法支付。一九九九年時，太陽島度假村客房的房價不得不調降到人民幣二五〇元，但住房率還是拉上不去，工資較高的新加坡籍職員只好陸續遣調回國，以減低工資壓力。

金融危機浪潮掀起一波波惡性循環，造成經濟的不景氣，大大影響旅遊、休閒市場的消費意願，太陽島固然首當其衝，營業收入欠佳、資金周轉不靈，新加坡大本營這一頭的整體利潤也大受影響，因爲金融危機的衝擊已擴散到新加坡，整個元立集團的資金鏈已然搖搖欲墜。

在這長達四、五年的低谷時期，陳家莊一家老老少少一百多人，以及與企業有難同當的忠誠員工，大家都只能勒緊腰帶過日子。

事實上，一九九七年七月開業之初的營業情況並不差，尤其是沒多久之後的十月黃金週，還爲業績帶來一個小小的高潮，直到進入一九九八年後，營運才開始明顯走下坡，大量的工程款當然都有償付計畫，不料不景氣野火一路延燒，業務持續走低，每況愈下，資金左支右絀，黑暗時期一路延續到二〇〇一年。

每逢低谷時期，企業面臨的打擊總是禍不單行，而領導者最難逃避的問題，首先就是爲了「節流」而逼不得已的裁員。

由於誤判國際形勢、景氣走向，太陽島一開業就聘用了高達一千五百名員工。當時的設想是「開大門，走大路」：既然立志要建造世界級的高爾夫球度假村，就得不惜工本花大錢，請來一流設計師規畫球場；既然有了高檔的設施配套，當然也要具備符合國際水準的軟體和服務。

設定目標之後，陳逢坤便按照國際標準和要求，制訂人力資源編制與配備，隨即展開大規模的招聘，延攬海內外人才。那個年代中國大陸的工資水準還不高，但光是一千五百個員工，就算以每人平均一千人民幣計算，每個月單單工資就得支出一百五十萬元，是一筆不小的營運成本，遑論還有球場的養護、設備的維修、營業稅等其他經常性的支出，以及工程款和銀行貸款。

金融危機發生後，上島遊玩、打球、參加會議的人快速減少，球場收入銳減，從原先的一百萬元掉到只有幾十萬元，其他收入也明顯降低，單是支付員工薪資就已捉襟見肘，爲了節約開支，只得先從縮編員工做起。

資金周轉失靈，考驗企業應變

裁員問題向來棘手，只能說是「沒有辦法時的辦法」，但情況危急之下，陳逢坤已經沒有選擇的餘地。從一九九八年四月起，太陽島開始逐步裁員，前後裁減四百多人，將近員工總數的三分之一。沒被資遣的也得減薪一至兩成。一下子裁掉那麼多員工，勞資糾紛當然無可避免。

先是人心惶惶、人人自危，一些接到裁員通知的員工情緒異常激動，甚至還有員工嚥不下這口氣，直接跑到人事部吵鬧，還在人事部職員桌上擺把刀，恐嚇說：「要嘛給我工作，要嘛如果我活不下去，你也別想活。」抗爭事件五花八門，總之，在那段非常時期裡，情緒化事件不勝枚舉，再小的矛盾都會被激化，亂糟糟的場面層出不窮。

東南亞金融危機不但重創陳逢坤的海外最大投資，甚至危及新加坡總部。從一九九七年算起，低谷時期總共延續了近五年，一直到二〇〇二年，許多企業才完全走出低谷。儘管如此，陳逢坤血液裡，始終有著農民那股堅韌不拔、永不服輸的奮鬥和冒險精神，事業低潮期間不氣餒、不埋怨，仍然積極尋找出路，一一克服接踵而來的挑戰。

熟悉商業運作的人都明白，資金周轉環環相扣，公司營運正常的時候，由於收支有序，該收的錢、該付的款按時進出，就會形成良性循環；而當公司受到大環境影響，營運欠佳而蒙受虧損，該收的錢減少或遲滯了，工資卻得照發，施工單位的工程款也要按期交付，收支一旦無法平衡，資金循環便會掉進惡性循環的泥沼，各種問題就發生了，有時嚴重到就連政府的營業稅也繳不出來。對於信譽第一的新加坡企業來說，搞到拖欠營業稅確實很沒面子，所幸地方政府的某部門雪中送炭，借給太陽島八百萬人民幣應急，暫度難關。

此外，開發太陽島所買下的進口設備，隨著付款日逐漸逼近，新加坡總部卻因受金融危機影響，銀根緊縮而愛莫能助。財務捉襟見肘的時候，承包商總經理手上的銀行票無法兌領，這件事本來還有轉圜的餘地，不料他到島上找財務經理理論時，太陽島的某些員工看不出事態的嚴重性，尤其是負責接待的初級員工，只隨口告訴那位總經理：「管財務的李經理不在。」此舉立刻惹火了那位承包商總經理，他說：「你們的銀行票不讓我兌現，上門來又不接待！」他越想越氣，立刻打電話拉來一班人「到太陽島討說法」，此即前一章「百人拉布條抗議」事件的肇因。

討債「奧步」真不少

催債方的討債「奧步」有很多種，最常見的，就是拉來整個施工團隊向你要錢，不是跟前跟後死纏爛打、貼身施壓，就是圍堵你的大門，不讓遊客和球友進出。對太陽島的運作來說，這些手段讓人很頭痛。

那時候，陳逢坤的新加坡國際學校還設在太陽島，看到這種情況的家長，怎麼能放心呢？不僅懷疑學校的管理，也擔心孩子的人身安全。而遇到這些暴力事件時，總要有個撤退的方案，如果大門被堵住，就只能坐船到東方紅碼頭出去。

另外，碰上這樣的圍堵，員工還會有信心嗎？公司還能正常營運嗎？出入受阻，島上員工只好報警處理，但即使公安都來了，這些抗議人群也不怕，因為他們只要說是來討債、不是來鬧事就行。還好，當時太陽島所在的沈巷鎮，有兩位領導很支持太陽島；沈巷的鎮長與青浦區的一位副區長，也站出來協助排解糾紛，進行一些調解工作，經常連夜開會，協助太陽島與債權人制定還款計畫。

當時太陽島的保安人員都是當地人，面對同鄉時起不了多大的嚇阻作用，而剛好有個新來的保安負責人，曾經擔任某部隊司令的警衛員，於是陳逢坤便委託他組織一批人當保安員，這名安徽籍保安隊長一口答應，表示一個星期就能搞定。

果然，一星期後他便找來了二十個復員軍人做保安，負責整個太陽島的安保事務，除了處理外來的安全事件和隱患，對內也發揮了很大的作用。公司遭逢不景氣，一些員工由於對公司喪失信心，在被企業拖欠工資的情況下私自拿走公司的東西，心想「拿一點是一點，說不定哪天企業關門了，先拿走一些也能彌補工資損失」。新一批保安上崗後，這種情況才逐漸減少。最多時，島上的保安多達七、八十人。

銀行逼債查封物品

除了承包商、供應商和施工團隊各路人馬追債，銀行的貸款部門當然也會逼著還錢，當時的太陽島情況之糟前所未見，不僅無法歸還本金，就連利息也付不出來。銀行催逼不果，當然不會客氣，馬上就使出了撒手鐧——把島上的設備全都貼上封條，除了房舍，就連洗衣房的幾台洗衣機、自來水廠的設備也都不放過。封條隨處可見，怵目驚心，幾乎所有人都以爲太陽島要關門大吉了。

幸好有地方政府支持，以政府的角色出面協調、安撫，要不然，如果債主全都上法院遞訴狀，太陽島就眞的玩完了。債主當然還是會不斷上門要錢，太陽島這邊則是能給多少就給多少。當時員工薪資一拖就是三個月，管理階層更是整整半年都拿不到薪水。

金融危機一旦影響企業償債能力，銀行就會重新估價借方的抵押品，要是發現客戶的抵押品價值大跌，更會強制借方拋售，企業的收入就會被無情切斷。陳家莊在新加坡經營的百美超市，便由於無法償還供應商的貨款，店裡的商品越來越少，少到只剩下正常狀態的百分之三十，搞到顧客也議論紛紛，猜測百美超市還能撐多久。

對經歷無數風浪的陳逢坤來說，十五年前的那場金融風暴，是他有生以來極其少見的一記重拳，可是在那時候，大多數人都覺得他好像不怎麼緊張，而是從容地面對危機。他說：「主要原因，是我知道自己在做什麼，知道爲什麼我們會發生這個問題——發展過度，借了太多的錢。」

爲什麼要借那麼多錢呢？陳逢坤解釋說：「剛開始啓動太陽島專案時，每個月我們都從新加坡匯來兩百萬美元。就這麼匯了一年多，你想想看，這裡的銀行會怎麼想？他當然會覺得這個企業很有實力，想跟你做生意。而早期我們的確是有備而來，資金確實也非常充足；就是因爲我們在新加坡做得很成功，才會想到這裡來發展，不是嗎？」

當地的管理階層也深有感觸：「金融危機之所以一發不可收拾，究其原因，就是企業的過度貸款，太陽島也不例外。在這場危機中，一出差錯就非常可怕，有家新加坡的中資銀行，借給太陽島五百萬美元，對方總經理在逼迫我們還錢時，說出來的話非常難聽，保證你終身難忘。」

那段期間裡，陳逢坤幾度親自向這位總經理求情，希望他能網開一面，也承諾會設法還錢，但對方依然步步進逼。陳逢坤不無感慨地說：「這就是爲什麼有人會說，銀行總是『晴天借傘，雨天收傘』。那時候我才終於體會，銀行看到你好時會拚命希望你借錢、一見你有困難就無情催逼的可怕經驗。」

被新加坡中資銀行追債的慘痛教訓，讓陳逢坤在度過危機後的長達十年裡，一直想做一件事情——從此不要向銀行借款。也就是因爲這個體認，當二〇〇八年九月全球爆發金融海嘯時，華爾街差點因此崩盤，太陽島和元立集團反而沒事。那時陳逢坤的企業集團，已經有將近十年沒向銀行借款，並具有抗風險能力。

前事不忘，後事之師

所謂「不經一事，不長一智」，事後陳逢坤多次提醒未來的管理階層，包括陳家莊第三代接班人，一定要吸取教訓，量力而爲。經營事業固然可借貸資金，但絕對不可以把企業的資產都拿去作擔保。因爲，如此一來，萬一碰上突發性危機，本來擁有的一切可能都會賠光。

儘管如此，陳逢坤倒沒讓自己從此成爲「銀行拒絕往來戶」，現代企業適當與銀行交往已是常態，當年的銀行也並非都那麼不近人情。他表示，在上述的危難時期，上海的銀行還比新加坡那邊的銀行通情達理一些。

總結上述事件的經驗，陳逢坤說：「銀行的催債，施工團隊的討債，讓我們學會了要量力而爲。如果當初沒有那麼多工程，哪來這一波波討債人？因此，後來的工程我們都會先考慮：資金上容許嗎？能力所及的才加以發展。施工團隊的態度也必須好好考量，找尋的合作對象，不能再是過去那種有工程就滿臉堆笑、一碰上你有困難就翻臉的團隊。不管是我還是未來的接班人，都得提醒自己一定要量力而行，否則就得面對討債者的不擇手段。」

在自然界中，暴風雨過後就有陽光，夜晚之後便是黎明，黑暗的隧道再長也有終點。然而，現實當中的「風暴」或「暗夜」，卻不可能讓你坐等雲消風散，自動解決，而必須想方設法，才能度過難關。

那麼，陳逢坤是怎麼解決龐大的財務窘境？除了到處籌措資金、賣掉新加坡的一處產業，他還得到許多員工「個人集資」的幫助。另外，在那一段處境艱難的日子中，一些投資項目也暫時中斷或被迫取消。

賣樓籌措資金

想盡辦法籌措資金，是陳逢坤起初唯一的做法。他當時認識了一位曾先生，從曾先生那裡，他知道了歐美國家有所謂的金融商品，是高回報的衍生性金融工具，只要在銀行存放一筆錢，就可以把這筆資金拿去買股票、期貨、債券等等，賺取高額回報。

透過某銀行一位吳姓行長，陳逢坤開始投資金融商品。那時吳行長的太太在新加坡，孩子也在新加坡讀書，陳逢坤家族成員甚至還幫忙照顧，完全沒想到這個投資其實是個騙局，吳行長還因此被抓。

投資衍生性金融商品期間，陳逢坤經常飛到英國和美國找錢，心情非常煩躁，還得每天等著美國天亮、注意市場動向，結果基金管理人最後的答覆竟是交易沒有成功，錢也沒有賺到。那時陳逢坤只要到美國華盛頓，就住在曾先生弟弟家的地下室，等著看交易有沒有成功。就算回到太陽島，也經常獨自在半夜裡到球場苦思對策，要不就是凌晨兩、三點不顧風寒露重到戶外散步，思索如何拯救企業、走出困境。

早在一九九四年，台灣有本《中國通》雜誌前去訪問陳逢坤，在當時《中國通》的記者李薇牽線下，陳逢坤認識了台灣牛頓出版社的老闆高先生。一九九八年，陳逢坤到了台灣，設想根據美國所謂「分時度假」的模式，依樣畫葫蘆促銷太陽島度假村。他找了牛頓出版社談合作，雙方簽了協議，由牛頓協助太陽島銷售分時度假。後來由於高先生太忙做不來，就找了牛頓的副總何杏璧，合作成立台灣太陽島；同一時間，陳逢坤和美國一家分時度假公司攜手，那家公司甚且是經營這類業務的世界兩大集團之一。

在美國銷售分時度假的業務從一九九八年進行到二〇〇一年，台灣方面則做到二〇〇二年，主要是後來台灣政府新政策出爐後，限定所有的外國分時度假業務，都必須在台灣有產品（度假村）才可以銷售，買完之後還得有個「冷靜期」，允許顧客在一週內取消購買決定。

話說回來，雖然分時度假的案子沒做多久，但那幾年的銷售畢竟還是讓危機中的元立集團找到第一批資金。只可惜，這批資金仍不足夠還清債務，因此，二〇〇〇年時，陳逢坤不得不忍痛賣掉新加坡百美超市最大的一棟樓——淡賓尼區大牌五〇六號，買的時候是新幣一八二〇萬元，賣價是三千萬元。面對東南亞金融危機的太陽島，主要就是靠分時度假銷售和賣樓這兩筆較大的收入，才終於起死回生。當然，忠誠員工的支持也發揮一定的作用。

水能覆舟，更能載舟

公司陷入困境的時候，儘管有些員工選擇離開，陳逢坤將心比心，很能夠體恤員工必須養家的處境，畢竟三個月沒領取工資，有的家庭或許就要面臨斷炊。但他平日善待員工、把同事當家人看待的親切作風，在公司危難的時刻，也獲得了善意的回報。

當時員工自動自發借錢給公司，前後兩次，第一次總共籌到三百七十多萬人民幣，錢多的拿出一萬、兩萬，錢少的五百、一千，總之各憑自己的能力和誠意。籌集到的資金，主要用來繳付電費和工資。第二次只籌到一百多萬元，約第一次的三分之一，主要由於第一次所借的錢尚未還，又來第二次籌集，難免有些員工產生顧慮。一

九九八、九九九年間，說來正是企業最難過的時候，不少優秀的員工都很想留下來，可是爲了家計也不得不辭職走人。

然而，發不出工資的公司竟然還能向內集資，的確是件了不起的事，由此可見，除了陳逢坤深得員工信賴，以上海人占多數的員工也愛這家企業，企業凝聚力極強，大家都希望公司能夠撐下去。比起企業當時的龐大債務，員工集資的款項雖然只是杯水車薪，卻突顯了企業的員工能與管理階層同舟共濟的可貴。陳逢坤當然也沒忘記員工的付出，在企業度過難關、走上穩健發展的道路之後，就趕緊給予這批忠誠員工應得的獎賞。

員工借給公司的錢，一年後就開始歸還，而且給了大家高達百分之十二的年利息，那時的銀行利息才不過七點幾。過後大家還開玩笑說，「早知道利息這麼高，應該想辦法借更多錢給公司。」這是冷酷現實中企業溫暖的一面。

這段艱難的日子裡，一九九九年到二〇〇〇年初是最困難的時期，二〇〇一年雖然也很難過，但相對改善了些，因爲陳逢坤帶領團隊到毗鄰上海的昆山市去開發業務。借開發專案解決眼前的財務危機，也是陳逢坤的一記高招。

就像許許多多的投資商，陳逢坤早期進入大陸開發專案時，除了碰上「天有不測風雲」的危機，也有「遇人不淑」的遭遇：初到上海的第二年，他就惹上一起官司，被一個老朋友告上了法庭。這場民事訴訟過程非常複雜，前後折騰了兩、三年才落幕。

第三章

捲入上海最大確權案

經·營·啟·示·摘·記

◆ 行事堅守「公歸公、私歸私」
◆ 關係企業的事，不可單憑義氣
◆ 謹遵規章制度，在法律框架內行事
◆ 眞誠與坦然爲面對挫折之道

所謂「生不入衙門」，傳統上華人都不喜歡打官司，陳逢坤自然也不例外，所以他永遠難忘捲入上海有史以來最大「確權」案、上法庭當被告的那段日子。更別說，有生以來第一次上法庭就是和大學室友打官司，心情的難過可想而知。

陳逢坤之所以做出家族史無前例的重大決定，前往中國大陸，爲上海太陽島的發展計畫砸下數千萬美元，除了前面提到的宏觀因素，包括家族企業轉型的需要、新加坡政府的鼓勵，以及中國大陸改革開放帶來的契機，還有一個微觀的原因：獲得一個大學室友的牽線。然而，後來也因爲這個室友，讓陳逢坤捲入一場曠日持久、堪稱上海有史以來最大的「確權」訴訟案。

陳逢坤認爲，仔細說明這樁訴訟案，不但可以作爲集團員工「生活的教材」，也能夠提供包括台灣與新加坡企業在內的所有外商，前往中國大陸投資的參考案例。這樣的事情不會發生在所有外商身上，但即便是多年前的案例，如今看來還是深具參考價值，值得投資者深入研究。

大學室友遊說投資

一九七〇年代陳逢坤在台灣大學留學時，有一位名叫章士男（化名）的室友。一九九二年間，章士男專程飛到新加坡拜訪陳逢坤，向他描述上海的發展態勢，極力強調上海的投資環境和豐厚回報，章士男口才一流，讓陳逢坤留下深刻印象。

其實，章士男赴新加坡之前，早已摸清陳逢坤的經濟實力，知道在一眾同學裡面，事業做得比較好的就是這位來自南洋的僑生陳逢坤，一打聽到陳逢坤在新加坡的超市事業做得有聲有色，就希望說服他到上海發展。

可以說，陳逢坤之所以會在一九九二年到上海考察，這位大學室友的遊說發揮了一定的作用。既爲室友必定有些交情，陳逢坤更是個念舊情的純樸農民，當然不疑有他。

章士男首先拿了一個他形容爲「很好賺錢」的投資項目來找陳逢坤，希望借此吸引陳逢坤到大陸投資，他向陳逢坤推薦位於外灘附近的一個專案，還說這是「一塊錢會賺五十塊錢」的好投資。接著，有一回章士男到上海，刻意下榻於陳逢坤所住的東湖賓館，找上陳逢坤，說他有個親戚需要錢，要賣掉這個黃金項目的股份，因此他力勸陳逢坤買下那部分股權。

農民出身的陳逢坤，並非唯利是圖的人，他也明白「天上不會掉餡餅」的常理，於是就直接告訴章士男：「既然是一元賺五十元這麼好的東西，你就自己買下來好了，我不需要。」陳逢坤從來不貪圖不屬於自己的東西，他說：「既然這麼好，你章士男便不需要給我，這是我的做人原則。」

他都直截了當地回拒了，怎料章士男還是苦苦哀求，幾天後又找上陳逢坤，表明自己急需這筆錢。經不起他的糾纏，陳逢坤終於心軟，通知新加坡方面，以六十萬美元買下章士男親戚的股權，這項投資後來並沒有結果。事後陳逢坤認爲，在這種事情上，應該堅守「公是公，私歸私」的處事原則，再小的事都得辦好該辦的手續。

前項投資不了了之，章士男還是繼續遊說陳逢坤，說是有更好的專案。因此，在開發太陽島之前，陳逢坤便在章士男的穿針引線下，於上海參與另外一個房地產投資案，姑且稱之「青浦專案」。

在章士男的牽線搭橋下，陳逢坤參與了青浦專案的投資，不但成爲股東之一，同時兼任總經理，而且一當就是兩年。青浦專案位於青浦縣（現在改稱區）澱山湖邊，是個綜合房地產。

一九九三到一九九五年間，陳逢坤擔任青浦專案的總經理。在這段親手管理的期間，陳逢坤發現，原來這個投資項目是個爛攤子，股東各有打算，表面上很合作，暗地裡卻各有一盤棋。以陳逢坤的標準來看，這家合資企業的人際關係錯綜複雜，每個人都在爭權奪利，根本就是一個殺戮戰場，所以當了兩年總經理，他便決定辭掉職務退出管理。

身爲上海青浦專案的總經理，陳逢坤不但得投入資金和建設、幫該專案在新加坡賣房子，而且賣出後還要提供擔保和回購的保證；也就是說，除了給買家若干百分比的租金回報，往後還要負責回購，而新加坡賣出所得，又得拿回上海投入青浦專案的建設。即使「陷身」到了這個地步，之後甚至不得不選擇離開，陳逢坤卻無法與青浦專案一刀兩斷——之前經手賣掉的房子，還得負責回購。這樣的牽扯沒完沒了、非常麻煩，股東之間的不和諧，更是剪不斷、理還亂。

回頭再說章士男這個人。當年青浦專案的股東有好幾個，章士男的做法，就是召集幾個人共同參股，讓大家都來到上海，與某部級企業駐上海辦事處的一個負責人合作。但陳逢坤加入後才發覺，當中的合作關係相當複雜。章士男和太太兩人都屬高知識份子，很早就到上海尋找商機。陳逢坤受邀參股時，正是青浦專案資金短缺、矛盾叢生的時期。之後當房子造好了，要做樣品屋時，陳逢坤既是總經理，就根據入股後答應出任總經理時各方同意的承諾，找了新加坡的設計師來做專案設計。豈料台灣的股東卻說要由他們來裝修，還否定了陳逢坤的設計方案，此爲導致他最後選擇退出的主因。

在青浦專案擔任總經理的兩年期間，陳逢坤本人也積極尋找新的投資專案，後經一位朋友吳先生的引薦，認識了當時青浦縣政府的辦公室陳主任與沈巷鎮李書記，才成功地談成了現在的太陽島專案，陳逢坤也同時在新加坡成立元立投資私營有限公司，並以此外方公司投資上海太陽島國際俱樂部有限公司。起初，由於沒摸清楚章士男的底細，還聘用他爲元立投資公司的董事，之後經過了多次事件，陳逢坤認爲章士男並沒有履行當初決定合作時的一系列承諾，便決定免除章士男的董事職務。

舊友反目，點燃訴訟火苗

被免除董事身分的章士男，認爲董事等同於股東，董事會「吞吃」了他的投資；但實際上，章士男根本沒有出過一毛錢。陳逢坤之前不但積極投資青浦專案，甚至沒有拿總經理薪水，還用新加坡公司幫青浦專案的銷售做擔保，賣了十九間房子，總價將近兩百萬美元，不僅利息還本給新加坡的客戶，還拿這些收入來建設青浦項目。

經過上述事件，陳逢坤和章士男關係出現裂縫。再過沒多久，大約是一九九五年的一月，太陽島公司的人也聽說雙方要打官司了。果然沒過多久，缺少雙方都能夠認同的調解方案下，章士男就打了電話給陳逢坤，表示正式起訴了，並且說他全部安排好了，他一定會勝訴，理由很荒謬，就是他請人幫忙做產品銷售的錢就是他投資的錢，所以他也是太陽島的股東。這個訴訟案雖然只是法律上的「確權案」，據說卻是上海開埠以來最大的一起確權案，因此雙方都動員了很多律師。

陳逢坤說：「訴訟是講法律依據的，你沒有投入資金，怎麼可以當股東呢？雖然我說過給他一半股份，但他並沒有眞的投入相對的資金。」這件事塵埃落定後，陳逢坤還特別提醒陳家莊成員：「未來公司的管理階層或陳家莊的繼承人一定要切記，公司所有的一切都不是你個人的事，而是家族、企業與社會責任的結合。」

這個訴訟案，也讓陳逢坤學到了很多東西，尤其深刻體會，關係企業的事，千萬不可以只講義氣，而是要依照規章制度、在法律框架內行事。如今回想，他更慶幸當初沒有忽略這一點。

陳逢坤記得，訴訟案進行過程中，有一次他從新加坡到上海，與幾位管理者一起到昆山去找律師商量對策時，律師曾經問陳逢坤要不要和解。律師建議陳逢坤，不妨給章士男一點股份，息事寧人算了。陳逢坤卻告訴律師，這不是給不給股份的問題，而是誠信與原則的問題。這個例子，也說明律師的立場有問題。不久公司就換掉這批律師，後來也不只換過這一回。

章士男的手段非常多。比如新加坡總理吳作棟正要到上海參觀太陽島時，陳逢坤就忽然接到新加坡駐中國大使館的人員詢問：「吳總理正打算過來，卻收到你們股東的一封『告發』信，指責你們詐欺。你們還打算邀請吳總理嗎？」鄭東發大使還要陳逢坤針對此事寫個報告。陳逢坤立刻說明前因後果，告訴大使沒有詐欺這回事；鄭大使也選擇信任陳逢坤，建議新加坡方面還是讓吳總理到太陽島視察。

另外，確權案訴訟期間，剛好是太陽島早期開發的階段，本來前後將獲得當地銀行約三千萬美元的融資，但每當要發放貸款、匯錢給太陽島的時候，銀行方面就會接到搞破壞的黑函，使得銀行不敢貿然給錢。這當然是章士男的手法，千方百計要搞得整個公司人心惶惶，讓大家都急得像熱鍋上的螞蟻，無法順利建設專案。

所謂的「生不入衙門」，傳統上華人都不喜歡打官司，陳逢坤也不例外，所以他永遠難忘上法庭的那段日子。回憶訴訟案第四次開庭的時候，是他有生以來第一次上法庭。由於從來沒有出庭經驗，加上那天的心情非常不好，他還記得：「當時聘請的第一批律師，主要的律師竟然沒出庭，只吩咐底下一些律師來，我問了律師一些問題，卻被法官批評了一頓。」法官不看證據，反而抓住陳逢坤在審判時講話的錯誤借題發揮，整個形勢對陳逢坤非常不利。

回憶起第一次上法庭的心境，陳逢坤的感覺就是很冤、很無奈：「我這一生勤勤懇懇，老老實實，也沒有做錯什麼事，卻只爲了相信這個室友，竟然搞到要在上海打官司。」

從訴訟中得到教訓

在這之後，訴訟案子越打越離譜，搞得陳逢坤身心俱疲，幾乎天天翻箱倒櫃，反覆檢查相關的帳目，過程中，他最有把握的一件事，就是從頭到尾，章士男都不是太陽島的股東。由於之前陳逢坤與章士男都是青浦專案的股東，所以太陽島所有員工才誤以爲章士男也是老闆之一。

據沈世萍回憶，整起確權案訴訟從一九九四年十二月開始，一直拖延到一九九七年間才結束，前後折騰了兩年多。一九九七年五月，太陽島接到法院的「駁回起訴裁定」時，整起官司才眞正了結。最終結果還是證明法律的公正性，上海畢竟是尊重法律的地方。

陳逢坤也確信「邪不勝正」，章士男最後之所以輸掉官司，除了法律上本就站不住腳，他的手段也間接幫了倒忙。聽說他們還企圖影響司法的公正。而這整件事情對陳逢坤來講是個很大的教訓。

在上海打輸這個訴訟案的章士男心有不甘，本來還準備到新加坡控告陳逢坤，但諮詢過新加坡的律師後，律師勸他別再白費力氣，因爲肯定贏不了。事實只有一個：

章士男不是股東，從頭到尾都不是股東。

章士男事件非常複雜，當中有很多衍生的枝節，一下子通知陳逢坤要上法庭，一下子又有人告訴他「這筆錢不會來了」，時時刻刻都有難以預料的情況發生，弄得他措手不及、窮於應付不說，章士男還指使人到各個政府單位去破壞太陽島的名譽。訴訟期間，陳逢坤這一邊照舊天天勤懇做事，章士男那邊卻想方設法，透過公關手段、太陽島周邊的人散播謠言，所謂「三人成虎」，再明顯不過的謠言，只要說上一百次，就會讓人信以爲眞。在極度無奈中度過的那幾年，可說是陳逢坤剛來上海所上的「第一堂課」。

由章士男的訴訟案，可以清楚看見太陽島的開發之路有多崎嶇。從一開始的人地生疏、沒有班底，到後來無端碰上訴訟案，名譽飽受破壞，全都讓陳逢坤永生難忘。值得慶幸的是，所謂眞金不怕火煉，事實最終還給陳逢坤一個公道。

踏平坎坷成大道，鬥罷艱險又出發

經歷這麼一場號稱上海史上最大的確權案，雖然最後贏了官司，證明了清白，陳逢坤還是覺得很無奈，也有幾分失落。無奈，當然是因爲他相信老同學，也認爲同學之間不存在爾虞我詐的事，卻沒想到會被反咬一口。

失落感也來自於此。陳逢坤一向重感情，他不但是十兄弟之中唯一有機會上大學的人，更重要的是，來自農家的他竟能進入台灣大學這麼崇高的學術殿堂攻讀畜牧系，他非常感恩，也特別珍惜同學的情誼。

因此，陳逢坤與台大的老同學雖然畢業之後各奔前程，但情誼始終深厚，每五年都要定期聚會一次。那一班的三十五位學生中，除了他是來自新加坡，還有馬來西亞、泰國和越南的四位僑生。

二〇〇九年是大學畢業三十週年，陳逢坤特地邀請這批學友，攜帶他們的家人，從四面八方來到上海的太陽島度假村。老同學們踏出校門，至今不但已分道揚鑣三十載，大家也都步入五十多歲的「知天命」階段，見面後，對談依然像當年那般無拘無束。青澀歲月的同窗感情，畢竟是純樸如一張白紙，因此，同窗對簿公堂更讓陳逢坤感到無限唏噓。

創業之路從來都不平坦，尤其是到異國他鄉，一個政治與社會背景完全不同於新加坡的地方。然而，對陳逢坤來說，人生的旅途本來就該有風霜雨露，有陰霾密佈的時刻，也有陽光普照的日子，只要以一顆眞誠的心，坦然面對一切挫折，眞相必然大白，水落就會石出。

他對海峽兩岸都很熟悉，也牢記華人經常引用、源自唐代禪師黃檗希運《宛陵錄》的「不經一番寒徹骨，焉得梅花撲鼻香」。此外，他也對中國大陸家喻戶曉電視劇《西遊記》的主題歌《敢問路在何方？》有深刻的體會：「你挑著擔我騎著馬，迎來日出送走風霜，踏平坎坷成大道，鬥罷艱險又出發，又出發，一番番春秋冬夏，一場場酸甜苦辣，敢問路在何方？路在腳下。」

陳逢坤這些年來的創業道路，不就正好是歌詞的寫照嗎？儘管歷經酸甜苦辣，他還是堅持「踏平坎坷成大道，鬥罷艱險又出發」。陳家莊上下都具備這股氣節，元立集團的事業大樹，更是這一精神的實踐和體現。

雖然坎坷又艱險，陳逢坤卻沒有把「確權」案列入人生「七大危機」之一，因爲對他來說，這件訴訟案雖然過程繁複、傷神累人，但他的意志力和戰鬥力一點兒都沒有減退。爲什麼？別說陳家莊過去面對過更大的挫折，就連新加坡建國之路的坎坷與曲折，他也同樣經歷過。這回和老同學對簿公堂，陳逢坤其實心痛多於惱怒，但他依然珍惜同學間純眞深厚的感情，相信這樣的感情絕對經得起任何考驗。

第四章

借「開源」逆轉局勢

經·營·啟·示·摘·記

- 「開源」才能創造機會與轉機
- 要選對人，更要做對事
- 「誠信」是企業最重要的價值
- 「信譽」是企業最重要的資產
- 光靠很有創意的包裝，不可能成功

儘管財務還是吃緊，銀根仍然緊縮，二〇〇〇年起，太陽島已經能夠準時發出員工薪水。於此同時，陳逢坤也不斷尋找各種機會，以紓解資金短缺的壓力；找錢的途徑包括銷售「分時度假計畫」，以及前往各地尋找開發商機，希望借「開源」扭轉不利的局勢。這些行動雖然都收到正面的效果，過程卻並非一帆風順。

自然界的現象，往往是暴風雨後自然就有陽光，但人生可就不一定了，「否極」往往不會自然就「泰來」，所有的問題、挫折和障礙，都必須想方設法克服解決，所以在時間的順序上，不可能簡單的區分危機和轉機、順境與逆境。在危機來襲的同時，沒有人會坐以待斃——尤其是多年來經歷磨難、備受考驗的陳家莊與陳逢坤。

昆山太陽島帶來曙光

金融風暴重創太陽島建設，時間長達五年，在這段漫長的過程中，第一年是上升期，事態從影響輕微逐漸加重，一九九九年的破壞力最爲明顯與嚴重，二〇〇〇年和後面的兩年，是風暴影響力漸漸減低的下降期。

儘管財務還是吃緊，銀根仍然緊縮，二〇〇〇年起太陽島已經能夠準時發出員工薪水。於此同時，陳逢坤也不斷尋找各種機會，以紓解資金短缺的壓力；找錢的途徑包括銷售「分時度假計畫」，以及前往各地尋找開發機會，希望借「開源」扭轉不利的局勢。就在這個時候，陳逢坤獲得一個開發昆山太陽島專案的機會。

如今一片美景的昆山太陽島用地，當時還是個磚窯廠，周邊有四、五百畝的地方是個大坑，後來順勢挖成一個湖，但既不能開工廠，也不適合建房子。陳逢坤決定接下這個專案後，便炸掉窯廠的煙囱，開闢成峽谷式的球場。

昆山太陽島在二〇〇一年正式動工，當時陳逢坤認識了日本的年輕景觀設計師成田（Narita）夫婦，當年他們兩位還受雇於另一家公司，但成田看到了上海太陽島的發展，也預見中國的發展大有可爲，當下就跳槽到太陽島，一直與陳逢坤合作到今天。

二〇〇一年十二月開始，陳逢坤跨出了振衰起敝的第一步。對於當時仍處於金融風暴下，面對財務危機、身陷黑暗境地的上海太陽島來說，昆山太陽島無疑是一線曙光。因爲有了新的專案和開發計畫，上海太陽島就可以藉由昆山這邊進行市場行銷，推動「收入」這一環。昆山太陽島的規畫，既有高爾夫球場，也有別墅區，市場的開發空間和力度變大，也創造了收入，資金開始往正向運轉。

有了這個「好的開始」，資金的緊張也就慢慢緩和，解決了部分上海這邊的債務問題，走上良性循環的道路，各方面的條件也連帶轉好，整體經濟逐漸回暖。

大環境方面，起自一九九七年的東南亞金融危機，三、四年後破壞程度漸漸減弱，企業也出現復甦的跡象。昆山太陽島專案二〇〇一年五月正式動工，前後大約費了三年半，但開工並不能馬上解決積累的問題，要到兩、三年後才逐步化解。也就是說，從危機到復甦、再從復甦到進入高速發展階段，前前後後大概花了六、七年，整個國際經濟危機的週期也大抵如此。

新加坡賣樓，帶來資金活水

二〇〇一年後，上海太陽島的狀況終於出現了轉機，而且一年比一年好，一直持續到二〇〇三年。步入二〇〇四年，太陽島幾乎已經解決了所有的債務和問題，開始有健康和良性的發展。陳逢坤馬不停蹄，先後開發了昆山、蘇州、南京等幾個城市的太陽島相關項目。

值得一提的是，陳逢坤也在上海投資興建了兩所新加坡國際學校。第一所新加坡國際學校本來是設在上海太陽島上，一九九九年才搬到閔行區的原美國學校租用的校址，後來規模不斷擴大，才決定買土地建成現在的閔行學校。興建國際學校的目的，除了希望爲兩個女兒創造良好的學習環境，陳逢坤也預見了上海外商雲集的前景，看出駐外人員必然面臨子女的教育問題。

總體來說，整個財務狀況可說經歷一番從衰到盛的「起承轉合」。上海太陽島是陳逢坤走進大中華市場的第一個、也是最大的投資項目，正要大展鴻圖，卻因爲東南亞金融危機，情勢急轉直下，爲了解決資金問題，甚至必須賣掉新加坡的一座大樓；然後，在機緣巧合下投資昆山，利用高爾夫球場會員卡的銷售，總算帶動資金的活水。陳逢坤出身農家，自然關心農民的權益，所以一口氣花了七百萬元，讓原地的農民順利遷走。新加坡賣樓得來的兩千萬美元，不但足以應付公司債務，也可以有投資新專案的資金，更讓新加坡總部可以有點存款。

昆山太陽島專案包括房地產和球場兩大塊，陳逢坤簽下的是比較單純的一塊地，分期建設之後，成爲現在的二十七洞球場。房地產開發方面，第一期只建了三十五棟樓房，分成兩區；球場會所則是標準的高爾夫別墅。昆山太陽島高爾夫球場採會員制，別墅由別墅房地產部門管理，分屬不一樣的系統，但買房子的客戶也都買了球場會員卡，且因爲是創始會員，可以享受八折的優惠價。昆山項目的用地，總共兩千多畝。

昆山的房地產開發，大大緩解了上海太陽島的資金困難。陳逢坤認爲，在發展太陽島這將近二十年的歷史上，涉足房地產業務已是「開發綜合性休閒產業」不可或缺的一個重要環節。在開發上海太陽島初期，由於對房地產的認識不深、不夠專業，確實讓陳逢坤吃了大虧；然而，房地產卻也是上海太陽島遭遇財務危機後，一帖很重要、足以起死回生的良藥。

昆山房地產專案自二〇〇一年著手規畫，二〇〇二年開始銷售，市場反應十分熱烈，很快就銷售一空。事實證明，昆山太陽島是讓上海太陽島峰迴路轉、柳暗花明很重要的一個工程項目。基於這個成功經驗，後來上海太陽島在二〇〇六、〇七建設兩批別墅，也都賣到一間不剩。

乘勝追擊，轉戰蘇州、南京

昆山專案的良好回報，也帶來蘇州的開發專案。其實在行政區域劃分上，昆山也歸蘇州所管，陳逢坤在昆山找到了營運新模式後，緊接著就應用到其他一些開發專案，同樣圍繞著三個產業：休閒加度假（娛樂、酒店、別墅）、休閒高爾夫，以及高爾夫別墅。其中蘇州太陽島專案受限於土地面積，並沒有興建別墅。

高爾夫別墅，其實就是度假別墅，由於基本上是買主們的第二個家，不太可能是住家，只是假日或週末暫住的度假屋。有些買家甚至只是純粹的投資，很少住在裡面。高爾夫球場邊上的別墅，都是供私人使用的高爾夫別墅。

說到蘇州太陽島，蘇州與杭州素有「人間天堂」的美譽，都是自然與人文皆美的地方，由於蘇州太陽島就在聞名海內外的大閘蟹產地陽澄湖邊上，寸土寸金，當地政府無法釋出更大的土地，所以總面積只有一一〇〇畝，只能建造一個球場和會所。

找到蘇州太陽島是二〇〇二年的事，雖然那一年陳逢坤也曾看上吳江，但吳江太陽島最後沒能實現。也是在同一年，陳逢坤把太陽島的品牌進一步擴大到了南京。

作爲「六朝古都」的南京更美，南京太陽島周圍全部是森林，環境優美、古木參天、鳥語花香，是個空氣清新的天然氧氣吧，也可說是個生態公園，還有蛇類和野豬出沒，那一帶要動遷的房屋也不多。南京太陽島所在地，行政上屬於溧水縣的洪藍鎮，註冊地是溧水縣經濟開發區路八號。

柳暗花明又一村的情景，也體現在內部員工的職責變動上。在現實世界裡，當企業面對困難、發展遭遇挫折的時候，正所謂「覆巢之下無完卵」，員工能保得住飯碗就很不錯了，哪敢冀望升遷加薪？但上海太陽島因昆山開發的成功，緩解了資金的壓力，一旦資金運轉逐漸正常，陳逢坤立刻關心起員工的前途，繼續招聘人才。

二〇〇二年，上海太陽島物色了四名高級經理人員：葉萍、葉惠虎、張保華、張江川。二〇〇七年十一月二十八日那一天，陳逢坤在宣佈未來十年發展規畫的時候，一口氣把幾位表現出色的職員都晉升爲副總經理與總經理。招聘高端人才和提升職務，說明上海太陽島就算還沒有完全走出陰霾，至少也已回到正常的發展軌道上。

招致同行攻擊

二〇〇二到〇七年的這五年間，是太陽島總體發展的第二個階段，昆山太陽島、蘇州太陽島、南京太陽島陸續落成，扭轉了上海太陽島遭受金融風暴重創的不利局面。這三個專案雖然都很順利，但也不是毫無困難，對陳逢坤來說，順流與逆流都是生命的常態，本就是現實人生的寫照。

蘇、昆、寧（南京）三個太陽島開發期間，來自高爾夫球場同業的攻擊非常劇烈，不但有上海當地的對手，也有來自境外的同行。

俗話說「同行如敵國」，打從陳逢坤到大陸投資，大動作買下太陽島開發高爾夫球場後，他的一舉一動莫不引起同行的注意。金融危機期間，太陽島遭受重大衝擊，其他同業當然感受不到競爭壓力，然而從二〇〇〇年昆山專案啓動、市場反應良好後，業界就不斷有人眼紅。

高爾夫球場在中國一直屬於限制性行業，後來當局甚至下令不再批准興建。由於太陽島使用的土地是向地方政府租賃的，因此，土地和經營範圍這兩件事就成了競爭對手攻擊的火力點。

另一方面，太陽島採系列性開發，產生連鎖市場的規模效應，也明顯影響對手的利益。配合市場需求，各地的太陽島高爾夫球俱樂部在公開招募會員時，都各有一系列的配套措施，針對不同需求制定具備競爭優勢的價格，大大提高太陽島系列球場的競爭力，市場占有率逐漸擴大，不免遭致同行嫉妒，想方設法打擊太陽島。

賣房過程三波六折

如今走進太陽島別墅的人，都會對內外裝修、氣氛營造讚不絕口，但一般人難以想像一路走來有多艱辛坎坷。這個開發項目起步很早，太陽島開幕的一九九七那一年就開發興建，一直到一九九九年才完工。事實上，選擇這個時機有點冒險，因爲當時的上海正在金融危機的籠罩下。但也由於金融危機，市政府的一個領導，才會特批太陽島用補地價的方式開發房地產賺錢，擺脫金融危機造成的困境。然而，這樣的一個好意措施，反而演變成更大的困難。

房子一設計好就開始預售，結果是：一棟也賣不掉。後來請來台灣的業界幫忙，可是台灣這批人賣球場會員證固然專業，顯然不懂得怎麼賣房子，太陽島卻以爲台灣市場比較大，沒有做好評估就交給他們賣。雖然前前後後的確賣了十二棟，卻都提供回購和回報的保證，而且興建的房子有八十八棟之多，只賣十二棟根本不足以維持正常的建設與施工所需，導致後來施工隊的錢無法按時支付，只有被迫停工。

負責施工的，是一家實力滿大的國營企業，起家很早，上海不少高樓都是這家公司的作品，當時的陳逢坤，就是希望這家建築工程公司的名氣能帶來買氣，有助太陽島捉襟見肘的資金。根據當年的慣例，專案方可以向工程承包商要一筆「品質保證金」——既然要建房子，就要有品質保證的押金；於是太陽島便向對方要了一千萬人民幣的質保金。當時該企業正好手頭上沒有什麼投資項目，又看好太陽島的開發計畫，期望值很高，所以一拍即合，太陽島所收到的一千萬質保金，正好用來償還一筆一百萬美元的貸款。

沒想到事與願違，辛苦一場卻只賣出十二棟，收入跟不上建設的速度，連帶拖延了工程款，終於爆發圍堵和抗議等衝突。

幾年之後，陳逢坤聘請了台灣的設計師林鎮坤，修改後面要建的別墅，搭建兩棟樣品屋，又找了教授級的殷老師來負責銷售事宜。儘管那時的殷老師旗下有相當強大的銷售隊伍，本人也常辦講座和課程，房子還是賣不掉，等於第二次開盤又失敗了。

第三次推出時，市場總算有點景氣了。那是二〇〇二到〇三年的事，當時賣出的十二棟別墅中，有一棟是太陽島的一個業主汪先生的，他本身是法律專家，太太也在檢察院工作。汪先生自己開設公司，並主動找上陳逢坤，說他不忍心看太陽島的房子賣不掉，他表示：「既然我是你們的業主，是不是可以把這些房子交給我，讓我來幫你們做銷售？」

第三次的重新銷售動作頗大，廣告、設計、銷售一起來不說，還把其中的一部分大房型敲掉，改建爲一批小房型，可惜最後銷售成績只能說是差強人意，但總算只剩下十三棟了。最後，陳逢坤也不再找別人，就由自己的公司來賣，又找了設計師再修改，重做廣告，經過這麼多的折騰，終於由自己公司聘請的銷售人員賣掉了剩餘的房子。

涉足房地產業之前，陳逢坤並不熟悉這一行，因此走了一大段的冤枉路，也交了一大筆學費。在這個過程中，太陽島同仁學到的最大教訓，就是未來的工程要更專業、評估再評估，不管是銷售公司，還是工程開發公司，既要選對人，更要做對事。

陳逢坤說：「元立房地產就是上海太陽島這個樓盤的開發商，整件事情，已經不是『一波三折』可以形容，而是三波五、六折，一九九七年碰上金融危機的時候，我們居然想用房地產來翻本，結果翻本不成反倒被套牢。一次又一次的事件證明，成功絕對不能靠僥倖。」所以在後來的專案中，陳逢坤都會告訴未來的繼承人和管理團隊，不可以只想用投機取巧的方式，光靠所謂「很有創意的包裝」來辦事情，是不可能成功的。「你的設計要專業、風格要獨特、市場定位要準確，再加上你的專業，然後還要在各個方面做好評估工作。你不是因爲缺錢才去搞房地產，而是對房地產眞正有所瞭解才進場，做好研究才進場。」

成也蕭何，敗也蕭何

所謂「成也蕭何，敗也蕭何」，從危機重重到出現轉機，陳逢坤的事業都與房地產開發脫不了關係。太陽島的發展，從頭到尾本來就是「無」中生有，買到的時候是個荒島，因爲想建度假村，就設計、興建了度假村，究竟度假村市場在哪裡，陳逢坤當時也沒有深入瞭解，靠的是一步一步摸索才走出來的路。而後來採取的會員卡銷售手法，當然也注入了不少資金，對企業的經營發揮了一定功效。這種銷售方式在新加坡很受歡迎，上海本地也賣得不錯，效果相當好。

也許應該這麼說：當初的元立集團，並不完全具備開發太陽島的條件。但既然決心到上海發展，碰到問題就得自己面對，一樣一樣解決，而興建第一座度假村的時候，想得到的就是透過會員卡銷售注入資金的方式；雖然一開始看似好用，卻也爲後來長期的、非常痛苦的「還債」過程開了個頭。

金融危機的第一個壞消息，就是銀根緊縮，使得當初提供買卡者利息和回購的保證難以實現。這個意想不到的大趨勢，甚至讓新加坡總公司進入所謂的「財務重組」——爲了保護資產不被分掉，公司必須宣佈資產重組計畫，再按法律程序慢慢償還債務。

既然走了法律途徑，就得按照約定還錢，只不過隨著金融危機的持續不退，大概還了兩年後又湊不出錢來了，只得第二次重組，公司負責人都到債主那裡求情，希望得到他們的協助和通融，在開公證會的時候能夠支持元立，讓元立所提的（解決）方案順利通過。

就在此時，陳逢坤認識了國際四大會計事務所以外，新加坡最大的石林會計事務所，才總算完成前後兩次的重組。陳逢坤特別希望，元立的管理階層和未來的繼承人都能好好記住：誠信是最重要的守則。

然而，即便在最困難的時候，陳逢坤仍然堅定認爲，投資者的錢也都是血汗錢，欠人的錢一定要還。那個時候，很多新加坡企業都逃避重組、宣佈破產，讓自己欠一塊錢只需還一毛八，但太陽島如果先前欠人一塊錢，別說一定還一塊錢，要是之前答應還一塊半，無論如何也要給一塊半。

雖然一直到二〇〇三年才還清所有債務，陳逢坤的誠信依然感動了很多人。這個事件，再次清楚地說明太陽島企業的價值觀——誠信——有多重要。信譽的破產，可能導致企業幾十年的基業毀於一旦。陳逢坤領導下的太陽島，始終堅持「還債」要說到做到，反而在這場非常困難的考驗中維護了企業的名聲，也建立了企業的品牌。

二〇〇三到〇五年間，在金融風暴衝擊下日漸恢復元氣的上海太陽島，原本簽到了幾個相當好的合約，但是中央政策一夕生變，農民搬遷問題也導致地方上一定的政治風險，所以只能停掉。眞正違約的大多是政府方面，因爲政府縮手，不敢徵用農業土地，最終企業就損失慘重了。

這些年來，上海太陽島所經歷的風風雨雨，可以說數之不盡，但對陳逢坤來說，「變遷」本來就是生命的常態，不管是個人、家庭、企業、國家到國際環境，莫不如此。

所以他說：「變遷本身並不可怕，問題是如何正面應對，迎接挑戰，從困難中學習。」山窮水盡疑無路，柳暗花明又一村，別說人生的經歷往往就是這樣，陳家莊過去一百年也幾乎都在逆境中成長，在風暴過後茁壯。陳家莊子弟和企業同仁這些年來所建立的跨越國界、行業的十幾家企業，就是這一路走來的鮮明印記。

【第二部】

雲清天地寬

以農為本，開創家業

新加坡陳家莊五代同堂，共一百多位成員，從養豬種菜開始，在第一代大家長陳亞財、第二代領導人陳逢坤的帶領下，經歷數十年的艱苦創業，建立了人才跨國界、版圖跨區域、業務跨行業的國際元立集團。

上個世紀初，老祖父陳炎遺隻身從中國南方的潮汕地區下南洋，扎下根基後再把妻兒帶到新加坡，長子陳亞財因此成爲陳家莊的第一代莊主。如果說陳炎遺是個種菜養豬的莊稼漢，到了陳亞財這一代，儘管擴大了養豬的規模，充其量也只能算是中等規模的農戶；要到陳逢坤接任莊主，讓養豬事業走上技術化、專業化和規模化的道路，才眞正稱得上是「經營」大農場。

不僅如此，隨著新加坡政府政策的轉變，陳逢坤帶領家族企業轉型，從超市到多元化經營，跨出疆界，歷經三十年拚搏與發展，終於成就一家跨國的大型企業。

從陳逢坤於一九八〇年接任陳家莊大家長開始，一路走來，這三十年漫長歲月可說路途坎坷、困難重重，每一項事業都足以作爲創業教案。

國際元立集團的事業，截至今日可概括爲八大塊：超級市場、度假酒店與養生、高爾夫球場、農業、教育產業、房地產、貿易與文化事業。其中堪稱「基礎產業」的，是農業這一塊，因此集團至今雖然主營高爾夫球場，陳逢坤還是常以農民自居，認識他的人有的稱他陳莊主，也有人叫他陳島主，他卻更喜歡「農民企業家」這個標籤。

本篇章雖然側重描繪國際元立集團的事業版圖，重點並非強調經濟效益，而是在創業歷程的艱辛、陳逢坤如何應對各種挑戰，以及這些挫折與障礙能帶給大家怎樣的啓示。

第五章

事業版圖廣，農業是最愛

經·營·啟·示·摘·記

- ◆僅靠血緣無法維持家族，須有一套管理辦法
- ◆創業、發展、挑戰、轉型、改造
- ◆把血緣之親，延伸到員工的「業緣」之情
- ◆轉型必須勇敢放棄舊方法
- ◆事業要做大，單靠經驗不足夠

以「陳家莊」這戶百口之家為基礎，元立集團從家庭式養豬種菜起步，逐步發展成中型、乃至大型養豬場，再進一步轉型，經營超級市場、馬來西亞蘭花園，繼而進軍中國大陸，開發高爾夫度假村、國際學校、農場，成為擁有數千名員工的跨國企業集團，也發展出一套「企業家族」的嶄新管理模式。但在事業版圖的八大領域當中，陳逢坤最愛的始終是農業。

事業版圖一覽

新加坡元立集團是一家歷史悠久、業務多元化的跨國公司，由七十年前從中國南下星洲的陳亞財老先生打下基礎，再經第二、第三代成員刻苦經營，逐步發展壯大至

今天的規模；現任的集團主席兼總裁，還是家族第二代的陳逢坤。

陳亞財先生認爲，養豬事業不能僅靠勞力，需要專業的知識和經營能力。於是在次子陳逢千建議下，決定送幼子到台灣深造，讓陳逢坤成爲十個兄弟中，唯一受過大學教育的人。

一九五三年出生於新加坡的陳逢坤，一九七九年自台灣大學畜牧系專業學成歸國後，便全身心投入家族事業。元立集團在他的領導下，從原本以家族成員爲骨幹的公司，發展成爲跨行業、跨區域、專業人才薈萃的大型企業。

早在一九八〇年，年僅二十七歲的陳逢坤就已接手家族企業，成爲陳家莊的第二代大家長。雖然眼前的道路並不平坦，但當年那個剛從台灣大學畢業回國，學得滿腹畜牧專業知識、幹勁十足的年輕人，依然雄心勃勃，懷著爲家族做出一番貢獻的憧憬。而陳家莊第二代的另外一位領軍人物，是陳逢坤二叔陳財來的次子陳逢秋，他接受英文教育，畢業於新加坡大學。

陳逢坤從家庭內部做起，先是設法賦予不同職責的兄嫂們同樣的重視與肯定，並且參照一般企業的做法，除了給與適當的薪酬，也用白紙黑字制定人人都得嚴守的家規，改造家族內部的操作規程，確保每一位兄長和嫂嫂，儘管受教育不高，貢獻都能得到家族成員的肯定；此外，他也制定了治理家族的規章制度，因爲他從小在這個大家庭生長，深刻瞭解家族成員之間不能僅靠血緣維持良好的關係，還必須有一套管理辦法，才能公平處理日常生活當中的衝突矛盾。

「安內」之後，就得「攘外」。陳逢坤的第一著棋，便是改造養豬場的運作方式。台灣的留學經驗讓他明白，養豬事業要做大做強，單靠家庭人力資源是不夠的，得要引進現代化的生產技術和管理。

然而，他並不莽撞行事，因爲家中上有九個兄長和三個姊姊不說，有些侄兒、侄女還與他年紀相當。他也明白，家族成員都是勤懇做事的農民，習慣遵循傳統和經驗，要他們接受新觀念、改變舊方式，必須花點時間、用對方法，一切按部就班，不可操之過急。

儘管他小心翼翼，改造家族事業的過程中，難免還是會出現新舊觀念不同、經驗與學識相互牴觸所造成的磕磕碰碰，導致兄弟之間情緒化的對立。這些問題倒不嚴重，因爲隨著理論的逐步實踐，兄長們也逐漸相信小弟的確學有所用。

對陳逢坤個人來說，眞正重大的挑戰，還是來自客觀環境的種種不可預測的變化，比如一九八四年新加坡政府宣佈淘汰養豬業、一九九七年東南亞金融風暴。陳逢坤自身的危機，最嚴重的一次，則是二〇〇七年的心肌梗塞。

雖然經歷了種種危機，陳家莊的事業反而因此有了轉機，催化出新的事業，幾次「美麗的轉身」，讓許多人都覺得意外，陳家莊的企業版圖也得到進一步的擴張。

總的來說，元立集團以「陳家莊」這戶百口之家爲基礎，從家庭式養豬種菜起步，逐步發展成中型、乃至大型養豬場，再進一步轉型，經營超級市場、馬來西亞蘭花園，繼而進軍中國大陸，開發高爾夫度假村、國際學校、農場，成爲擁有數千名員工的跨國企業集團，也發展出一套「企業家族」的嶄新管理模式。集團在堅定保護生態環境、照顧利益相關社群的前提下追求成長，通過實施兼顧經濟、社會和環境利益的三底線戰略，履行企業社會責任。

集團在新加坡的主要業務是零售和投資，由陳財發控股私營有限公司統率，包括百美連鎖超市（共十九家）、元立投資私營有限公司、元立海外投資私營有限公司、元集環貿私營有限公司、元集貿易私營有限公司、元立房地產管理私營有限公司、百美食坊、新加坡太陽群島度假俱樂部有限公司。一九九三年開始，集團前往中國大陸擴展事業，取得良好的經濟與社會效益。另外，一九八〇年代，也在馬來西亞南端的柔佛新山購地兩百英畝，開闢熱帶蘭花園。

從二〇一一年開始，集團除了繼續在中國大陸經營高爾夫球場、度假休閒與會議、教育和有機農場等項目，也嘗試參與文化產業，並將集團首創的「泰生」理念逐步貫徹、落實於企業，確保所有業務皆符合「有益環境和身心健康」的標準，達成「共生、分享、和諧」的目標，立志成爲利人利己、永續發展的企業典範。

集團在中國的主要投資產業，包括娛樂休閒、酒店管理、國際商務、房地產、教育、農業等。二〇一一年集團總營業額約七十億新台幣，員工總數四一七〇名。在這之前的幾年，集團總營業額皆破一百億新台幣。截至目前爲止，集團在中國大陸的主要公司有：

一九九三年：上海太陽島國際俱樂部有限公司

一九九三年：上海百美貿易有限公司

一九九五年：上海元立投資管理有限公司

一九九五年：上海太陽島園林有限公司

一九九六年：上海中新農業有限公司

一九九六年：上海新加坡國際學校

一九九八年：上海元立房地產發展有限公司

二○○○年：昆山太陽休閒農業俱樂部有限公司

二○○○年：昆山太陽房地產有限公司

二○○二年：蘇州太陽島國際俱樂部有限公司

二○○三年：南京太陽島休閒度假俱樂部有限公司

二○○三年：南京元立房地產有限公司

二○○六年：揚州元立國際度假俱樂部有限公司

二○一○年：蓬萊太陽島俱樂部有限公司

二○一○年：蓬萊太陽島置業有限公司

二○一二年：泰生天地館

國際元立集團的事業，截至今日可概括爲八大塊：超級市場、度假酒店與養生、高爾夫球場、農業、教育產業、房地產、貿易與文化事業；其中堪稱「基礎產業」的，還是農業這一塊。

主要產業掃描

從老祖父陳炎遺自廣東汕頭的澄海縣南來，到父親陳亞財下南洋與陳炎遺會合、創建陳家莊之後，近半個世紀以來，這一家子人與種植農產、畜養豬隻結下不解之緣，即便後來新加坡政府淘汰養豬業，陳家莊因而轉向經營超市，仍未放棄農業這一傳統行業。

在陳逢坤的策畫下，陳家莊先是於一九八七年到馬來西亞，買地開發熱帶蘭花園；九○年代陳逢坤把業務拓展到中國大陸時，也不忘在上海的崇明島批租農地，準備建設大規模的養豬場，儘管後來縮小規模，卻發展爲集「農林漁牧」爲一體、以敬天愛人爲宗旨的泰生農業。

新加坡方面，元立集團目前總共擁有十九家中、大型超級市場。一九八四到八八年間，集團經營的是小型超市，一九八八年起才開始往中、大型超市發展。元立的超市有兩條自有進口管道：一是進口蔬菜、海鮮等副食品；一是從馬來西亞、印尼、中國、越南和泰國進口乾糧和日常生活用品。

八大事業當中，以「太陽島」爲品牌的度假酒店與養生事業，已成爲中國休閒產

業的知名品牌。上海太陽島占地約一六〇公頃，建有四五三套獨立的歐式度假別墅，在島上發現並開發上海唯一的天然溫泉後，借助此一天賜「良源」，投入鉅資興建溫泉養生館，發展修身養性的事業。

高爾夫球場的事業集中於中國，主要是以上海爲龍頭的華東地區。元立是中國最早從事高爾夫球場開發的團隊之一，第一座球場就建在上海的太陽島，其後陸續建成昆山、蘇州、南京和揚州等系列球場。

與其他球場開發商不同的是，元立的太陽島高爾夫球場都是自主開發、自己管理，從球場造型、球道設計、草坪養護到日常運營，皆由一支專業團隊負責，確保高素質運作，以及爲保護自然生態盡一份力。

一直以來，農業都是陳家莊家族最熟悉，也最熱愛的產業。陳逢坤接任家族領導人以後，首要任務便是改造家族企業，做大、做強養豬業，一方面可以解決家庭成員的就業問題，更重要的是以此凝聚家族親情。

雖然新加坡政府於一九八四年宣佈「五年內全面淘汰養豬業」，陳逢坤仍然按原來計畫擴建農場，並通過直接掌控「飼養、屠宰、零售」的各個環節，節約成本及擴大利潤空間，同時也爲轉業做好準備。到了養豬業即將淘汰的年頭，他便跨境到鄰國馬來西亞開發熱帶蘭花園，繼續經營另一型態的農業。

陳家莊始終面臨的「創業、發展、挑戰、轉型、改造」問題，也影響著陳逢坤的人生道路。打從當家作主以來，這一類的情況就不斷出現，意志薄弱的人早就繳械投降了，然而陳逢坤卻有一股韌勁，把困難當作挑戰，把障礙視爲鍛鍊。

陳逢坤在一九九三年進入中國後，先是開發太陽島和高爾夫球場，繼而在上海崇明島開發農場，雖然「百萬豬場」的規模無法實現，陳逢坤還是畜養了一萬頭豬，再把用不到的土地暫時轉租給當地農民。二〇一〇年開始，元立集團決定投入泰生農業的研發、實踐和推廣。

所謂「泰生農業」，乃採用《易經》「泰卦」卦辭「天地交，而萬物通；上下交，而其志同」的精義，以分享、和諧、共生的理念，不僅致力於農場生物與環境間的質、能循環暢通，也努力於農業、農民與農村的共存共榮。除了兼具一般有機農業不用化學肥料與農藥的特徵，泰生農業也提倡畜牧、作物混合經營，運用農場生產的廄肥及秸稈製作堆肥，以活化土壤。

教育產業方面，元立集團之所以在上海開設兩所新加坡國際學校，倒不是因爲看上這個產業的商機和效益，背後反而有著一個溫馨的小故事。

陳家莊家族的第一、二代成員教育程度都不高，更別說開發教育事業了。陳逢坤之所以辦校，最初只是基於爲人父的愛心，希望把兩個女兒從新加坡接到上海上學，同時也爲了方便就近照顧，才會選擇在上海太陽島設立學校。由於反應良好，學生日益增加，陳逢坤索性又到上海閔行區買土地、設備建立學校，招募國際教職員，營運得有聲有色，如今在徐匯區也有另一個校園。

房地產方面，有鑑於中國的人均GDP逐年上升，預期在達到三千美元以上時，旅遊市場就會出現爆發式增長，觀光休閒、旅遊度假的需求勢必大增，因此元立集團也致力開拓此一領域。

除了原先開發位於上海、昆山與南京太陽島的高球場別墅群，元立集團還將從二〇一二年開始，結合生態果園的優勢，打造貼近自然、景色怡人、生態健康的景觀別墅。

集團規畫中的蓬萊太陽島泰生果園，總面積達二五八二畝，未來將充分利用氣候與地形優勢，種植當地特色水果，如有機葡萄、鴨梨、大櫻桃、蘋果等等，再通過修築儲水池積蓄雨水，發展已成規模的國有林場，串聯起整個地塊的生態系統，並開設酒莊。

元立集團的新方向，則是文化產業。由於上海太陽島原來就有「自然、人文、藝術」的建設理念，陳逢坤決定，結合近年來以「泰生」爲主導思想的發展模式，通過主辦國際論壇、創辦專業雜誌和出版，同步落實與推廣「泰生」理念和事業。

出版雜誌頗需資金，但對陳逢坤來說，發財致富、追求名譽與社會地位，從來不是他的人生志向，在撰寫本書的過程中他也經常強調，內心深處，他之所以願意肩負陳家莊大家長的職責，純粹是出於「感恩與報恩」。

他說：「由於排行最小，比較幸運，我從小就受到父母和兄姊們的特別關愛，並且有機會出國讀大學，深刻感受家族給予我的照顧，因此，我有責任回饋家人，將家族企業做大做強。」

不僅如此，多年來的辛勤拚搏也讓陳逢坤深切體會員工的重要，因此，他把家庭觀念從狹義的「血緣」之親延伸到員工的「業緣」之情，把家族企業轉型成企業家族，再進一步思考企業的社會責任，最終成就泰生事業的典型。

若以經營項目的性質區分，元立集團的主要業務可以分成前述的八大塊；若以區域劃分，元立集團的主要業務分佈於新加坡、馬來西亞與中國大陸。陳家莊的事業雖以新加坡爲基地，但發展的模式並沒有國別的限制，在陳逢坤的觀念中，作爲陳家莊的發源地，新加坡永遠是陳家莊的「精神堡壘」、陳家莊人的精神故鄉；若從企業發展的角度來看，則可以說「企業發展到那裡，那裡就有一個陳家莊」。

話說從頭，陳家莊的事業基礎，就建立在「養豬」這一祖傳的事業上。

改造家族企業從振興養豬業開始

《尚書大同．大戰篇》有一句「愛屋及烏」，意思是說愛一個人而連帶地關心與他有關的人事物。然而，這句話卻不能套用在一九六〇、七〇年代的新加坡。怎麼說呢？

原來，在那個貧窮的年代，許多家庭都得靠種點菜、養幾隻豬糊口；但對於這些農戶來說，種菜養豬並沒有前途可言，即便本身務農的人，也不想要兒女種菜養豬，反而希望他們多讀點書，將來可以成為白領階級，甚至開創事業。

正因爲如此，養豬人家反而不願和同行結成親家，不養豬的家庭就更不用多說了，一定不願女兒嫁入「豬門」。陳逢坤卻是一個例外，他認爲養豬是可以大展鴻圖的事業，而且「愛屋及烏」，誓言非懂得畜牧事務的女子不娶，因爲養豬事業始終是陳逢坤和陳家莊的最愛。

陳逢坤於一九七五年離開服役兩年半的部隊時，他的二哥陳逢千就向父親建議，送這個小弟到台灣念大學，而且專修畜牧。爲什麼呢？原來身爲陳家農場主要幫手、現年八十的陳家老二當時就認爲，家裡一定要有人學習飼養豬隻的專業知識，充分掌握經營農場的先進技術，而小弟陳逢坤正是最佳人選。

而陳逢坤學成回國後，就著手農場的現代化建設和擴充事宜。當年他之所以這麼做，一方面是有意擴大養豬事業，解決日益增加的家人就業問題；另一方面則是新加坡政府的鼓勵，當時的新加坡政府，希望數以百計的農場都能通過擴大規模與引進科技，演進成數量減少，但規模較大的大型現代化農場。

留學回國不久就接任家族領導人的陳逢坤，深知責任艱鉅，因爲家族的傳統觀念與生活方式都已根深柢固，非一朝一夕所能改變，要想改造整個家族，首要的工程便是振興現有家業——養豬業。

陳逢坤明白，邁向現代化和城市化的新加坡，自一九七〇年代以來已發生很大的變化，且根據一九八〇年的統計資料，從事農漁業的勞動力，只占勞動人口的一．九%，說明了當時社會上一般年輕人大都不願從事耗費體力、收入又不高的工作，聘用員工來養豬並不容易。

陳逢坤心想，陳家莊的年輕一代或許也不會熱中，甚至還會排斥養豬業。如前所述，許多農戶的家長都不希望兒女跟著他們養豬種菜，也不願意與同行結成親家；行內人已然如此，遑論外人？

這樣的現實，加上這個行業的員工難聘，單靠家族成員不利發展，勞動力的問題必須趕快解決。眼看家族人口越來越多，幾十口人同在一個屋簷下用餐、生活，也同在農場工作，陳逢坤內心雖有一張管理家族的藍圖，最迫在眉睫的事項，還是生計與勞動力，以及傳統生產方式的改良。

想要化解上述難題，首先必須逐步讓傳統養豬方式朝「商品化、制度化和規模化」方向發展，以適應現代企業的經營方式。話雖這麼說，要跨出這一步，也不是容易的事情。

陳逢坤的父親和兄長們辛苦奮鬥了數十年，才撐起這個大家庭的生計，一向日出而作、日落而息，數十年如一日，早就習慣於傳統生產模式，許多舊觀念與做法都難以撼動。

陳家莊這群農民子弟性格純樸、做事勤懇，處事邏輯也非常簡單：努力拚搏、辛勤勞動是工作的唯一信念，也是積累財富的不二途徑。另一方面，他們的教育程度不高，視野有限，對新時代的知識、資訊、觀念相對陌生，接受起來相當困難，更別說他們一向憑藉「老方法老觀念」，也的確做出了一番成績，因此就更加認定沒有改變的必要。

放棄舊方法，抓豬變趕豬

陳逢坤知道，若想打破傳統、改變父兄們的保守態度，就必須避免造成衝擊，先從小處著手，一點一滴做出成績，用實際成果證明新辦法確實有效。於是，他首先提出一個簡單的邏輯推理，告訴父親和兄長，「家人越來越多，豬就要越養越多，收入才會相應增加」。

陳亞財聽到么兒的這個說法時，口頭上雖然沒有表示什麼，卻也心頭雪亮。當時新加坡商場上，已經有不少商業機構的規模都很大，直覺告訴他，陳逢坤的出發點是正確的。既然第一代大家長都默許了，大家也就遵照第二代領導人陳逢坤的想法，開始改良農場的工程。

養豬是一項回收很慢的產業，光從小豬誕生到養大賣出，就需要大半年的時間，所以提高利潤最有效的方法，就是以最低成本追求最高效益。陳逢坤的具體想法，是先從半自動化、機械化開始，以不同的飼養、管理方法來節省成本，提高生產力。

陳家莊原來全靠人力養豬，光是搬運飼料、餵養豬隻，就是體力的巨大考驗。農場一天的飼料消耗量高達十幾噸，全靠人工肩挑手抬，幹活的家人當然個個灰頭土臉、汗流浹背，對年紀大一點的家人來說，更是件不折不扣的苦差事。

陳逢坤從台灣引進飼料車和半自動給料機，取代過去完全靠人力的做法，這項機械化、半自動化的措施，不但節省人力，還能提高生產力——過去飼養一萬頭豬需要三十多個家人同心協力，改進之後，同樣的工作只需要十個人。

改革前，從豬仔出生後把乳豬抱到小豬舍，到養大了點再抱到較大的肉豬舍，都以人力用藤圈一隻隻搬運，買家上門買豬時，也是用藤圈到豬舍抓豬，套著大豬去秤重量。

而到豬舍抓豬時，豬隻經常跑給人追，耗時費力不說，用藤圈硬套有時也會造成傷害，可以說吃力不討好，不經濟又費時。要是來買豬的是批發商，往往一次就是幾百頭豬，光是抓豬和秤重，就會累壞負責這項差事的人。

經過一番思索與研究，並進行了幾次試驗後，陳逢坤終於想出辦法：把抓豬改成趕豬。具體做法就是：將豬舍的小門打開，前面遮一塊黑布，利用豬不喜歡亮光的特性，讓豬群擠向黑布覆蓋、較暗的地方，如此一來，很快就能把一大群豬趕出豬欄。

他還把豬欄的柵欄改成大門，以方便爲豬隻秤重量的時候，可以很快把豬趕到設有圍欄的走道；而讓豬走到地磅上秤重的這個新方法，也改變了過去耗時費力的方式，提高產能又降低成本，創造更大的利潤空間，成爲「養豬賺錢」的有效策略。

陳家子弟向來有節儉的美德，在陳逢坤發動改造農場的過程中，許多設施都由家人親自動手，無形中也節省了開支。以安裝「限食給料機」爲例，「土法煉鋼」的方式就省下了大筆的費用：

養豬人家都知道，懷孕期的母豬，分娩前不能吃太多，以免太肥胖而造成難產。陳逢坤因此打算添購限食給料機，來解決待產母豬的「超食」問題。當時，市面上有義大利進口的這類機器，但一台就要新幣一百一十元（相當於新台幣二千三百元），如果整個農場的母豬舍都安裝，將是一筆可觀的費用。

於是，陳逢坤找來對技術比較在行的七哥陳逢清，一起研究「自製」的可能。他們買來便宜的材料，模仿市面上的機器，依樣畫葫蘆動手安裝，經過不斷摸索與實驗後，每個自製的限食給料機只要新幣八元，還不到進口貨的十分之一。

落差之所以如此巨大，主因是歐洲進口的產品不但要繳關稅，還有運費、安裝費、維修保養費等等，加上使用昂貴的金屬材料，售價才會那麼高。

限食給料機裡有一根給料管，進口設備用的是鐵製品，但飼料含有高濃度的鹽，所以很容易氧化生鏽，降低設備的使用壽命。實戰經驗豐的陳逢坤兄弟，就把鋼管改成塑膠管，避免生鏽的現象，而且自製的設備還可以隨時拆卸清洗，兼具經濟又實用的雙重優點。

雖然如此，陳逢坤「破舊立新」的過程仍然備嘗艱辛。要讓一群傳統守舊的人改變想法和做事的方法，從保守、固執、主觀轉變爲客觀與開放，接受新事物與新思維，過程中難免發生矛盾與對立。

謹慎從事，讓成績說話

改造工程的每一步，都必須毫無差錯，稍有閃失就可能打擊家人的改革信心，引起反彈與質疑，以致前功盡棄。正因如此，陳逢坤總是先私下試驗，確定一切無誤後，才敢付諸實施。

儘管如此，在「長兄意識」及多年務農經驗的影響下，有些哥哥難免固執己見，對這位小弟的改革不以爲然，甚至冷言冷語。由於是第二代中最年幼的成員，又在「敬老尊賢、長幼有序」的家庭裡長大，陳逢坤從小就非常敬重父母、叔嬸和兄姊，雖然已經當家作主，經常只能忍氣吞聲、默默承受，加倍謹愼從事，期待能以具體的成績說服家人。

舉例來說，「打掉豬舍的門」這件事，便同時引起多位兄長的責備：破壞本來好好的東西，豈非不必要的浪費？就連陳逢坤的二叔陳財來，當初也生氣地表示，要抓一頭豬都很困難了，常常追到筋疲力盡，哪有可能簡簡單單就把一大群豬趕到另一個豬舍？

由於餵養方式改採自動化，豬都可以隨心所欲地喝水，導致後來發現部分成豬的肉色呈現淡紅，並有出水現象且肉質不佳，四哥陳逢欽便把問題歸咎於自動飲水機，認爲是陳逢坤讓豬喝水太多，才會產生這些後遺症。

學有專精的陳逢坤卻很清楚，畜牧學上，這種現象的豬肉叫做「水漾肉」（PSE），學界雖不清楚眞正的原因，只推測可能是運輸、屠宰過程不當所致，或者是遺傳、豬隻打架等因素引起。陳四哥卻怎麼都不接受他的解釋，兩兄弟因而激烈口角，嚥不下這口氣的陳逢欽，甚至長達兩年不與陳逢坤說話，一個人躲到環境較差的飼料廠工作。

一時半刻接受不了改變的兄長，不免會認爲，這個「學院派」出身的弟弟，課堂所學沒什麼實際用途，還不如他們的實戰經驗扎實，有的人甚至冷嘲熱諷，看得出來是「爲反對而反對」，但既是兄長，陳逢坤和逢秋這兩位當家的大學生就得一肩承受，委曲求全。

陳逢坤心知肚明，如果兄弟鬩牆、鬧到決裂的地步，整個家族就會潰散，別說創新了，就連守成都有問題。家族的改造、現代化的進程才剛起步，眼前還有重大的挑戰和工程，不僅是他的事業與志業，也是家族繁衍的命脈，身爲家族領導人更負有不可推卸的責任，無論如何不能半途而廢。

眼見兒子之間發生矛盾，父親陳亞財卻不出聲，只是沉默與嚴肅地靜觀其變，看看他挑選的接班人陳逢坤如何面對困難與解決問題，給他磨練的機會。表面上看來，陳亞財似乎對兒子們的摩擦漠不關心，其實是胸有成竹。

當年七十多歲的陳亞財，怎會不瞭解自己生養的子女？閱歷豐富的他，比誰都瞭解孩子的性格，知道兒子本性善良，絲毫沒有壞心眼，偶有爭執，出發點也是爲了工作。一等適當的時機到來，這位睿智的大家長便站出來說話，爲陳逢坤的種種作爲背書。他的權威力量，在關鍵時分發揮了決定性的作用。

榜鵝舊農場的改良工程，就在眾人的忐忑不安中整整進行了兩年，直到一九八一年才稍具規模，進入現代化生產體系。養豬的方法一旦獲得改善，生產過程立時變得順暢許多，不必再像過去那般耗費體力，利潤也有所提升；陳家莊裡遵守傳統作業方式的農民兄弟，也逐漸從改良過程中體會機械化、半自動化的好處，明白年輕大當家的書沒有白讀，也知道了「事業要做大，單靠經驗並不足夠」的道理。

就連新加坡政府，也看到了陳逢坤的改革成果。一九八二年，新加坡政府為了讓陳家莊繼續擴大養豬場的規模、以商業化經營帶動國內的養豬業，主動提供位在榜鵝的另一塊地給陳家莊增設農場。實地勘察後，陳逢坤覺得這個地段條件不錯。

方興未艾，突聞淘汰

一九八二年時的陳家莊，原有農場已經產生一定的效益，也透過機械化和半自動化節省大批人力，於是陳逢坤召集部分家族成員：太太戚志萍、四嫂、大堂嫂、二堂兄陳逢秋、六哥陳逢存、二哥陳逢千的兒子陳永茂，一起參加新農場的建設。

新農場地段面積廣達三十二英畝，足足有原來榜鵝農場的四倍大，頗具「商業化、規模化與制度化」的條件，正是陳逢坤施展抱負、學以致用的好機會，因此他非常期待。

現代化的養豬場，皆已趨向大規模、制度化作業，從出生到批發賣出，每頭豬都有一定的生產流程，也都得根據豬隻成長的不同階段，給予特定的照顧：

- 小豬產下後，會先在產房待上一個月，安度哺乳期。
- 農場採取雨水資源回收系統，解決缺水問題。
- 豬舍高寬建築和高床水泡糞設計，解決了通風、降溫和環保問題。
- 全自動化飼養管理，存欄三萬五千頭豬所需飼養員只要十人。
- 市場領導生產，農場沒有通路問題。

基於上述的現代化養豬特點，陳逢坤除了著手新農場的設計，還把原來在外經營照相館的五哥陳逢華拉進來，為家族的共同事業奮鬥。陳逢華聽到小弟的雄才大略，也認為應該為家族事業盡點心力，一家人隨即搬回陳家莊。

陳逢坤的新農場豬舍，是按農場研發的樣品屋施工，再加以改良設計。建材採用鋁浪板，自行委託進口商進口，但由於鋁浪板會反光，不適合豬群的生活習性，所以陳逢坤動員侄兒與妯娌，一起幫忙分切和噴漆；母豬舍的分娩架，也是家族的兄弟和婦女們負責生產設備零配件的加工和組裝，充分發揮陳家莊團結的力量。

新農場的工程，則由陳逢坤兄弟負責，他們到鄰國馬來西亞採購重達百噸的木材，還特別聘請三十個馬國施工員來協助建造。陳逢坤秉持「以低成本創造高利潤」的基本策略，能省則省，一分錢都不亂用。由於豬舍占地很大，工程與工程之間，一有馬國工人閒置，陳逢秋就騎著摩托車來回載送，發揮更高的工作效率。

母豬舍的一個分娩架，包工包料的市價是一千兩百新元。陳逢坤找來七哥陳逢清設計、三哥陳逢木燒焊加工，結果「陳氏出品」的分娩架，造價才一百二十新元，僅僅是市價的十分之一。農場灌模板的時候，原本應該都用水泥，陳逢坤在裡面加了碎磚，調整水泥比例以降低成本。

陳家莊在建設新農場的過程中，正應驗了中國人所說的「人多好辦事」，也反映傳統農民克勤克儉、刻苦耐勞的一面。他們相信團結力量大，再大的困難也能群策群力來克服，創造一定的成績。

當然了，這種土法煉鋼式的做事方法，難免也會有擺烏龍、鬧笑話的時候。比如豬舍的屋頂長度一百公尺，由於不得其法，老是釘得參差不齊，陳逢秋只好回家請出經驗豐富的大家長陳亞財，果然薑是老的辣，陳亞財只用「拉線對齊」的簡單方法，就解決了這個問題。

但是，豬舍屋頂釘好時，卻成了弧形波浪狀，原來是施工者只知其一、不知其二，用來對齊的線太長了，中央地帶自然下垂；正確的方法，是每隔一小段距離就必須把直線拉高一些。

陳家莊的集體勞動場面，是一幅美麗和諧的生活實景，既有流下辛勤汗水的畫面，也有讓人莞爾的鏡頭，還處處洋溢溫馨的手足之情。看著侄女、嫂嫂、妻子等等女性成員一起噴漆、裁鐵條，個個弄得灰頭土臉，看著堂兄陳逢秋就睡在工地的小木屋裡，陳逢坤除了感到無限的欣慰，也對家的溫暖、家的力量有了更深一層的體會。

誰也料想不到，一九八四年三月，新農場的建設才剛進入中段，陳家莊突然面臨史無前例的打擊：新加坡政府基於土地利用與環境汙染的考慮，毫無預警地在國會宣佈全面淘汰養豬業，這對正在大興土木、憧憬家族事業光明前途的陳逢坤，無疑是晴天霹靂。

聽到這個壞消息，就連一向沉著的陳亞財，一時之間也手足無措。這個「致命性」的打擊，使得整個陳家莊陷入兵荒馬亂、無所適從的窘境，陳逢坤的兄長面面相覷，都不知道如何是好。

陳亞財打電話給長年合作的批發商，甚至表示願意低價出售，可是這些合作多年的批發商卻沒人肯在此時上門。陳亞財的弟弟陳財來，因此無助地詢問新莊主陳逢坤：「現在應該怎麼辦？」

在那段「山雨欲來風滿樓」的日子裡，榜鵝一帶、陳家莊附近的一些養豬場，由於豬隻賣不出去，都在豬舍裡擠來擠去，嚎叫不停，幾戶相鄰的農場，豬叫聲此起彼伏，更教人憂心忡忡、煩躁不安。一到夜裡，即使已經入眠的人，也常會被豬隻不安寧的叫聲驚醒。

也就在這些夜深人靜的時刻，陳逢坤苦苦思索：五年寬限期過後，養豬業就將面對槍斃的厄運了，陳家莊究竟該何去何從？七、八十口老少的生計，今後該如何解決？擔當莊主重任的他，如何帶領家族走出困境？一想到這裡，陳逢坤就無法安眠。

農村的夜晚總是恬靜的，月色下的樹影婆娑迷人，偶爾有唧唧蟲鳴，伴隨幾聲蛙鳴，氣氛平靜而祥和；然而，陳逢坤的內心卻不平靜。眼前的路到底該怎樣走下去？一時之間，就連他也拿不定主意。唯一可以確定的是，他知道，自己身上那一股不服輸的意志力依然堅強。

第六章

南開超市，北種蘭花

經·營·啟·示·摘·記

◆轉型創業要善用政府的力量
◆準確觀察市場好過埋頭苦幹
◆租船出海好過造船下海
◆管理治事「以人為本」
◆企業的責任是提供員工圓夢的舞台

陳逢坤憑藉敏銳眼光和機智，利用新加坡政府給予的五年緩衝期逐步轉型，短短一年之內便開設了五家小型超市，既解決家人的就業問題，也紓緩了養豬場面臨的危機。另一方面，這段期間新加坡政府推廣「成長三角洲」（馬來西亞南端的柔佛、新加坡和印尼峇淡島）的經濟策略，鼓勵境內企業共同開發「金三角」。獲得啓發的陳逢坤，就在一九八七年北上柔佛，開拓熱帶蘭花種植事業。

一九八四年間，新加坡政府突然宣佈全面淘汰養豬業，這對當時整個家族全靠養豬過活、規模全國第一的陳家莊，無疑是個致命的打擊，陳家上下人心惶惶，有一種不知何去何從的茫然感。

對新加坡政府來說，淘汰養豬業是發展的必然規律，因爲當年新加坡的國土面積只有六二一平方公里，約台灣的六十分之一，養豬業造成的空氣、土地和水源汙染，都是謀求城市化的新加坡最不想見到的事。新加坡沒有種植稻米，但依賴進口的米價還比產米大國泰國當地的價格便宜，因此淘汰養豬業、進口豬肉是正確的策略，有限的土地可以重新規畫，爲島國創造更有效益的用途。

面對突如其來的壞消息，接任陳家莊大家長沒多久的陳逢坤難免心情沉重，但他並未坐困愁城，而是憑藉敏銳眼光和機智，利用政府給予的五年緩衝期逐步轉型。一九八四年起，他加緊腳步，短短一年之內便開設了五家小型超市，既解決了家人的就業問題，也紓緩了養豬場面臨的危機。

政府一句話，陳家幾多愁

一九八〇年代，新加坡還有十二家大型養豬場，飼養規模都在一萬頭以上，占市場供應量的八成，小農場更多達數百家。一聽到政府突然宣佈淘汰養豬業，個個成了驚弓之鳥，紛紛準備放棄養豬而改行，並搶著拋售豬隻，加上那時開放馬來西亞進口活豬，更使得新加坡境內豬價慘跌，養豬業者叫苦連天。

當年新加坡的慣例是星期一不宰豬，批發商都利用這一天到陳家莊下訂單，下一週才來提貨；由於豬價不斷下跌，很多下了訂單的買主因此寧願毀約。對大型養豬場來說，每天的飼料費用驚人，一旦滯銷，很多豬就不斷肥胖下去，越肥便越沒有人要，形成惡性循環。

正當一片淒風苦雨之際，與陳家莊生意往來多年的大批發商也不上門了，可說是雪上加霜，幾乎連最後的一線生機也給切斷。

過去每逢有事，陳家莊上下都會等待大家長陳亞財做主，早已習慣「天塌下來有人頂」的生活方式，加上教育程度有限、缺乏應變的能力，突然遭遇社會轉型的衝擊，個個都毫無頭緒。

陳逢坤既是第二代的領導人，又是唯一出國留學的大學生，自然責無旁貸。然而，眼看家人的無助狀態，心情沉重之餘，不免也感覺鬱悶。有一段時間，他幾乎天天處在焦灼的狀態中，彷徨又苦惱。也就在這個風雨交加的危機關頭，有人不經意提出「分家」這兩個字；原已慌亂的陳家莊，頓時瀕臨分崩離析。

陳家莊一家百口全賴養豬度日，幾十年來過著「豬在哪裡，家就在哪裡」的生活，除了養豬，大都缺少其他的謀生技能；雖然也有部分家人從事其他工作，如開校車、經營照相館，收入畢竟不足以支撐大局，養豬還是主要的經濟來源。當眞分家，這些再也不能養豬的農民要往何處棲身？又將靠什麼維持生計？

眼見這些心地善良、老實純樸的兄長和嫂嫂，竟然求助無門到產生分家的念頭，割捨不下手足之情的陳逢坤心酸難耐，更擔心這些思想單純、個性率直的家人，分家之後無法適應複雜的現代社會：缺乏知識和技術的他們，如何另起爐灶、謀生求存？

陳逢坤知道，無論如何自己都得撐起整個家族，在困境中走出一條生路。於是，他先讓自己冷靜下來，整理紊亂的思路，慢慢理出頭緒，決定當務之急就是穩定人心，讓家族成員擺脫恐懼的陰影。

雖說新加坡政府淘汰養豬業的政令合情合理，但在這之前的幾年間，政府還號召小農場擴大規模及現代化，陳家莊就是積極回應的其中之一，並且在榜鵝地區興建大農場。新農場已和政府簽約，也付了地租，由於還有五年的緩衝時間，陳逢坤決定繼續發展下去。另一方面，為了讓家人安心，他著手開拓市場，向家人證明「豬還是有人要的」。

過去農場售豬，都是消極等待買家上門，陳逢坤決定主動出擊。第一個對象，就是當年人稱「大頭弟」的新加坡最大批發商。大頭弟從事批發經營，需要能夠穩定市場的大量貨源，但馬來西亞的進口豬隻時多時少，品質也不夠理想，當然很願意和陳逢坤建立合作關係，從陳家莊的「陳財發農場」和「陳兄弟農場」整批買進。

大頭弟答應陳逢坤，當市場生豬價格較低時，以稍高價格買入；反之，當生豬價格稍高時，陳逢坤則以低於市場的價格賣出，以此建立互惠互利的關係。從此，陳逢坤每月都可以賣出數千頭豬，眼見有人買豬，家人也鬆了一口氣，緊張氣氛暫時得到緩解。

於此同時，陳逢坤也嘗試新銷售方式。

簡單來說，豬肉市場先從養豬開始，然後才是批發、屠宰、零售。雖然新加坡政府宣佈全面淘汰養豬業後，農場豬價應聲慘跌，零售市場卻沒有反映這個跌勢。當時農場的生豬每隻批發價約爲新幣一百元，市場肉價居高不下；最末端的零售市場消費者感受不到眞正的跌幅，眞正遭受損失的，還是只有農場。

根據這個觀察，陳逢坤認爲，既然零售市場相對而言並沒有反映跌價的趨勢，農場何不同時扮演屠宰商和零售商的角色，經營屠體批發和新鮮豬肉的零售，賺取更合理的利潤？

租船出海好過造船下海

也就在這個時候，零售市場出現一家由農民組成、名叫「三喜」的連鎖小型豬肉店鋪。這個以公司形態出現的組織，是由幾百家小型農戶組成，外聘專業零售人材擔任總經理，農戶提供生豬，三喜負責屠宰、零售，中間沒有經過銷售管道的層層套利，所以利潤豐厚。

就因爲三喜創辦後經營狀況良好，商業模式相當成功，前景看好，參與的農戶便都想插一手，內部矛盾就產生了——批發價上升時，這些農戶就自己找管道賣，價跌時再回頭要三喜收購自己的生豬。

原本爲了因應養豬業的淘汰危機，農戶才團結一致同舟共濟，但等到危機暫時解除，大家馬上忘記團結的意義，同室操戈，最後弄得不歡而散。

陳家莊並沒有參與三喜的合作團隊。

陳逢坤認爲，三喜模式之所以難以持續，就是由於合作方太多，容易造成意見分歧和利益衝突，要做就得陳家莊自己來。於是，他想出了一個「借雞生蛋」的全新構想：租用攤位來銷售豬肉。在資金短缺的情況下，他相信，租船出海好過造船下海。

於是，他與當年最大的百貨集團「英保良」接洽，租借超級市場攤位賣豬肉，再讓英保良抽取八．五%銷售佣金。打一開始，陳逢坤就採取低價策略，在市面上一公斤豬肉賣新幣七元時，他只賣五元九角，由於價格低、品質好，每天開市之前就有顧客排隊等候，一天下來，可以賣掉一、二十頭豬。

豬的屠宰、分切既耗體力又不乾淨，新加坡人大多敬而遠之，陳逢坤便到馬來西亞聘請屠夫，而且就讓他們住在新農場內，還每天早晚接送工人到百貨公司攤位分切豬肉；雖然如此，這些馬來西亞工人還是三天兩頭說不幹，弄得陳逢坤一個頭兩個大，既得照顧豬肉攤的生意和員工，又要兼顧新農場的建設和豬隻的飼養。

有鑑於豬肉攤生意好、佣金收入不錯，英保良就向陳逢坤提出要求，希望他在其他分行的超級市場也增設豬肉攤位。

陳逢坤接受了這個建議，很快就在英保良的五個分行先後設立豬肉攤，每天和七哥陳逢清一起開冷藏車到屠宰場，送豬肉到攤位上，一邊繼續發展「陳兄弟農場」的業務。

豬肉攤的薄利多銷策略奏效，五個攤位業績傲人，一天就能賣掉自家飼養的上百頭豬，暫時緩和了滯銷的壓力，也相對安撫了家人原本慌亂不安的情緒。

積累半年英保良經驗後，陳逢坤透過仔細的觀察，努力學習超級市場的經營模式；當時英保良的一位經理，也分享了一些這方面的專業知識，讓陳逢坤對從乾糧、食品罐頭的排架，到新鮮食物的處理等等，都有相當程度的認識。

另一方面，這五個攤位每天付給英保良的佣金，也是一筆不小的數目，陳逢坤不禁盤算，如果自己經營管理可以省下多少佣金、增加多少利潤。想在五年後政府淘汰養豬業前做好轉業準備，絕對需要可觀的資金。

基於上述的多方考量，一九八四年底，陳逢坤就在新加坡喬治王道頂下一家將近三十坪的店鋪，嘗試自營小型超市。經營新事業難免忐忑不安，然而家族危機迫在眉睫，他只有加緊步伐、更加賣力地工作，以確保新事業也能成功。

從開店的第一天起，他凌晨就到批發市場買菜，分裝後送到小超市，才不過三、四點鐘，又到榜鵝的魚市場買魚，五點又得從屠宰場載豬肉回家，由家人幫忙清理屠宰豬隻的內臟，把屠宰好的屠體，挑起骨頭，送進冷藏貨櫃，預先冷藏然後分切，第二天早上再送到營業點。白天還要採購如日用品和罐頭等乾糧。

除此以外，陳逢坤還得照料農場的養豬事務。一天的工作時間經常長達十七小時，一整天下來不但精疲力竭，渾身上下總是散發一股混雜豬、魚的腥味。他和七哥陳逢清負責送貨、採購等事項，陳逢清開車的時候，陳逢坤就忙著開貨單、整理清單、盤點，往往累得就在車上打盹，甚至睡著了。

一年內連開五家超市

第一家超級市場營運成功後，陳逢坤認爲，與其只開一家，不如連鎖經營，更能活用資源、節省成本，發揮規模效益以提升利潤。現代化經營的重要理念，本就是規模化、商品化和制度化。擴大經營規模後，還能解決眾多家族成員的就業問題。

於是，在一九八五年，陳逢坤又陸續開了四家超市，分別開在阿裕尼、喬治王道、宏茂橋和波東巴西住宅區，面積均在四十坪上下，平均每兩個月就新增一家。如此快速的擴充，也顯示陳逢坤解決家族就業問題的迫切性和決心。

一年內開設五家超市，陳逢坤的工作量已經到了夜以繼日、全年無休的地步。肩上扛著家族的沉重責任，心頭懷著遠大的使命感，以及外部環境帶來的危機，紛紛化爲強大的動力，不斷激勵、鞭策著他。

在家族、產業的危急存亡之秋，陳逢坤憑藉準確的判斷力和快速的應變力，帶領家族成員共度難關，從初級產業轉向三級產業——零售業。陳逢坤以無比的決心和不畏艱險的毅力，逐漸打開新天地。

轉業的過程中，他甚至沒有動用家裡的積蓄，只靠豬肉攤的利潤，便逐步完成了超市的投資與建設，為兄姊與其他家族成員創造各展所長的空間，例如老七逢清後來就接下買魚事務，堂兄逢秋負責乾糧的採購和管理，第三代的陳永輝專責買菜，一步一步解決家人的就業問題，陳逢坤也才逐步卸下肩上的擔子。

同樣是一九八五年，陳家莊新建的現代化養豬場加入生產行列，新舊農場飼養的豬隻加起來超過五萬頭，讓陳家莊成為新加坡的「豬王」，新加坡禽畜業公會於是推舉陳逢坤擔任副主席，領導養豬同業開發市場。

雖然超級市場和農場的工作已經很繁重，陳逢坤還是欣然接受這個明知吃力不討好的工作（做得好是應該，做不好就得接受埋怨和指責），為了協助農民同業，他義不容辭。

養豬人家一般教育程度較低，對於現代化和自由市場認識不足，也很少留意市場供需關係，常因錯估行情而遭致損失。有一回豬價下跌時，為了幫助養豬戶，陳逢坤便想出一個調整供需、穩定豬價的辦法。

他故意請來一位養豬戶不認識的人，到市場上一口氣收購了五百頭豬，再放出風聲，讓養豬戶們發現收購者其實是新加坡的「豬王」，心理因素作用下，養豬戶便「惜售」，不肯再低價賤賣，導致豬價回升，間接地幫了養豬戶。

禽畜業公會副主席一當就是兩年，這段期間的陳逢坤更是拚命工作，怎麼也不願意看到陳家莊出現「豬散人離」的局面。數十年來，陳家莊全靠養豬維持生計，一旦分家，家人就會面臨生計困難，更別說陳逢坤也難捨親情的隔離，一切的一切，都是他不顧自身健康，死命工作的驅動力。他也從父親身上遺傳了一股鋼鐵般的意志力，深信堅持到最後必然成功。

在陳逢坤看來，三喜公司之所以盛極而衰，是因爲大家只爲利益結合，也因爲利益的衝突而潰散；反觀陳家莊的做法，則是根基於深厚的倫理親情，大家目標一致，努力奮鬥出一點成績後，家人一起分享成果，碰上危機時則風雨同舟、設法克服，群策群力「划家族之船」，大浪來時才能準確「調頭」（轉業）。

從養豬戶到進入超市行業的整個過程，可以清楚看出一個事實：陳家莊的全面轉型，背後的推動力量雖是一個不可逆轉的危機（政府淘汰養豬業），但是在陳逢坤的帶領下，陳家莊人卻能背水一戰，化危機爲契機，轉劣勢爲優勢，反而「開出一條康莊大道」，這份帶著傻勁的幹勁，在隨後的幾次危機中，再再證明作用極其強大。

陳逢坤明白，經營超市並非短線投資，但今後的發展還是未知數；而從香港百佳超級市場的經營經驗來看，超級市場要達到收支平衡，進而轉虧爲盈，就必須擴充至最少五十家的規模。當年的新加坡，已經有好幾個超市集團，市場有限而競爭非常激烈，單是一家「職總平價超市」，不但已經完成全國網絡，至今更已開設超過兩百三十家。

正所謂「前途未卜，後有追兵」，素有危機意識的陳逢坤，深知不能把雞蛋都放在同一個籃子裡，必須積極開拓新的出路，才能確保家業振興與永續，便在和堂兄陳逢秋商議之後，觸發了「企業多元化」的新構思。

從一九八五到八七年，陳逢坤多方收集投資資訊，詳細研究，先後到泰國、日本、裴濟、巴布亞新幾內亞、海南島、中國大陸東南各省市實地考察，尋找開發農場的投資機會，可惜這些地方有的社會條件尚未成熟，有的缺乏市場，有的沒有適當的切入點，多次努力皆無功而返。

北上馬國，開發蘭花園

那段期間，新加坡政府推行「成長三角洲」（馬來西亞南端的柔佛、新加坡和印尼峇淡島）的經濟策略，鼓勵境內企業結合柔佛的豐富資源與峇淡島的廉價勞動力，共同追求這個「金三角」的經濟繁榮。

這個策略打動了陳逢坤。他認爲，發展企業何必捨近求遠？不如借助這股「成長三角洲」的東風，到臨近的柔佛州尋找發展機會。一九八七年，陳逢坤開始把注意力擺在柔佛，先雇用當地職員黃斗垣，再於皇后社區租用辦公室，展開投資事業的前期準備工作。

起步階段，通過當地的報紙雜誌、朋友的介紹，陳逢坤陸陸續續看了百來個投資項目，遺憾的是，始終找不到適合經營農場的地。最後，在一位曾有生意往來的飼料商推薦下，陳逢坤看上一塊近百英畝、位在江加蒲萊山區的土地。

考察這塊地的那一天，黃斗垣頭戴草帽、手提水壺、腳穿長筒雨靴、腋下夾著資料，帶領陳逢坤一邊撥開高至胸口的茅草，一邊在泥濘山路小心行走。經過一條山溝時，黃斗垣還不慎滑了一跤，整個人跌入山溝，身上東西四散，深度近視眼鏡也掉了，狼狽不堪，由此可見環境之惡劣。

但這塊別人眼中的荒山野嶺，在陳逢坤看來卻是另一種「風景」。他看出了這塊地的獨特條件和發展潛能：

第一，此地離新加坡並不遠，車程只要一個多小時，方便從新加坡獲得物資的支援，人員往返也容易，可以兩邊兼顧，不會顧此失彼。

第二，這塊地的面積夠大，足以開發成種菜、植花、養豬、養雞的綜合型農場，距離山下公路一公里多，不遠不近，中間有天然的綠化帶區隔，地形隱蔽，如果養豬，也不會直接影響公路周遭的空氣品質。

陳逢坤是農家子弟，從小生長在農場，對於大自然有一份特殊的感情。站在這塊山丘上眺望四周山巒起伏的景色時，不但感到舒適愜意，心中更響起一個聲音：「是的，就是這裡了。」

於是，他很快就決定買下這塊地，著手農場的開墾與規畫。

強龍不壓地頭蛇

「一見如故」的親切，讓陳逢坤很快就決定與這塊土地結緣，但買地、開墾、規畫、運行的過程曲折與艱難。陳逢坤相信，不管是陳家莊的成員或任何企業的員工，都可以透過他的例子瞭解創業之艱難、學會珍惜好不容易得來的成果，並且作爲日後遭遇困難的心理防衛力量。

買下馬國農場的當時，公司只有陳逢坤和黃斗垣兩人，一切從零開始，大小事務千頭萬緒，艱辛重重、障礙處處，必須一樣一樣加以克服。新農場該怎麼經營呢？陳逢坤能借重的，也只有陳家莊最拿手的養豬實際經驗。

當時的馬來西亞社會，還瀰漫著一股「排華」的情緒，黑幫（私會黨組織）十分猖獗，治安狀況欠佳，前往馬國的商人個個小心謹慎，盡量保持低調，連車子也不敢隨意停放。剛開始籌建農場，陳逢坤就經常遭逢黑幫成員的騷擾與勒索。爲了事業的順利進行，陳逢坤以柔克剛，運用智慧與黑幫頭目溝通，雙方簽訂協議，逐步化解可能的衝突，充分展現企業家的膽識與農民的草根性。

黑幫的問題解決了，更大的問題接踵而來。柔佛州的養豬業者規模都不太大，飼養數量都在一、兩萬頭之間，一聽說新加坡的「豬王」猛龍過江，要到他們的地盤來養豬，不免騷動和恐慌，馬國養豬業公會更是極力排斥與反對。就因爲這樣，陳逢坤到馬國獸醫總署申請衛生准證，以便核發農場營業執照時，便因遲遲沒有下文而不了了之。

在陌生的異國裡，面對「地頭蛇」的干擾和排斥，不但籌建工程問題不小，連帶也打擊了陳家子弟的信心。事實上，在陳逢坤進軍柔佛之前，已有許多到馬國開農場、建花園的新加坡人鎩羽而歸，如今遭逢種種干擾，許多陳家子弟不由得擔憂起陳逢坤的投資計畫；大多數兄長們也都認爲，人生地不熟也就罷了，還欠缺各方面的資源，將來市場多大又沒有個底，不利因素這麼多，怎麼可能成功？

面對家人的誤解與質疑，甚至冷嘲熱諷，陳逢坤都只能暗自苦笑。他知道口頭的辯解無法改變事實，唯有加倍努力做出成績，才能讓家人信服，扭轉他們的偏見。他更體認自己身負重任，早年父兄辛苦建立的基礎，不但不能毀在自己手上，還必須更上層樓、再攀顛峰，才對得起父親的重託。

新事業困難重重，超市業務又充滿變數，正所謂「前有狼來後有虎」，陳逢坤當然知道危機四伏，然而，振興家族的使命感也不斷地鞭策著他，讓他不敢懈怠，日夜進出農地，努力開墾。

他從新加坡買來一個舊貨櫃，只在中間部分鑿了一個洞當窗，白天就當成辦公兼拓荒的指揮部來用，晚上則是宿舍。另外，他還在舊貨櫃旁用兩塊波浪形石棉板搭建了一座臨時的廚房。這就是拓荒初期一切從簡的眞實情景。

修路整地，挖井通電

馬來西亞是個多雨的熱帶國家，農場所在的蒲萊山區也不例外，導致山路泥濘不堪，輪胎容易打滑，往來車輛一不小心就會翻落山溝。陳逢坤於是先把心力花在山路的修整和拓寬上，暢通對外交通的大門後，再買來挖泥機和推土機整治農地，開闢出一個大廣場，作爲開展建設的基地。單是所需的油料、用品，都得到八、九公里外的市集才買得到，一趟來回就耗去大半天時間。

陳逢坤聘用的員工，部分來自印尼，當時還沒有合法的居留與工作權，因此常有馬國移民局官員到場臨檢，一碰上官員的突擊檢查，印尼工人立刻雞飛狗跳，躲藏到草叢之中，臨檢過後，才由黃斗垣一個一個找回來。

當地工人的勞動力素質也差了新加坡一大截，工人動不動說不幹就不幹，忽然就欠缺人手，逼得陳逢坤不得不親自上陣，甚至因此學會開挖泥機和推土機。光是想像大老闆自己開推土機的景象，就不難明白異國開荒的艱辛。

蒲萊山區海拔約兩百公尺，地勢較高，自來水打不上去，幸好山谷旁邊有小河流經，出身農家、務農經驗豐富的陳逢坤研判，地下水應該就匯聚在低窪地帶，於是帶人開挖水井。開挖時洞口只有一公尺多寬，天氣燥熱，洞內空氣稀薄，挖掘工作經常中斷，相繼挖了三口井後，才終於探到地下的水源，後來就開鑿成一個直徑六公尺、三個人深的水井。

解決交通與用水問題之後，接下來就是用電。農地位處荒山，沒有供電系統，入夜時分需要點蠟燭或煤氣燈照明，後來才裝配柴油發電機，陳逢坤前後花了五年，才讓馬來西亞政府的發電廠架設供電線路。

從荒山野嶺到開拓出一片小天地，從缺水沒電到陸續完成基礎設施，很長一段時間裡，陳逢坤經常住在山上，而且往往一住就是幾個星期。夜以繼日的工作雖然辛苦，但辛勞過後、躺在簡陋的舊貨櫃裡，陳逢坤一邊想著逐漸完成的工程，慶幸自己的辛勤勞動總算有了成果，一邊也憧憬著開發的遠景，內心充滿興奮與激動，暫時忘卻拓荒的辛勞和種種障礙。

這麼辛苦了大約一年，一九八八年完成了基礎建設後，就開始摸索經營的方向了。既然在馬來西亞養豬阻力重重，陳逢坤也不想硬幹，決定把重點擺在蔬菜和花卉的種植上。於是，他找來台灣大學的校友、農藝系的陳榮和，先撥出五畝「試驗田」，進行種菜與種花的實驗。

蔬菜的培植一有了初步成果，陳逢坤便興致勃勃地把六大捆空心菜拿給在新加坡蔬菜批發中心工作的三叔陳財有，請他幫忙銷售，沒想到，第二天空心菜又原封不動地退了回來。三叔表示市場價格暴漲暴跌，極不穩定，根本賣不出去。不想讓家人面對此一窘境的陳逢坤，只好私下將菜拿去丟掉。

陳逢坤原本還想努力克服市場上的不利因素，但在蔬菜遭受吊絲蟲（一種無藥可治的蟲害）的侵害後，就連向來不對困境低頭的他，也不得不放棄種菜的初衷，把全副心力投注在種植蘭花（胡姬花）的計畫上。

三大策略，事在人為

陳逢坤之所以決定培植蘭花，也有市場條件的考量。

首先，馬來西亞是個種族與宗教都很多元的國家，相對而言，種植花卉不像養豬那樣敏感；其次，花卉生意能夠規模經營，達到商品化的目的；第三，花卉和人類社會息息相關，從慶賀出生到弔慰離世，種種場合都會用到花朵，不愁沒有市場；第四，種花沒有汙染問題，符合現代社會的環保意識與潮流。

謹慎評估後，陳逢坤隨即勾勒發展藍圖，擬定三大發展策略：首先，爲了大規模生產，必須提升生產技術，改良現有的蘭花栽培與育種技術；其次是建立制度化管理體系；再來就是開拓產品的市場。

種植適合熱帶生長的胡姬花，當然必須瞭解花的生理、培育方式、育種技術，但陳逢坤遍尋不著相關資訊，只在市面上找到一本台灣出版、描述溫帶蘭花的書，從中吸取知識，轉用在胡姬花身上。

馬來西亞高溫多雨，光是這個特點就對胡姬花的培植影響很大，蒲萊山區有時一天要下五次雨，施藥的濃度太低會失去效果，濃度太高時，要是胡姬花在烈日下曝曬

終日，又很容易烤焦，很難準確拿捏。

然而，陳逢坤總是抱持事在人爲的決心，不斷從錯誤中汲取經驗，從嘗試中發現問題，逐步建立一套有效的生產技術。一九八九年，陳逢坤請來曾是鄰居的「花王」黃文秋。當時本在新加坡胡姬園工作的黃先生，擁有三十年種植熱帶蘭花的經驗技術，陳逢坤因此請他來指導和培訓員工，從品種篩選、噴灑農藥到栽培技術，逐步建立一套現代化生產流程。

爲了增加花卉品種，陳逢坤也物色兩位台大園藝系畢業的馬來西亞人，讓他們負責組織培養的工作。組織培養是一門無性繁殖的專門技術，必須精挑細選一年內開花率最高、色澤最漂亮、姿態良好、插瓶壽命長、抗病能力強的花種來培育。

培育的方法，則是把花芽上的花點放進特別調配的培養液裡，進行無性繁殖、分裂生長。一年多後，就可以分生出十萬花點，再分種於固定的培養液裡，在無菌的環境下發芽茁壯，等個一年半到兩年半，才能開出美麗健康的胡姬花。

不過，這兩位馬來西亞籍女士的本事不如預期，反倒讓陳逢坤靈機一動，想起了自己的夫人。既然夫人戚志萍就具有相關專才，與其到處尋找不見得可靠的幫手，還不如由她來從事組織培養的實驗工作。於是，戚志萍就和陳逢坤的堂兄，集團的二把手陳逢秋，向新加坡原產局（後來改組爲農糧與獸醫局）尋求援助，這個主管原產業務的政府機構不但欣然同意，還特別爲他們開辦組織培養的課程。

掌握相關知識後，戚志萍便親自主持這個組織培養實驗室，不久後陸續培育出八十多種胡姬花的優良品種，分銷到世界多個國家地區，後來成爲出口主力的就有三十多種。

隨著技術不斷改良與提升，確實具備量產實力後，胡姬花園的規模和產量也越來越大；往昔的經營管理之道，也得配合客觀環境而改變，以便建立制度化的管理體系。

以胡姬花最怕的鳥害爲例，在小面積種植的時代，每逢鳥害，員工們都只會用敲鑼打鼓或放鞭炮的傳統方法驅趕鳥類；大規模種植以後，就改爲架設「天羅地網」的方式，從歐洲進口昂貴的黑紗網，一區一區罩住胡姬花，避免受到鳥類的摧殘，也遮擋灼熱的陽光照曬。

胡姬花的品種既多，栽培、噴灑農藥的方法也就各不相同，大規模生產時，必須分區分類管理。隨著花園面積的擴大，員工人數也相應增加，發展到一九九〇年代中期時，員工人數已達一百七十多人，分別來自新加坡、馬來西亞和印尼三國。

由於生活水準參差、文化背景各異，員工的習慣和需求當然都不一樣；最明顯的差異，就反映在飲食習慣上。起初爲了配合不同的飲食習慣，由三地的員工自行處理各自的飲食事務，不料印尼人喜歡採集野菜、釣魚來解決三餐，結果常因營養不良而生病。

幾經協調與改革之後，才形成了廚務制度，大家的伙食都由廚務小組統一管理，集合每位員工每個月固定的伙食費，分別請來印尼、馬國與新加坡廚師負責烹調，提供大家穩定、符合個別要求的伙食服務。

員工人數相對較少的時期，住宿問題也很隨性，各憑喜好更換宿舍；一旦人數多了，就得有個管理制度，宿舍也就分成男員工、女員工的單身宿舍，以及家庭式的宿舍，並且成立農場委員會，處理員工日常生活需求，每個宿舍區都有舍監、副舍監，以維護區內的衛生、供水和秩序。此外，還特別組成夜間義務巡邏大隊，下分三中隊和八小隊，配合全職的巡邏人員，確保整個園區都有健全的保安系統。

重視福利制度的陳逢坤，更在胡姬花園內設立平價的小型福利社，提供員工低價日常用品，購物開支則到月底再從工資中扣除。這個做法，不僅讓員工買到低於市價的必需品，也不會因爲外出購物而造成過度消費、所得透支。

這些「以人爲本」的管理制度，除了符合人性的需求，出發點更是爲員工著想；雖然陳逢坤沒有任何參考依據，但本著「把員工當家人」的心性，配合務實的態度，加上家族固有的危機意識，便形成一股不斷鞭策他前進的力量，順應客觀環境的改變，一步步調整、修正、改良，終於建立起合情合理的管理體系。

而在大規模生產之前，胡姬花的產量每天最多也不過幾百枝切花，陳逢坤一人開車運載回新加坡即可，所謂「校長兼撞鐘」，他既是大老闆也是小送貨員，親自把花送給小型花店販賣。直至規模逐漸擴大後，才直接賣給當地的出口商。

急起直追，全球第二大

胡姬花的產量不斷增加，到了一九九一年，陳逢坤認爲時機已經成熟，無須再假手他人，便決定自行開發市場，以創造更大的利潤空間。而這個開拓市場的重責大任，他決定交付自家公司的王秀梅。

王秀梅上任後，先是每週上課兩次，學習胡姬花的分級、品種等相關知識，然後透過新加坡貿易發展局，取得世界各地蘭花市場的客戶名單，並接洽航空公司爲運輸代理，積極參與海內外的拍賣會、展銷活動，多管齊下推廣市場。

由於陳家人所生產的胡姬花體態優美、品種精良，加上大量生產成本較低，競爭優勢明顯，逐漸打開海內外的市場，成功行銷日本、荷蘭、德國、澳洲和台灣等地，成爲馬來西亞最大、全球第二大的熱帶蘭花園，園內總共栽種一百二十萬株胡姬花。

根據負責培育蘭花的戚志萍介紹，一百二十萬株胡姬花是總的切花種植數量，是經常維持的栽種數量，但全園栽種不只這個數量。當時陳逢坤的蘭花園是個觀光花園，園裡有許多景觀種植的蘭花、稀有品種、觀賞盆花品種（不是切花用的品種）等，數量大概兩、三萬棵。一眼望去，漫山遍野爭豔鬥麗，煞是好看。

熱帶蘭花園的所在地位於蒲萊山谷地帶，蘭花園的谷地內，散佈七座小山丘，組成山巒起伏美麗地形，熱愛大自然的陳逢坤，深爲這幅美景所動，靈光一閃之下，就給胡姬花園取了個浪漫而美麗的別名：蘭花谷。

蘭花谷是一個「無中生有」的過程，從一片荒山野嶺到繁花似錦，昔日的不毛之地，變成後來深具經濟效益的美麗花園，千百種蘭花爭奇鬥豔、各展風姿，而當年與陳逢坤一起打拚、同甘共苦的員工，幾年後也享受到了辛勤勞動的成果，紛紛晉升爲公司的管理階層，負起人事、行政、會計管理的職務。

這些從拓荒時代就和陳逢坤並肩作戰的員工，雖然並不具備現代管理和專業知識，但多年來跟隨陳逢坤，在客觀環境中跌打滾爬、摸索與學習，歷經實戰經驗和磨練，日後也都成長爲行事穩健、熟悉現代化管理制度的企業人才。

陳逢坤深信每個人都有無限潛能，只是未曾找到開發的管道和機會，企業應該提供員工信心與尊嚴，以及適當的發展空間和舞台，讓員工通過自己的領悟力和學習精神發揮潛能，即使「先天」不具備專業知識，一樣能在「後天」做出一定的成績。

當年和陳逢坤一起上山考察的黃斗垣，就是個典型的例子。黃斗垣原來從事中藥買賣，教育程度也不高，剛到胡姬花園工作時，還不具備社會歷練和現代專業管理知識，後來卻實際管理了一百七十個員工的人事與行政，成爲胡姬花園的高級經理。

草創階段，黃斗垣對於複雜的種花工作感到頭疼又棘手，也不適應行政事務，甚至一度質疑花園的遠景；但陳逢坤從旁細心督導，讓他從問題中學習，告訴他種花的每一個步驟和細節，「手把手」地教導他培植和施藥的各種知識，幫他克服心理障礙，加強思想教育，一步一腳印地陪他實踐，從而建立起他的自信心，也讓他掌握到正確的方法。

行政管理方面，陳逢坤會從實際工作中舉例說明，解析問題的根源和解決方法，理順前因後果，讓黃斗垣學會透過歸納，清楚掌握處理事情的正確方法，勇於面對問題、挑戰自己。一等到黃斗垣終於邁開步伐、放膽去做，陳逢坤就立刻充分授權，提供舞台讓他發揮。

經過多年努力，黃斗垣和其他幹部把胡姬花園建設成自給自足的小社區，整個社群更是一支高效率的生產團隊。回想起多年來和陳逢坤同甘共苦、不斷拓荒與開墾的過程，再說起自己的努力如何開花結果，他們無不心存感激、滿懷欣慰。

陳逢坤經常告訴家人與員工，想成功就先要有理想，也就是有個可以實現的「夢」；而身爲企業的領軍人物，他的責任，就是評估這個夢想是否有發展和實踐的可能，如果答案是肯定的，他就會設法提供「圓夢」的舞台，並且協助創造各種條件，幫助員工將理想變成現實。黃斗垣和蘭花園，最能說明他的這個理念。

馬國蘭花園業務蒸蒸日上，出口額與年俱增，一度攀升到世界第二大的地位，可說是非常成功的投資。然而，俗話說「人無千日好，花無百日紅」，隨後的幾年，由於馬來西亞勞工緊缺、政府又限制外勞輸入，加上國際市場競爭激烈、日本的泡沫經濟、蘭花園的主要負責人去世，陳逢坤也把集團發展重點轉向中國，蘭花園業務自然逐漸萎縮，後來轉爲出租土地給當地農民。儘管如此，隨著馬國南部的經濟發展一日千里，陳家莊擁有的這片蘭花園土地，也越來越值錢。

絕不一般的深刻體會

回想開拓蘭花園的這段歷史，陳逢坤有著與常人相比絕不「一般」的深刻體會。按理說，再辛苦的創業經歷，最多不過是業務的熟悉、管理的改進和企業經驗的總結，然而，陳逢坤卻有更深一層的感悟。

回想當時，陳逢坤在蒲萊山上一住就是五年。他是農民出身，向來喜歡大自然，開墾蘭花園期間，一有空閒就會坐在籐椅上，凝望眼前起伏山巒晨昏與晴雨的不同景貌。蘭花園是群山環繞的山谷地，有著一種與世隔絕的氛圍，身處其中最能讓人寧靜致遠。

熱帶雨林是多雨區域，每逢雨後，山嵐便緩緩自山腰升起，到了山頂才徐徐蒸發，山區彷彿籠罩著一層薄紗，也點綴了山居單調的生活。陳逢坤經常看山看雨，山的雄偉壯闊、沉穩巍峨，雨的淒迷與飄然，靜與動的交替，無不帶給他諸多感觸，與大自然的心靈對話總是讓他陷入沉思，並從中激發創意、憧憬未來。

山的挺拔與倔強，也給了他一股精神的力量，加上骨子裡流著潮汕人的奮進、父親和祖父的刻苦、兄長們的勤勞熱血，匯集成孜孜不倦的動力，不斷鞭策他迎接一個又一個的挑戰，開發一項又一項的新事業。

有了馬國蘭花谷的開發經驗，陳逢坤再一次經歷自然環境的艱辛考驗與人爲的各種阻力；也就是這些豐富的人生經驗，讓陳逢坤更能在發展事業的過程中從容不迫地面對挫折與挑戰，並將觸角延伸到中國大陸，打開另一扇事業的大門。

第七章

立足中國，放眼世界

經·營·啟·示·摘·記

◆發展，始終是不變的硬道理
◆沒有紮實的樹根，何來千丈的樹身？
◆切忌爲了滿足當前而以未來爲代價

雖然成功轉型經營超級市場，為了避免把雞蛋都放在同一個籃子裡，陳逢坤從一九八七年的「成長三角洲」倡議獲得啓示，隻身北上鄰國馬來西亞，在荒山野嶺買地開墾，利用五年的時間，開闢了全球第二大的熱帶蘭花園。有了新加坡經營超級市場、馬來西亞種植蘭花的基礎，陳逢坤又在一九九二年，趁著李光耀資政倡議「島國須借助中國改革開放，建設第二對經濟翅膀」的契機，勇闖中國大陸，把陳家莊的事業推上另一個高潮。下一步，他打算怎麼走？

在新加坡政府宣佈淘汰養豬業的兩年前，也就是一九八二年，陳家莊才接受當局的建議，繼陳財發農場（養殖一萬五千頭豬）後，再度擴大農場規模，引進現代化作業方式，辛苦建設了兩年，又成立了陳兄弟農場，規模達到三萬五千頭豬，兩個農場總共飼養了五萬頭豬。好不容易初見成效，卻突然碰上「槍斃養豬業」的壞消息。

然而，肩上扛著第二代莊主重任的陳逢坤，面對家族成員的彷徨失措，他不但沒有棄械投降，還迎難而上，利用政府給予的五年緩衝期，一方面繼續爲飼養的豬隻找出路，一方面積極探索事業的轉型。

就在傳來晴天霹靂的一九八四年，陳逢坤先是藉由在五大百貨集團超市開設現切現賣豬肉攤，累積了零售業的操作、賣場的設計與進貨的知識，也爲他帶來了轉型的構想，開啓經營超級市場的新篇章。

原先對超市業務完全外行的陳家莊，憑藉莊稼人那股勤奮工作、不怕困難的幹勁，以「摸著石頭過河」的精神慢慢學習，逐步走進超級市場這一行，花了一年時光開設五家小到中型的超市。萬事起頭難，如今的陳家莊，總共擁有十九家中、大型超市，遍佈新加坡全島，以規模而論，排名衝到了第四。

爲了避免把雞蛋都放在同一個籃子裡，陳逢坤又在一九八七年，從星、馬、印三國倡議的「成長三角洲」計畫獲得啓示，隻身北上鄰國馬來西亞，在荒山野嶺買地開墾，利用五年的時間，開闢了全球第二大的熱帶蘭花園。

建球場買土地，重續農業情

有了在新加坡經營超級市場、馬國種植蘭花的基礎，陳逢坤又在一九九二年鄧小平南巡之時，回應新加坡內閣資政李光耀「島國須借助中國改革開放，建設第二對經濟翅膀」的號召，前往中國大陸的上海尋找商機，次年就買下青浦的上海太陽島，開創原先陳逢坤也不熟悉的高爾夫綜合度假村事業，並且在一九九六年上海長江出海口的崇明島，覓地建農場和養豬，重續陳家莊人的「世紀農業情」。

如今，陳家莊所屬的國際元立集團，以「太陽島」爲品牌，在中國五個城市，上海、昆山、蘇州、揚州和南京，建設了六座高爾夫球場，總共擁有一二六個球洞，以球場數目而論，已屬中國的大型營運商，除了最早的上海太陽島高爾夫度假村曾因遭逢東南亞金融風暴而出現重大危機，其餘四地都堪稱順利。

無論是元立集團的員工、陳家莊的親人，還是朋友和同行，認識陳逢坤多年的人都知道，這位過往的新加坡豬王，現在已經是個不折不扣的開拓型企業家、停不下來的行動派，開發專案一旦大功告成，就會馬不停蹄往下一個前進，好像擁有用不完的體力。

昆山球場動工年餘、還沒完工和開業的時候，陳逢坤已經拿下蘇州的地段，繼續興建球場，並且在二〇〇二年底，與南京市轄下的溧水縣簽約，著手開發目前頗受歡迎的南京太陽島高球場。

地處丘陵地帶，周遭山巒起伏，生態保護良好的南京太陽島球場，占地廣達兩千八百畝，距離溧水縣城十公里、南京市區五十六公里，二〇〇三年五月動工後，陸續建成二十七洞的高爾夫球場，以及擁有七十八棟別墅的百美山莊，棟棟別墅都面朝青翠草坪，球場當然也興建了供球客歇息、享用餐飲的會所。規畫中的設施，還包括一座五星級度假酒店。

南京球場的「原生態」，可由周邊密佈的自然樹林，林中還有蛇類出沒、棲息野豬得到印證，球場內的茶園和青梅林可不是裝飾品，出產的碧螺春綠茶和青梅，加工包裝後出售，在附近一帶還小有名氣。

洋溢山光水色的南京球場地形起伏，三座小山丘各據一方。球場總經理葉萍，特地開著電力車載筆者上到坡度最高的小矛山，讓筆者站在高崗上享受迎面而來的秋涼陣風，精神與軀體頓時神清氣爽，每個細胞彷彿都活躍起來。另外的兩座小丘，則是老虎山和烏龜山。

葉萍表示，南京球場的二百四十三名員工來自全國各地，外地員工都住在企業提供的宿舍；剛過去的中國二〇一二年國慶黃金週，南京球場迎來大量的球客與旅客。葉萍的職責，還兼管占地約一千畝、二〇一〇年五月開幕的揚州球場。

儘管高爾夫球場營運成功，獲得海內外球客的青睞，陳逢坤依然沒有減少對農業的偏愛。二〇〇七年安然度過健康危機、開始探尋人生眞諦以來，他欣喜地發現了「泰生」的大道，並由「泰生」哲學衍生出人與天地的關係，把這一理念逐步落實到個人、家庭，爾後實踐於企業中。最值得一提的，就是泰生農場的建立。

從泰生理念到泰生事業

陳逢坤從「泰生」理念中的「天地交則萬物通，上下交則其志同」這一《易經》的卦辭發現，人是承接天與地的關鍵，人與其他物種得以世代繁衍，無不借助大地母親的恩賜；土地是滋養萬物的泉源，生生不息的根本。然而，當今的化學農業是不計後果、破壞土地的農耕，唯有關愛土地，以「厚土」爲基礎的農業，才是人類與萬物得以永續的正道。

早在一九九六年，也就是上海太陽島開幕的前一年，陳逢坤就在機緣巧合下獲得至崇明島開發「百萬豬場」的機會，這對曾經歷新加坡全面淘汰養豬業厄運的陳逢坤來說，確實是個絕處逢生的機緣。

當年總計不過飼養五萬頭豬的陳家莊農場，已經算是新加坡的最大豬戶，然而，比起上海規畫的「百萬豬場」，新加坡豬王遠遠瞠乎其後。來自養豬世家的陳逢坤，竟有機會開發百萬豬場，自然躍躍欲試，陳家莊的第二代兄弟和第三代的侄兒輩，也都感到異常興奮。

新加坡淘汰養豬業後，感覺上，陳家莊似乎已與豬絕緣，這下子可以重新譜寫農場讚歌，怎不興奮？更何況，這個專案還得到新加坡政府的合作意向。有了國家的加持，陳家莊更無所畏懼，中新農場也就順勢誕生。

可惜的是，後來因出現許多不可預見的因素，百萬豬場的規模大大縮小，最後只剩陳家莊獨營、飼養將近兩萬頭豬的養豬場，其餘的農地都分租給當地農民耕種。要到二〇一〇年，陳逢坤認識了台灣大學農藝教授林宗賢博士後，這兩位志同道合的「農友」，從《易經》的泰卦中發現了泰生理念，再結合延續中國傳統農法而成的有機農業，才找到了泰生農業的發展方向。

有了這項新發現，陳逢坤和林宗賢隨即著手中新農場的轉型，並從台灣找來病蟲害專家郭克忠博士、農場管理專才陳泰安等等，建立了泰生農法的第一塊試驗田——崇明泰生農場。

什麼是「泰生」農場？爲何陳逢坤會把實踐泰生農業當成今後人生的志業？泰生農場的精髓，簡單說就是活化土壤，打造兼顧農林漁牧、生物多樣性的自然生態環境。陳逢坤堅信，泰生農業將來必定成爲元立集團「支柱中的支柱產業」，因爲這是環境與人類社會永續生存的正確道路。

從發展角度來看，農業可分成傳統耕作、常規耕作、有機耕作，以及陳逢坤致力推行的泰生耕作。傳統耕作依賴勞動力、牲畜和當地資源，不使用任何合成化學品或技術，也可能是結合養殖牲畜、種植作物的混合農場，利用牲畜糞便替作物施肥，部分作物再用於飼養牲畜。這種類型的農民，很少從農場以外購買物資。

傳統耕作使用更多的人力、更少的技術，完全不使用機械，只用牲畜幫忙耕種。這種方式，對作物和土地的管理和控制非常有限，易受環境變化的影響，但若與現代常規耕作相比，傳統耕作更環保也更有永續性。

然而，傳統耕作還是逐步被現代化耕作所淘汰。首先，爲了解決耕種失敗的問題、提高耕地產量，耕作方法自然不斷進化；其次，由於需求日益增長、食物供應落後，利用現代手段也能夠加速生產，使農民獲益更多。進化過後的耕作則成爲一種職業，不再只是一種生活方式。

爲了滿足日益增長的需求，農業不能不商業化；爲了獲得更大的產量和利益，農民也必須不斷尋求最有效的耕種方式。常規耕作因此有兩個主要特點：其一，是爲了促進農業發展，產品中添加了合成化學品，比如爲了驅除害蟲而使用化學農藥和／或殺蟲劑、爲了驅除雜草使用化學除草劑等等。對家禽和家畜而言，爲了防止疾病、增加產量、促進生長和乳汁分泌，則必須使用抗生素和生長激素。其二，爲了減少體力勞動，增加了自動化機械的使用。

現代常規耕作方法能大大提高產量，但也嚴重汙染了環境。此外，種植者耕作時間更少，更不愛護土地，對待土地就像對待工廠。

爲了滿足當前需求而以未來爲代價，現代農業使用自然資源的方式形同「開採」，間接地破壞了生態系統：導致水土流失，限制或破壞多數野生生物的自然棲息地，化學品的使用更改變了河流、湖泊等生態環境。因此，究竟常規耕作該如何利用水、土和生態資源來提高作物產量，還有待重新思考。初步的看法是，種植者應該意識到生態系統分配價值的眞實成本，權衡環境和生活之間的關係，以及平衡不同用戶的權利和利益。

泰生農業比有機耕作更全面

隨著人們漸漸意識到常規耕作的危害，有機耕作也呈現明顯的上升趨勢。有機耕作大多依靠技術，例如輪作、綠肥、堆肥和生物病蟲害治理，並且不使用化肥和農藥。

按照國際有機農業運動聯盟制定的標準，很多國家都制定了有機耕作法。國際有機農業運動聯盟是一個國際性的組織，創建於一九七二年，致力於推廣、保護有機耕作。聯盟認為，所謂有機農業，是指保持土壤、生態系統和人類健康的生產系統，依賴的是生態過程、生物多樣性和適應當地條件的循環週期，結合傳統、創新和科技，有利於共用的環境，促進公平關係，提高生活品質。

自一九九〇年以來，據有機監測顯示，有機產品的銷售從無到有，發展至二〇〇九年的五百五十億美元市場規模。需求的明顯增加，也讓有機化管理的農田越來越多，過去十年，每年平均增長八．九%。然而，二〇〇九年全球有機種植面積仍只有三千七百萬公頃，僅占全球總耕地的〇．九%。

陳逢坤宣導的泰生農業，比有機耕作更重視人類、自然和人性之間的關係。受《易經》的啓發，爲了提升生命價值，泰生關注的是各元素之間的互通。「泰」象徵和諧，表示處於最佳交流狀態。通過重新審視農業的核心目的，泰生旨在促進分享、和諧、共生，達到生命系統和自然的共存。

傳統農業尊重自然，泰生則除了完全遵循自然的韻律，還能更恰當地理解人與自然的關係，致力保護自然、維持人和自然的生態平衡。因此，它能以更多、更全面的角度看待農業問題，對農業的認知也更深更廣。另外，利用更先進的科學，泰生能夠更適切地對待土地和環境。

聽起來，這很像運用最新技術的常規耕種方法，但由於泰生全面瞭解環境，所以能以不同的方式更好地運用技術。傳統的化學農耕作就像工廠生產，只強調產量最大化，短期內可能非常有效卻難以持久。由於嚴格、固定地進行綜合治理，種植者失去了與土地的聯繫。長遠來看，土壤明明已不再適合耕種，卻還繼續開發利用。泰生關注食品生產的本質，比較像是固有的人類活動，而不像僅有貨幣價值的商品。

泰生是一種永續農業，類似有機耕作，使用有機質使土地更肥沃、達到土壤健康。然而，泰生還能以全面、長遠的眼光看待土壤，瞭解對土壤來說，什麼是好的，什麼是不好的。

在好的生態系統中，植物能共生共長，根基較深的植物能從表層土下方吸收礦物質。植物死亡後，含量豐富的礦物質又能滋養土壤，這就是大自然自身的循環過程，可以在生態系統中引發再生作用。因此，泰生耕作大大地提高了生物的多樣性，採取嚴格措施更確保種植者能永續耕作，而不只是有機化地平衡土壤。

最明顯的差異在於，泰生能持續發展、變廢爲寶的能量和努力。從現場處理動物糞便到製造堆肥，從循環利用灌溉作物的廢水到爲發電收集沼氣，泰生農業努力做到零排放和自給自足。

此外，有機產品的價格也比常規耕作的產品更高。這是由於有機耕作更加商業化，使得有機農產品市場日漸擴大。泰生則關注農業文明，致力於創造平衡、健康、安全的生態系統，進而實現人與自然和諧共處的狀態、引導永續的農耕和生活方式，因此，不會功利地把農業視爲一種商業來經營和發展。

找到了永續發展的新方向

發現「泰生學」這一整體觀念之後，陳逢坤找到了永續發展的新方向。這裡的「永續」所涵蓋的範圍，與一般企業強調「企業生命力的可持續增長」並不相同，它雖然也包含了企業生存——若沒有經濟作爲基礎，其他的發展也難以實現——本身，但涵蓋範圍更大。

在泰生學關注天地人的概念下，外延到宇宙運行規律、大地萬物的相互依存，在此前提下，人與天地自然萬物應該建立互利互惠的關係，而非「人類主宰一切」的唯我獨尊。

至於人類本身，除了關心自己的身心健康，還要延伸到與家庭、企業及社會的和諧共生，而這一切，就得從以關愛土地爲出發點的泰生農業做起。因此，陳逢坤組建生物多樣性、農林漁牧共存的泰生農場，首先就是解決衣食住行當中的「食品」問題。

近年來，食品衛生與安全問題已成爲備受關注的課題，泰生農場的生產目標，就是滿足消費者本就應該享有的基本權益——安全食品。然而，在不顧土地與環境保

護，一切都以經濟效益掛帥的生產模式下，健康與安全食品的要求，竟然成爲一種特權和奢求。陳逢坤的泰生農業，就是要回歸原本。

二〇一二年九月，陳逢坤揭開「把農場搬到市區」行動的序幕，在上海市中心的淮海西路商業區，開設了第一家集「中醫館、有機超市、餐廳」於一體的新概念店「泰生天地」，正式銷售每天清早「農場直達」的新鮮蔬果、禽畜產品。

「泰生天地」最基本的理念，就是所賣的產品都是自己種、自己飼養、自己也愛吃的糧食。因爲大家都關心自身、兒女和家人的健康，具備這樣的同理心，就不會想要從事黑心產品的製造和做違背良知的勾當，所以，「泰生天地」的產品都附有標示「身世」的條碼，讓消費者清楚瞭解產品的生產日期、產地和負責人。

養生中的「養身」，是「防病」的第一道關卡，這得靠營養與衛生食品、乾淨的飲水與空氣的供給。「泰生天地」的中醫會館，便彙集傳統中醫精粹、自然療法和現代生命科學研究成果，兼容並蓄，融會貫通，由一流專業醫生和資深學者擔任首席專家，開創泰生療法新天地，爲防病和治病設置另外兩道堅固的「防護門」。

泰生療法是一種全新的醫療保健方法，遵循法取自然、循環共生的原則，突出立足自我、藥食互用、身心並調、形神兼養之重點；不僅重視人生的病，更重視生病的

人，以及人與天地社會之間的相互關係和相互影響，是當今整合醫學的有益實踐，代表醫學發展的未來方向。

通過科學的診斷，養生專家針對健康養生的四大要素——營養、運動、心理、休息——潛心研究，精心設計了健康營養飲食、脊柱健康養護、經絡氣血疏通、五行能量調衡、導引吐納冥想等一系列有益身心健康、改善亞健康狀態的養生保健和綜合調治項目。

設在鬧區的「泰生天地」，直接服務上海社會大眾，背後有著三大堅強的後盾：生產安全食品的基地泰生農場；擁有古塔，湖泊環繞、綠樹成蔭，還有天然溫泉的市外桃源太陽島；以及一支包括農業、醫療和管理人才在內的專業團隊。

隨著第一家「泰生天地」的誕生，陳逢坤和元立的團隊也開始在上海物色適當地點，準備複製更多的新概念店，把泰生農場的健康食品、健康資訊帶進千家萬戶。第二家「泰生天地」，已決定開在南外灘。

陳逢坤的泰生事業基礎，就是以善待土地爲根本的泰生農業。大地是萬物之母，連南洋一帶常見的土地神像，兩邊的對聯也寫著「土能生白玉，地可出黃金」。農作物是維持生命之糧食，因此，以目前的六百八十畝土地爲基礎，陳逢坤除了準備擴大泰生農場，也打算尋找其他適當地點開設新農場。

另外，陳逢坤更計畫逐步把泰生理想帶進他所創辦的新加坡國際學校，讓下一代在學習知識與謀生技能的同時，也懂得關愛土地與生命。新加坡國際學校由元立集團買地興建，校園寬敞，設備和師資都很完善，目前已有閔行和徐匯兩個校區。閔行校園位於華漕鎮，在宋慶齡幼稚園附近的西郊莊園邊上，臨近美國學校，課程從幼稚教育一直到高中，目前有一千三百多個學生，清一色外籍小孩。

泰生的理念，今後也將逐步落實到元立集團所屬的六座高爾夫球場。目前負責球場草坪管理的人，是畢業於台灣東海大學畜牧系的陳夫人戚志萍，遠嫁新加坡之後，又在新加坡國立大學修讀工商管理碩士，同時爲了配合家族事業發展所需，她不但學會胡姬花的培植技術，還回台灣進修，拿到草坪管理碩士學位。

爲了實現生態農場的遠景，戚志萍經常遠赴歐美，參加有關高爾夫球場的經營管理國際會議，瞭解產業最新動向，並且與泰生農場病蟲害專家郭克忠博士攜手，在太陽島各球場展開生態球場的相關研究和試驗。朝向生態球場發展的種種努力，正是陳逢坤與泰生事業「關愛地球、關愛人類」的具體表現。

停不下來的農民企業家

無論從哪個角度看，陳逢坤都是個「永遠停不下來」的農民企業家。即便曾經生過一場大病，然而，還在術後的療養期間，他就已經忙著構思企業未來的方向。對他來說，「發展，始終是不變的硬道理」，而且已經不只是個人事業的考慮，更關係到家族、企業與社會的責任。

二〇〇七年六月，陳逢坤遭遇突如其來的心肌梗塞，在心臟部位放入支架以後，回到上海太陽島休息了三個月。也就從當年九月起，他開始思考人生及集團的未來，並把大學畢業以後幾十年來的經歷做了一個總結。

他首先想到的是：會生病，便意味著自己過去在工作、生活及健康等方面有所偏失，那麼，應該怎麼讓健康和事業有一個平衡、良好的發展？其次，來到上海之後的進展，相當於抓住了一個機會，但企業在經過十多年的發展後，是不是也該創新求變，建立一個新的模式？如果是，又該是什麼樣的發展模式？

他也思考起企業的社會責任：企業應該創造什麼價值，才能永續發展？核心價值觀又是什麼？如何遵循自然規律、延續自然生態系統，從而建立一個完善、有內涵、更大的系統？這一連串的問題，一直在陳逢坤腦海中盤旋。

陳逢坤覺得，要先安內才能攘外，公司在上海立足、發展了十多年以後，應該深入思考核心價值，重新出發。於是，在結合自身的健康重建與企業的永續發展思維下，他決定重新定位整個集團的目標，包括企業轉型、結構調整、人才培養、接班部署等等，在未來的十年裡，帶領集團員工、家族成員邁向永續經營。

從二〇〇七年到現在，幾年的時間過去了，陳逢坤發現，健康的新道路就是從個人的身心健康做起，逐步推廣到家庭、企業、社會與環境的全面健康，繼而實踐以泰生爲指導理念的事業。

從關愛土地出發，元立集團不但發展泰生農業、療法、修養身心的各種產業，也打造生態住宅，透過自然、人文、藝術的努力，貫徹與落實「共生、分享、和諧」的理想。陳逢坤的祖父和父親，當年是從中國汕頭的澄海遠渡南洋，如今的陳逢坤，則準備回家鄉開闢蓮花山，發展結合果園、休閒的生態住宅，並已在山東種植了兩年的有機葡萄，泰生酒莊也在規畫中。

在陳逢坤規畫的集團未來藍圖中，立足中國的下一步，就是走向世界。最近幾年，陳逢坤和元立集團的管理階層經常到海外考察，除了掌握農場和高爾夫休閒度假產業的新動向，也爲走向世界做好準備。

陳逢坤最看好的地點，是近年來逐漸開放、位於中南半島、與中國西南接壤的緬甸，除此之外，他認爲日本、韓國、歐美也都極具潛能。陳逢坤很早就精心籌策「人才庫」，積極培養陳家莊子弟爲各種領域的人才，送他們到海外進修之外，也不斷延攬外面的專才。

早期陳家莊的發展階段，族人的生活模式都是「豬在哪裡，家就在那裡」；陳逢坤接任莊主，不斷開拓其他事業後，族人的生活模式也跟著變成「事業在哪裡，陳家莊就在那裡」。新加坡的陳家莊，已成爲陳氏族人永遠的精神故鄉。

古人常以「樹高千丈，葉落歸根」勸勉遊子，離開故土再久，最終還是要回歸故土。這句話雖然未必適用落地生根的現實，然而當中飲水思源的含義卻不能忽視：倘若沒有紮實的樹根，何來千丈的樹身？

陳逢坤和家人目前常住上海，上海儼然是陳家莊的海外總部，當然更是陳逢坤的第二故鄉。然而，陳逢坤永遠牢記祖父陳炎遺南來的艱苦、父親陳亞財創建陳家莊的辛勞，身爲陳家莊的第二代莊主，他更希望下一代也能體會成家立業的艱苦，傳承刻苦耐勞的精神。

回首來時路，祖父雖然一生坎坷，卻維持高尚人格，而父母親的諄諄善誘，始終是陳逢坤處世的榜樣和心靈動力。換個角度說，陳家莊這三代人的前塵往事，也正是一個多世紀以來，中華民族海外移民血淚歷史的縮影。

【第三部】

回首來時路

子承父志，共榮共存

陳家莊的歷史淵源，可以從陳炎遺遠渡重洋，落番尋找能解決一家老小溫飽的契機這段故事說起。這段異鄉歷難與發展的際遇，並非單純的案例，而是整個時代的縮影。離鄉背井的苦痛，是所有移民華人的共同命運和血淚，然而，正因有這一段苦難的經歷，無形中也激發出那一代華人不畏艱險、勇於挑戰的豪情壯志。

陳炎遺的一生，從二十七歲南渡新加坡，到四十七歲逝世，二十年裡經歷了戰爭、經濟大蕭條與天災人禍，但他刻苦耐勞的精神傳承給了陳家莊的每一份子，也爲子女樹立了好榜樣。

父親逝世後，一肩挑起重責的陳亞財，經歷數十年艱苦，始終妥善照料百口之家的生計，更讓農場事業初具規模。陳家莊能有今天，可以說全拜這位第一代莊主所賜。陳亞財從沒上過學讀過書，更別說學過正規的農藝了，然而，經過數十年的務實努力，他不但成爲養豬專家，種菜、飼養雞鴨等農事也都十分在行。

半個世紀以來，陳家莊的經濟命脈，始終是「養豬」這一行。從兩隻母豬養到四隻母豬和幾十隻小豬，陳亞財逐漸積累經驗，一邊吸收傳統方法，一邊發揮創意。從起先的「家在哪裡，豬就在那裡」、「有多少錢，做多少事」、「有多少人，養多少豬」，一直到「豬在哪裡，家就在那裡」，這些都是陳亞財這位大家長的經營理念。然而，相對於新加坡一九七〇年代的社會變遷，這些經營觀念卻顯得保守與落後，而且有其必然的局限。

陳亞財的么子陳逢坤自台大畜牧系學成歸國，於一九八〇年接手成爲陳家莊第二代接班人。他配合新加坡發展大農場的政策，逐步擴展養豬事業，使陳家莊成爲新加坡的「養豬大王」。然而，隨著工業化和都市化，新加坡政府突然宣佈淘汰養豬業，這一記晴天霹靂讓陳家陷入恐慌，所幸陳逢坤帶領一眾家人，開始家族企業的改造與轉型，先是開發超級市場，接著又將事業發展到中國大陸。

多年以後，這個小兒子終於實現了「企業多元化」的這一願景。

第八章

陳炎遺開啓陳氏傳奇

經·營·啟·示·摘·記

- 改變要有堅定的意志
- 先人爲後世最佳的榜樣
- 家族精神是最好的傳承

談起陳家莊的百年基業，就不能不提陳逢坤的祖父陳炎遺。他是中國汕頭市澄海區陳厝洲人，一個世紀以前，因為家鄉貧苦外加天災人禍，隨著移民浪潮遠渡重洋來到新加坡，站穩腳步後再接來妻兒，是陳家莊這棵大樹的播種者、陳家莊傳奇的源頭。他的南洋篇章是在無奈與困頓中開始，在淒涼和哀傷中落幕，短短四十七年的生命，卻激發後代子孫一股奮勇前進的戰鬥精神，奠下陳家莊的百年基業。

潮汕這兩個字都帶有三點水，從字形就可以看出，潮汕人與海洋有種「天生」的關係；事實上，海洋也的確是潮汕人賴以生存的資源所在。無巧不成書，地處潮汕腹地的澄海，兩個字的部首也都從水，同樣與海洋有著不解之緣。

澄海是廣東省著名的僑鄉之一，很久以前，在中國近代史上最艱苦又黑暗的時期，澄海樟林港一批又一批在家鄉無以維生、走投無路的老百姓，只能選擇「投奔怒海走他鄉」。這當然是極其無奈的選擇，航向未知，絕望中懷抱一絲希望。

早在清朝康乾年間，樟林港就已經是廣東的海運和移民的重要口岸；原屬澄海的汕頭港，後來也有一段很長時期，成爲全中國最大的移民口岸。眞要追溯潮人的移民史，其實遠從唐宋時期就已經開始，但文獻上較具體的大批移民記載，是明朝萬曆元年（一五七三年）的事。當時，澄海南灣村人林道乾的海上武裝力量被明朝官兵擊敗，只好率眾逃到柬埔寨；不久之後他又潛回潮州，但幾經周折，還是率領兩千多人到暹羅（泰國）定居。今日居住海外的澄海人，以泰國人數最多，就是從那時候開始的。

雖然明朝海禁森嚴，各地的商民還是冒險從澄海的各處港口偷偷出海。到了清朝康熙二十三年（一六八四年），清廷才總算允許沿海商民出洋貿易，一七二二年時，官方甚至還從暹羅進口大米。此後，澄海與暹羅因米結緣，貿易關係越來越密切，各地富商紛紛製造「紅頭船」以利運輸。當年紅頭船雲集的樟林港，除了作爲商港，也成爲鄰近省縣市向海外移民的主要口岸。

根據資料描述，澄海的紅頭船是一種高桅的大型木帆船，船頭不但都漆成紅色，還繪上一雙圓圓的大眼睛，遠看就像一條大魚，有些船還會畫上雄鷹展翅高飛的圖樣。紅頭船堅固耐用，載重量大，抗風性能超群，是當年潮汕商人長途販運、對外貿易的重要工具。

已故中國散文名家秦牧就是澄海人，小時候（一九三〇年代）也曾旅居新加坡長達十年，還在端蒙小學讀過書。一九八五年與名作家蕭乾、姚雪垠受邀訪問新加坡期間，他以老校友的身分到端蒙做客，參觀他記憶猶存的舊景點，包括新加坡河一帶。回國後，秦牧在一九八六年一篇題爲〈故里的紅頭船〉的文章中，這麼描述記憶中的紅頭船：

熙熙攘攘的新加坡河上，除了熱鬧的勞動場面以外，還有一個奇特的景觀，吸引了我這個異邦少年的注意。那就是有一種船，船頭漆成紅色，並且書上兩顆圓圓的大眼睛。木船本來就有點像浮出水面的魚，書上這麼一對眼睛，魚的形象，就更加突出了。聽長輩們說，這叫做「紅頭船」。當昔年海上沒有輪船或者輪船是很少的時候，粵東的居民，就是乘坐這種紅頭船出洋，來到新加坡和東南亞各國的。三〇年代的紅頭船，倒不一定仍然經常來往於祖國和新加坡之間，那大抵是當地居民「仿古法制」，藉以紀念先人，也用來駁運東西的一種產物。

早在十九世紀中葉，蒸氣輪船便已取代了紅頭船，因此，秦牧的成年生活年代，紅頭船已走進歷史的長廊。即便如此，紅頭船的記載和事蹟，今日依然是澄海人漂泊海外的重要標誌。

秦牧是在一九九二年逝世的，享年七十三歲。雖然早在少年時代就跟隨生意失敗的父親返回故里，之後幾十年間個人命運更隨著時代大潮起起落落，然而他還是念念不忘童年時代的「過番」記憶。秦牧著作等身，眾多作品當中便有不少是以南洋記憶爲主題。月是故鄉圓，但生活過的異鄉同樣讓人難以忘懷。

提起澄海人的出海故事，遠的不說，就說一九二〇年代開始，便有一批又一批澄海人拜別父母或離妻別兒，隻身追隨十九世紀祖先的腳步，遠走南洋謀生。當中的許多人，也同老祖宗林道乾那樣，選擇到泰國去開創新人生。

當時在澄海鄉里流傳不少關於「過番」的民謠，歌詞道出苦力（勞工）離鄉背井的辛酸和生活的艱苦，其中《心慌慌》更是家喻戶曉的一首。歌詞的悲涼溢於言表：

心慌慌，意茫茫，去到汕頭客頭行
客頭看見入來坐，問聲人客欲順風
一直去到石叻坡，百事無
海水相阻隔，害得唐山我妻來拍評（安排）

許多移民的後代，小時候就聽過潮汕籍外婆哼唱這樣的地方歌謠：「天上一隻鵝，阿弟有某阿兄無，阿弟生兒叫大伯，大伯曉理（難為情）無奈何，扛包裹、過暹羅。」從俚俗的歌詞中，就可以看出澄海人的「出海熱」；就連討不到老婆的人，也會乾脆遠走他鄉。

歌謠畢竟是歌謠，難免誇張。現實中，澄海人之所以不得不離鄉背井，主要還是逃難和經濟這兩大原因。一九一三年時，陳家莊第一代移民陳炎遺老先生南遷新加坡，就是兼具「避難」和「謀生」的典型。

一九八〇年代初，新加坡電視台製作了一套以早期移民為背景、由本土演員主演的寫實連續劇《霧鎖南洋》，引起了很大的注意。這是第一部引進大陸的新加坡連續劇，連中國大陸的許多觀眾，都對這套電視劇留下深刻印象。劇中的主題曲，更是膾炙人口：

人世間曾有多少離合悲歡，生命中曾有幾許無奈滄桑；
霧起在南方霧落在南方，朝陽可曾藏心坎？
過去的記憶你是否已經遺忘，祖先的流離可曾使你惆悵？
霧起在南方霧落在南方，重重迷霧鎖南洋。
望遠方天水茫茫，濃霧中何處是家鄉？
向遠方沖過險灘，濃霧散見我新家鄉。
過去的記憶世代不可遺忘，祖先的流離使我生命更堅強；
霧起在南方霧落在南方，重重迷霧鎖南洋。

主題曲雖然生動地描述了移民的悲歌，畢竟無法概括每一位移民的經歷。移民的

共同點的確很多，也都與時代變遷緊密結合，但性格、際遇的差異也不小。

以陳炎遺的故事爲例，雖然人生的南洋篇章是在無奈與困頓中開始，在淒涼和哀傷中落幕，但短短四十七年的生命旅程，卻激發後代子孫一股奮勇前進的戰鬥精神，奠下陳家莊的百年基業。

民不聊生，被迫離鄉

根據現存的陳家族譜，五代同堂的「陳家莊」華人家族，第一世遠祖可以追溯到生於十四世紀（中國元朝年間）的陳建陽。當時的陳家還居住在福建省興州府蒲田縣，一直到大約六百年前，其中一位祖先才搬遷到廣東省澄海區蓮下鎮的陳厝洲定居。

一八八六年，也就是清光緒十二年，中國近代史上最悲涼的時期之一，陳炎遺誕生在陳厝洲這個小農村。陳厝洲山多田少，土地貧瘠，只住了陳、杜兩個姓氏的人家，全村人口不到一千人，經濟條件不好，村民大多務農，只能勉強糊口。

陳炎遺出生的年代，正遭逢西方列強對中國大陸擴大經濟侵略的狂潮，東南沿海各省情況尤其嚴峻。廣東汕頭一帶首當其衝，尤其是綿紗全賴外國輸入以後，位居內陸的陳厝洲，甚至出現無紗可紡的窘境，部分村民賴以維持基本生活的手段也橫遭剝奪。

西方列強還通過銀行貸款給清廷政府，以之操縱中國經濟，霸占包括礦產在內的各種資源，數以千計的洋人商行，也拚命向中國輸出過剩的商業物資，導致毫無抵抗能力的農村經濟紛紛破產，農民連三餐溫飽都成問題，生活陷入水深火熱的境地。農村生產嚴重衰退，人口銳減，土地荒蕪，只能以民不聊生來形容。

陳炎遺的長子、陳逢坤的父親陳亞財，就在民國誕生的前一年（一九一〇年）出世，這一年穀物歉收、米價飆漲，農民餓死時有所聞，村民的貧苦可想而知。陳炎遺不但把長子取名亞財，就連後來的兩個男孩，名字中也都帶個財字（財來和財有），酸苦心態表露無遺。

當時，整個中國的經濟命脈幾乎都被帝國主義列強壟斷，加上軍閥割據、內戰頻仍，本就奄奄一息的農村經濟，更是雪上加霜。陳炎遺眼看孩子從小食不飽腹、衣不暖身，因營養不良而體弱多病，深感不能再坐以待斃，應該想辦法出外謀生。

早在陳炎遺誕生之前，潮汕人家就已經有遠渡重洋的傳統，儘管投奔怒海、飄泊遠方危機重重又吉凶難卜，悲慘故事經常上演，但與其在家鄉活活餓死，「落番」畢竟仍有一線生機，而且孩子日漸成長，身爲一家之主的陳炎遺，總得尋找起碼能解決基本溫飽要求之處，爲一家老小創建新生活。這股生存的意志和尊嚴，就像綁在陳炎遺身上的一根繩索，日夜催促他積極尋找到海外求發展的機會。不久後，機會終於來敲門了。

二十世紀初期，汽車業蓬勃發展，需要大量的橡膠以製造輪胎，橡膠的各種新用途也不斷被開發出來，無形中刺激膠價上漲，盛產橡膠的東南亞地區膠園跟著急速擴張。橡膠種植是勞工密集的產業，舉凡栽種、插苗、灌溉、施肥、收割、工廠加工等等，都需要大量的勞動人口。

當時南洋一帶的石叻（馬來語 selat 的音譯），也就是現在的新加坡，還是大英帝國的殖民地。殖民地政府爲了提高勞動力的供給，除了策動中國華南地區的移民，另一方面，也注意到當地苦力遭受虐待、慘無人道的事實，設法保護，間接鼓勵了自由移民的大規模渡海南來。

一九一三年，橡膠業和錫礦業高燒不退，從許多印度勞工也往南洋發展的事實，明顯看得出當時的勞動力需求有多迫切。陳炎遺從親友那裡聽說這個消息之後，便立刻決定出洋。陳炎遺隨著這股移民大潮從汕頭港登上輪船，航向前途未卜的未來，那一年，他剛好二十七歲。

表面上看似當機立斷下南洋的陳炎遺，其實內心也經過一番掙扎。然而，爲了解決生計，也爲了不讓家人擔心，他不得不在妻兒老小面前裝出一副很堅強、信心十足的樣子，內心卻一點都沒有底。他忍著悲痛，暫時拋下妻兒，拜別了年邁的父親，有如「汪洋中的一條船」，駛向陌生的彼岸，前方是荊棘還是坦途絲毫沒有把握。

從汕頭一路乘船到新加坡，是一段不算漫長、卻充滿顚簸的海上航程。陳炎遺乘坐的是最便宜的三等艙，也就是船身陷入水裡、不見天日的底艙。但他經常必須苦忍毒辣太陽的酷熱，因爲在擁擠如難民營的情況下，人人打地鋪的大艙空氣非常汙濁，他不得不跑到甲板上透氣。

經過幾天幾夜的航行，輪船終於靠岸了，但是登陸點並非新加坡本島，而是石叻外海的一個小島——棋樟山。這是英國人萊佛士於一八一九年登陸新加坡的灘頭堡，後來更成爲英國在東南亞的根據地，招攬各國駛經新加坡海峽的商船，港區五色旗影飄揚，向往來的船隻發出信號，華人先是說成「旗章」，後來才改寫成「棋樟」。

一九〇三年，英國殖民地政府就在棋樟山設立船舶檢疫站，對即將進入新加坡的馬來人、印度人、中國華人實行流行性傳染病的檢疫。檢疫站屋小人多，食物惡劣，加上語言不通，新來的移民無不叫苦連天。陳炎遺便在棋樟山島上受困了好幾天，吃盡苦頭才總算得以從紅燈碼頭登陸本島。

根據一份文獻的記載，當時棋樟山島上的醫官，曾要求男女移民一律赤身露體接受檢疫，人性尊嚴遭遇無情踐踏，一些不堪受辱的華人婦女，甚至在悲憤交集下跳海自殺。早年華人移民遭受的非人待遇，由此可見一斑。

省吃儉用，潔身自愛

終於落足新加坡後，在早到親友的介紹下，陳炎遺很快就在芽籠地區的一個地主家中找到一份種菜的差事。當時的芽籠是低窪之地，滿佈水塘，四處全是沼澤和叢林，瀰漫瘴癘之氣，在這種惡劣的自然條件下工作，自然非常辛苦。

工作辛勞、環境欠佳全都難不倒農家出身、從小刻苦耐勞的陳炎遺。憑藉堅強意志和奮鬥到底的精神，陳炎遺很快就獲得「頭家」的賞識和信任，交付他更多的任務；這樣一來，陳炎遺的收入增加了，省吃儉用之下，每個月都能留下一兩塊錢郵寄回鄉，讓家人三餐有個基本的保證。

省吃儉用的力量可大了。當時新加坡的社會還盛行一股「嫖賭飲吹」的壞風氣，早在十九世紀，抽鴉片的惡習就由中國移民傳到本地，賭博更是華人之間常有的嗜好，由於移民者大多是單身漢，或者妻兒老小都在家鄉，生活無聊下更容易感染惡習。潔身自好、勤儉度日的陳炎遺，可說是少數中的少數。

說到抽鴉片，一九一二年以前的殖民地政府實行鴉片承包制，儘管鴉片流毒深重、禍害無窮，摧毀無數人的肉體和靈魂，但殖民主義者爲了巨大的財政收入，根本無視鴉片毒害民眾身心健康的事實。

華人不但愛抽鴉片、熱中賭博，而且賭博花樣五花八門，除了號稱「國粹」的麻將，還有花會、十二支、牌九、白鴿票等等，花樣不一而足。簽注花會、沉迷十二支的賭徒，還包括許多婦女，有些女性在輸光身家之後，先是典當首飾，後來更淪爲娼妓，因賭債纏身而上吊自盡的也不在少數。殖民地政府雖曾在一九一二年底通過法律，禁止賭博，但實際上收效甚微，意志薄弱、沉溺賭海者仍大有人在。

社會風氣的形成，自有因果。前來新加坡拓荒開墾的農民和工人階級，個個經歷千辛萬苦，忍受生活的煎熬，以勞力換取微薄的收入，過著相對窮困的生活，內心苦悶本就難以排遣，更由於家人不在身邊，缺乏家庭的溫暖和慰藉，精神極度空虛下，自然容易感染壞風氣，身陷煙山賭海之中，有的甚至落魄到淪爲乞丐，下場非常淒涼。

相反的，目睹種種社會壞現象的陳炎遺，更加堅定自我警惕之心。他看到同來的一些鄉親，有的不惜賣掉老家的田產，有的只能舉債籌措盤纏，才有辦法離鄉背井南來，目的無非希望到南洋謀求生路，沒想到一時糊塗、行差踏錯，沾染上不能自拔的惡習，最終不但前功盡棄，還陷入萬劫不復的絕境，衣錦還鄉之夢破碎不說，往往連故鄉親人也遭受池魚之殃。

一九一四年，也就是陳炎遺抵達新加坡後的第二年，第一次世界大戰爆發了。戰爭期間，英屬殖民地政府不願戰略物資落入敵手，於是下令管制物資，不准自由流通，無形中打擊了新加坡的自由貿易經濟，土產因此滯銷，金融業拮据、商業蕭條、工廠裁員，外在環境又戰況緊急，海上交通因被封鎖而幾近癱瘓，以致糧食和衣物用品短缺，造成物價飛漲，收入銳減的農民和工人階層苦不堪言。陳炎遺儘管省吃儉用，也只能靠微薄的收入勉強維持生計。

一九一四年八月，英屬殖民地政府決定實施移民限制令，一時之間，汕頭和新加坡兩地的來往人潮驟減十之八九，陳炎遺和家人的通訊暫告中斷。戰爭期間，故鄉的情況想必更加淒涼，陳炎遺也只能每天盼望來自故鄉的消息，儘管心情非常焦慮，卻也無可奈何。

兩度回鄉，一悲一喜

一九一五年，殖民地政府終於解除移民禁令，但陳炎遺接到的第一個來自故鄉的音信，卻是年邁父親病逝的壞消息，讓他感到晴天霹靂、難以接受，恨不得插上翅膀，立刻飛回故鄉為父親料理後事。在鄉親的苦苦相勸和開導下，陳炎遺好不容易才接受人死不能復生的現實，何況戰爭幾時結束無人知曉，自己又無分文積蓄，旅費都沒著落了，哪來錢財為父親舉喪？只好含悲忍苦，按捺滿腔哀傷悲痛，祈禱戰爭趕快結束，好讓他能賺到足夠費用，回鄉一盡人子之道。

好不容易熬到一九一八年，第一次世界大戰終於結束後，新加坡經濟逐漸復甦，暫見繁榮。陳炎遺更加勤奮工作，直到籌集了兩百元，才向雇主辭別，回到睽別五年的家鄉。在陳炎遺離開後的這幾年裡，陳厝洲經歷天災的侵襲、人禍（戰爭）的洗禮，景況益發殘破凋零，村裡只剩老弱婦孺，在死病和饑餓的邊緣掙扎。陳炎遺含淚安葬了父親，再安頓好家裡的事務，才又動身回到新加坡，繼續他的奮鬥歲月。

一九二一到二三年間，新加坡的橡膠與錫礦都生產過剩，導致價格猛跌，嚴重打擊經濟發展，工商業掀起失業浪潮，社會動盪不安，陳炎遺的生計再次受到影響。他深深感覺到，自己的命運隨著社會動盪起伏，又只能任由地主擺佈，完全沒有自主權，終非長久之計，於是打算自立門戶，開拓前程。

深知他有多勤奮的地主，當然不願讓他離開，立刻表明願意加薪，但是心意已決的陳炎遺不爲所動。剛好就在這個時候，家鄉陳厝洲發生嚴重的風災，陳炎遺便以「災情慘重，顧慮家人安危」爲理由，向東家辭行，再回唐山。

風災過後的家鄉，只見屋毀樹倒、橋梁坍塌、滿目瘡痍，陳炎遺十分傷感，也更加堅定決心，把祖屋和只有三分大的田產託付堂嫂，便帶著妻小搭輪船到新加坡。那一年是一九二三，陳炎遺的長子陳亞財年僅十三歲，次子財來只有六個月大，還在襁褓之中。

陳炎遺上一回漂洋過海，正所謂「身在曹營心在漢」，心裡時時惦記著家人，這一次雖然帶著妻兒，卻有另一番惆悵——這回辭別故里，也不知道何年何月才能回來，前面的路該怎麼走心裡既沒個底，也不敢想太多；反正在大時代的洪流中，很多時候個人的命運根本就無法掌控在自己手中。儘管如此，他還是抱著「努力奮鬥，就能拚出一片天」的心態，祈願能給家人過上較好的日子。

陳炎遺的際遇，並非單純的案例，而是整個時代的縮影。離鄉背井的苦痛，是所有移民華人的共同命運和血淚，然而，正因有這一段苦難的經歷，無形中也激發出那一代華人不畏艱險、勇於挑戰的豪情壯志，今日海外華人較多的地區，無不成爲創造東亞經濟奇蹟的主體，原始的動力，也許就是源於那個時代的磨練吧。

回鄉娶媳婦，悲喜交集

陳炎遺帶著妻子和兩個兒子，回到原先在新加坡的落腳地，芽籠三巷內的甘榜福順村。他不再爲人打工，而是租用了一塊三分地，自己動手開墾菜園，踏出自力更生的第一步。

芽籠地帶是低窪的沼澤區，地質屬於紅色粘土層，百多年來始終是製造鼓風爐、做磚瓦陶罐的工廠聚集之地，所以又有「風爐窯」的別名。這裡的土質肥沃，本來就適合栽種蔬菜，陳炎遺選擇栽種的芥蘭、潮州白菜、芫荽（香菜）和蔥等等，當時的市價都很不錯，因此陳家也有了穩定的收入。

挨過一九二二年的不景氣階段，進入一九二三年後，新加坡的經濟開始復甦，工商業日漸發達，各種勞工的需求也大幅增加，剛到南洋沒多久的少年陳亞財，爲了增加家庭的收入，便到工廠當起製瓦工人，每個月賺取七元工資。如今聽來似乎很少，但當年每擔米才賣十元，陳亞財的工資算是不錯了。除此之外，他還賣過除草劑、幹過碼頭工人，年紀輕輕便熟悉新加坡的社會民情。

到了一九二六年，新加坡的錫、膠價格雙雙高漲，貿易額更是扶搖直上。景氣良好、社會各階層欣欣向榮，陳炎遺也有了一點積蓄，眼看長子亞財已長成青年，想起當年爲了親上加親，曾經幫陳亞財和表姊朱如貂指腹爲婚，如今家鄉情況一年不如一年，就和妻子商量，不如盡快幫長子完婚，了卻一樁心事。

夫妻倆取得共識之後，便在一九二七年動身，帶著兩個兒子返鄉。四年不見的陳厝洲，更加破敗不說，還慘遭瘟疫侵襲，整個村子都沉浸在愁雲慘霧中。陳炎遺一回家便聽說，妻子的二姊，也就是朱如貂的母親，家裡發生重大變故；先是朱如貂的弟弟從外鄉感染瘟疫回來，由於缺乏衛生常識，不幸傳染給其他三個兄弟，結果四個男丁都因瘟疫而去世。老天似乎專和貧困人家過不去，朱家四兄弟半是艱苦、半是僥倖地避過苦旱、戰火和風災，最後卻逃不過瘟疫的魔掌。

雖然與陳家的聯姻是個理應遵守的盟約，但朱如貂的母親一下子遭遇痛失四子的人生哀痛，說什麼也捨不得讓女兒離開身邊，遠嫁南洋番地。陳炎遺夫婦苦苦央求，朱媽媽雖然沒有打消嫁女的意願，卻不肯與女兒遠隔重洋；陳炎遺夫婦也只好遵從她的意思，暫時讓媳婦留在家鄉。

生逢亂世，連婚姻這等終身大事也只能一切從簡，陳炎遺拿出僅有的積蓄，找廚師象徵性地辦了幾桌酒席，邀請一些親友，爲陳亞財和朱如貂辦了一場簡簡單單的婚禮。婚後，陳亞財仍然跟隨父母親回新加坡，朱如貂則留在家鄉，陪伴還沒走出痛失愛兒陰影的母親。

小倆口結婚後的第二年，有一天朱媽媽把朱如貂叫到身邊，拉著女兒的手說：「女兒啊，雖然娘很捨不得妳離開，但是妳也該到新加坡與丈夫和公婆團聚了。」朱如貂本就不願丟下母親，雖然不知道新加坡到底有多遠、回鄉有多困難，光是瞥見母親說完話便別過臉去，眼角淌著淚花，她也感染了別離的淒苦與心酸，母女倆相擁而泣，誰也沒有再多說一句話，刻骨銘心的傷感，一切盡在不言中。

第二天一大早，母親就準備了女兒平日愛吃的小菜，朱如貂用餐過後，依依不捨地向母親拜別，只帶著兩件簡單的衣物，由她的大哥陪同，從汕頭港登上輪船，前往新加坡與夫婿亞財、二叔和公婆一家團聚。離開家門的那一刻，朱如貂想也沒想到，從此以後再也見不到親娘了。

巧婦朱如貂，大小事一肩挑

告別家鄉，來到陌生的新加坡，住進家翁和丈夫菜園所在的芽籠，生性勤勞的朱如貂，初來乍到便一肩挑起爲人媳婦和妻子的雙重角色，家裡大小事務一肩挑。每天一大早，天色都還朦朦朧朧，她就起身挑水澆菜，幫先生和翁婆打洗臉水，再洗衣、燒飯、做菜、種菜。丈夫陳亞財的兩個弟弟，五歲的財來和三歲的財有，年紀都還很小，也需要朱如貂這個大嫂協助照料。

由於在鄉下勞動慣了，朱如貂勤儉持家，恪守中國傳統婦女的角色，這一切全都看在翁婆眼裡。有了朱如貂這名賢內助兼好幫手，陳炎遺父子總算可以沒有後顧之憂，全力爲一家大小的生計拚搏。

來到新加坡的第一年，也就是婚後第二年（一九二八年），朱如貂便和陳亞財生下大女兒陳嬋鳳。在那個社會物資匱乏、家庭又一窮二白的艱苦年代，不容易請到接生婆，朱如貂單憑對生育粗淺的認識和無比的勇氣，便自己動手接生胎兒。有了這次的經驗，往後的二十五年當中，朱如貂不但陸續爲陳亞財生了十男兩女，而且每個孩子都自己處理分娩，這在今天看來，的確很不可思議，但也很了不起。

一九二九年，不但陳亞財夫婦喜獲麟兒，有了大兒子陳逢揚，陳家還雙喜臨門——陳炎遺的小女兒陳素娥（陳亞財之妹）也在這一年誕生。這段時期裡，菜園的收成穩定，陳炎遺一家總算有了一點經濟基礎，感受得到幾許安穩。

飽餐過後，撒手人寰

所謂「人算不如天算」，正當生活逐漸安定與好轉，弄人的命運卻對這家人毫不鬆手，從一九二九到一九三四年，全球又籠罩在經濟不景氣的陰影下，新加坡也無法倖免，工廠與商店紛紛倒閉，市況蕭條，失業問題嚴重，人心惶惶。

陳炎遺一家的生活，也因此再次陷入困境，而常年與惡劣環境拚搏、感染瘴癘之氣已久的陳炎遺，更在這個百業蕭條的時候病倒了，雙腳嚴重潰爛、耳朵生瘡，經過一段時間的療養，外在症狀雖有好轉，卻引發更嚴重的內病。硬撐到一九三三年，就因爲肺癆而被送進了中央醫院。

在醫院住了幾天，情況似乎穩定下來，至少沒有顯著的惡化。一天傍晚，陳亞財在病房服侍父親時，巡視病房的護士正巧走進來探問陳炎遺，順口問說：「晚飯吃過了嗎？」陳炎遺馬上說：「要，要，我肚子餓了。」誰知道，陳炎遺才剛吃完飯、擦過嘴巴，就忽然俯倒在地，沒了呼吸。

陳炎遺過世時才四十七歲，這位正當壯年的漢子，沒來得及等到經濟的復甦，幾乎沒過過一天像樣的日子，就這樣突然地結束了困頓勞苦、顛沛流離的一生，活在世上的最後一句話，竟然只是溫飽的基本要求，後人聽來，無不感到無限辛酸。

綜觀陳炎遺的一生，打從二十七歲南渡新加坡，到四十七歲逝世，二十年裡經歷了戰爭、經濟大蕭條與天災人禍，但他刻苦耐勞，奮力抵擋「嫖賭飲吹」社會惡習的誘惑，省吃儉用開創家園。他的嚴以律己，爲子女樹立了好榜樣；他的奮鬥不懈精神，也傳承給了陳家莊的每一分子。

第九章

「開莊莊主」陳亞財

經·營·啟·示·摘·記

- 改變家族「體質」是適應變遷的關鍵
- 「公平」是家族企業的一大考驗
- 照顧小家，惠及大家

陳炎遺正值壯年便在貧困中去世，卻不能說他「壯志未酬」，因為他一生最大的希望，只是讓一家大小過上比較像樣的日子，然而，即便這樣微小的願望也無法實現。相反的，在父親逝世後一肩挑起重責的陳亞財，即使接下來的數十年備嘗艱苦，還經歷戰爭的折磨，卻始終妥善照料百口之家的生計，更讓農場事業初具規模。陳家莊能有今天，可以說全拜這位第一代莊主所賜。

陳炎遺去世時，長子陳亞財忍著淚水替父親辦理喪事，但父親既沒有留下什麼遺產，經濟又正逢不景氣，年少的陳亞財怎麼辦呢？他只好向親友告貸；然而，當時親友們也都很窮，沒多少人有隔日糧，願意施以援手的更是鳳毛麟角。陳亞財到處碰壁，還得聽人冷言冷語——子女那麼多，乾脆「賣兒葬父」不就得了？

人情冷暖，學到感恩和施恩

所謂遠親不如近鄰，正當走投無路的時候，鄰居們反而發揮守望相助的精神，各自拿出家裡的一、兩塊錢，積少成多，湊成了八十塊錢，讓陳亞財最起碼能解決父親的安葬事宜。

這幾位鄰居當中，出力最多的是謝阿倫，一個人就資助了三十元，解決了一大半問題。這次的人生經驗，不但讓陳亞財體會到人情的冷暖，也學會感恩和施恩，往後只要遇見有困難的人，都不忘伸手幫助。

舉例來說，當陳亞財創建的農場在小兒子陳逢坤等第二代的經營下，已經成爲數一數二的大農場之後，一九八六年，他終於在離鄉背井半個多世紀後，第一次返回故鄉陳厝洲，眼見同鄉生活依然大多貧苦，便出錢出力改善村民的生活，還承諾捐建一所小學。這所「財發學校」在一九九一年落成，讓陳厝洲有志向學的孩子都能就近上學。

陳亞財的出錢方式很直接，也可以說很農民——他一個人站在田埂上，手拿一袋人民幣現鈔，一面向來往的鄉親打招呼，一面送錢，甚至是不認識的過路行人，他也照給不誤。在當地人的習俗裡，這只是一個農民純樸而實惠的行善，並非炫耀錢財。

陳厝洲村目前的支部書記陳茂奎說，陳厝洲的意思就是「陳厝的洲園」，原名本厝洲，現在的長住人口約兩千人，十之有九都姓陳，移民海外的人很多，然而這麼多年來，像陳亞財那樣回鄉祭祖和建校的，除他之外沒有第二人。

話說陳炎遺過世的第二年，也就是一九三四年，全球性的經濟蕭條終於過去，陳亞財放下喪父之痛，與夫人朱如貂努力奮鬥，撐起大家庭的生計，既養育自己的兒女，也沒忘了照顧兩個弟弟的家人。

中國人的傳統，向來都是「長兄如父」，因此陳亞財自覺責無旁貸，毅然挑起家長的責任，也從父親的身上學到，面對人生的挫折和打擊時，不但不能退縮，反而必須迎難而上，才是「當家」應該做的事情。接下來的四十多年裡，陳亞財都如此身體力行，擔起大家長的職責。

彷彿上天就是要考驗陳亞財有多不畏艱險似的，景氣才剛復甦，新的生活難關很快又出現了。

一九三七年，殖民地政府有鑑於陳家莊所在的芽籠地區，長期以來挖土燒窯，形成一個又一個大土坑，每逢下雨便積水成患，蚊蠅孳生，環境衛生問題嚴重，於是下令附近居民遷往他處，以便塡土整治，改善居住條件。

種瓜得瓜，種豆得豆

儘管捨不得這片父親赤手空拳建立起來、生活多年的家園，但礙於殖民地政府的法令，陳亞財也只能領了區區數十元的賠償後，便無可奈何地告別這塊土地，帶著家人離開。

限於能力，他們只能搬到島國最東部的樟宜地區，以每月三元的代價，在地主許錫林的椰子林裡租了一塊地，重新開始。初來乍到，陳亞財只用木材和亞答樹葉搭建一所簡陋的亞答屋，接著就動手翻土修築田畦，種植蔬菜。

樟宜地區的土質含沙量高，石礫多，水分少，從前栽種的一些較細嫩的菜蔬品種不易生長，只好改種長豆、毛瓜、菜豆、茄子、角瓜等瓜豆類作物。

土地不夠肥沃，勉強種出來的瓜豆賣價也不高，孩子又一個個增加，陳亞財爲了一天多賺七毛工錢貼補家用，務農之餘還得爲地主挑肥擔沙，幫忙築田種菜。

朱如貂更不可能閒著，除了在家養雞養鴨、種菜澆水和照顧孩子，還得擠出一點時間，到賣飲料的商鋪收集煉乳的空罐子，剪成V字形的鐵片好賣給橡膠園，當作收集橡膠汁液的工具，換取微薄的酬勞。

捉襟見肘的貧困現實，也迫使家裡的孩子從小就必須幫忙家務事，尤其是陳亞財的長女，才十歲大就已經像個小當家，學會洗衣燒飯，踮著腳在爐灶前煮飯給全家十餘口吃。弟妹有的到菜園拔草、澆水，有的撿雞蛋，或者剝椰子樹的葉脈做掃帚，一斤賣個兩角錢。

爲了趕早市賣個好價格，每天清晨天還未亮，陳亞財就得起身採收蔬菜，捆好了放在腳踏車上，載到市區的大坡市場去賣。後來，市場上人面熟了，才由孩子跟著弟弟財來和財有，用三輪車送到市場。

陳逢坤的二哥，現年八十歲的陳逢千，回憶這一幕時說：「我們都赤著雙腳，踩在滿是碎石子的路面，推著三輪車走上兩、三公里路，一段日子下來，個個腳底都磨出一層厚繭。」辛苦可見一斑。

瓜類生長時，每天都得用細繩固定瓜籐，讓它順著攀爬到瓜架上，所以才有「順藤摸瓜」這句成語。初長的瓜最怕引來小鳥啄食，孩子們就必須在瓜棚綁上一個個牛奶罐，當成驅嚇小鳥的鈴鐺。只不過，往往是鳥兒沒來啄食，甜瓜倒祭了孩子們的五臟廟。

剛開始時，爲了改善土壤，孩子會拔雜草、撿樹葉，燒了當堆肥，但效果並不怎麼理想；陳亞財便想到養豬，因爲豬糞是很好的肥料。於是，陳亞財就向鄰居買了幾頭小豬，就地取材，收集水池裡的萍菜，切碎以後熬煮當飼料，還騎腳踏車到村裡的民宅收集餿水，摻在一起加上一些小魚、蝦糠，混煮成「豬飯」來餵豬。

早期的鄉村居民都很純樸，常年向鄰里「收餿水熬豬飯」的豬農，每逢過年過節都會贈送一些米糧或雞蛋給居民，略表感激之情。相對於今時今日，那個年代的人情味比較濃厚。

樟宜靠近大海，退潮時分，孩子們就到海邊撿拾散落地上的樹枝、木柴，曬乾後便可以當作燒飯的柴火。家境既然清苦，日用品也只好因陋就簡，用不起電燈，夜裡就只有一盞昏暗的土油燈，或用那種需要「打氣」的煤氣燈；陳媽媽朱如貂，就在昏暗微弱的燈光下，爲先生和兒女們做些縫縫補補的針線活。

陳家的亞答屋，很快就千瘡百孔，到處是補丁，門牆縫隙處處，下雨後木板縮水，門、窗和牆面上的縫隙加大，經常滲水，風也「漏」進屋內。爲了遮風擋雨，陳亞財經常忙著釘上小木條或糊上花紙，才能保護一家大小不受風雨侵襲。

當時家裡已有五、六個小孩，屋小人多，睡覺時只能擠在同一張床上。朱如貂怕孩子們睡覺時會踢掉被單而著涼，就在每個小孩腰間綁上一些碎布塊當棉被。一家人就這樣克勤克儉地過日子，也憧憬生活的遠景。

戰禍突起，日軍來襲

然而，大時代的魔手始終沒放過那個年代的新加坡人，陳亞財一家也無法獨免於生活的嚴峻、命運的捉弄。一九三七年，日本軍國主義者對中國挑起了全面衝突的序幕，震驚中外的「盧溝橋七七事件」爆發了。

當時的新加坡華人，不是這一代才剛由中國南來，就是上一、兩代人是移民，對於日本的侵略自然同仇敵愾，紛紛發起捐款運動，為中國傷兵籌款賑災。就連在恭錫街討生活的風塵女子，也響應賣花籌款的活動，為抗日運動寫下感人的一頁。

表面上華人社會熱血沸騰，私底下卻人心惶惶，加上親共人士的鼓動，不時出現一些遊行與罷工，可說暗潮洶湧、動盪不安，讓陳亞財憂心忡忡，擔心戰爭的腳步逐漸逼近，硝煙很快就要再起。

他的擔憂，很快就成了事實。

一九四一年十二月十二日凌晨三點二十五分，日軍偷襲美國的珍珠港，揭開太平洋戰爭的序幕。另一方面，山下奉文中將率領的南侵日軍，也在十二月八日，在空軍掩護下發動對馬來亞的攻擊。

這一天，日軍在馬來半島北部的哥打峇魯登陸，以迅雷不及掩耳之勢，兵分三路南下，守衛馬來半島的英國、澳大利亞和印度聯軍，在日軍猛攻下不堪一擊，節節敗退。勢如破竹的日軍於是一路南下，隔年一月三十日，就已經逼近半島最南端的柔佛州新山市，英軍倉皇撤出，退守新加坡並炸毀連接星、馬的長堤，以遏阻日軍繼續南下。

老一輩的新加坡人都忘不了，日軍空襲的那天凌晨，大坡與小坡（新加坡市區）成為轟炸的目標，滿目瘡痍，平民百姓死傷慘重。在這之後，很多人逃到郊外和山上避難，夜裡沒人膽敢點燈。

陳亞財一連幾天，目睹許多空襲下面目全非的屍體，也不敢再去大坡。陳家所在的樟宜海邊，英軍也在加緊設防，抬來許多拒馬沙包，建築防衛工事。當時的英國人，還曾經稱新加坡為「遠東地區不沉的戰艦」。

但是，一見到英軍的「樟宜佈防」，陳亞財卻深恐日軍從樟宜攻入，趕緊用腳踏車載運衣物用品，連夜帶家人逃難。一家大小一路步行，還不敢走大路，只敢抄小徑、穿越樹林和荒野，一直逃到蔥茅園山區避難。當時的朱如貂，甚且還懷著身孕。

他們在蔥茅園用茅草、沙包建了個簡陋的防空壕，一聽到空襲警報響起，一家大小就趕緊入內躲避。戰爭期間物資匱乏，無法耕作，家人有一餐沒一餐，吃下肚的不是稀飯就是木薯；每天聽著炮火聲和槍聲，生命的脆弱感油然而生。

戰火中，陳亞財的小女兒嬋蘭才剛出生，就得忍受饑餓的煎熬。身爲家長的陳亞財也很無奈，只能自己勒緊褲帶，盡量讓妻子和新生兒多吃一些。一家人每天躲在防空壕裡，聽著震耳欲聾的槍炮聲，在無助與驚恐之中，不知明日是何日地過一天算一天。

二月七日，日軍終於強渡柔佛海峽，從新加坡西北部的林厝港登陸，展開新加坡攻防戰。早在日軍南侵之前，居住在新加坡、以經商或工作掩飾身分的日本間諜就已經四處收集情報，讓登陸的日軍對新加坡瞭若指掌，很快就兵分三路向市區推進。

駐防的英國軍隊雖然有強大的軍備，然而新加坡畢竟只是大英帝國的殖民地之一，士兵無心戀戰，很快就敗下陣來。倒是爲數只約三千的華僑星華義勇軍，雖然不是正規軍，武器和裝備也都有限又老舊，卻表現出大無畏的精神，奮勇抵抗，重創日軍，用鮮血寫下悲壯的一頁，也爲日軍占領後殘酷對待華人埋下伏筆。

僅僅花了一週，一九四二年二月十四日，西方的情人節，華人的春節前夕，往年熱鬧的鞭炮聲、大人小孩過節歡樂的笑聲，全被驚心動魄的槍炮聲所取代。陳家大小只能聽天由命，躲在防空壕中，饑腸轆轆地等待前途未卜的命運。

逃過大檢證，難逃大搜刮

一九四二年二月十五日，本是華人喜氣洋洋的大年初一，新加坡全境卻鴉雀無聲，空氣中有一股冷靜的肅殺氣氛，連震耳的炮火聲也沉寂了。原來新加坡殖民地政府已無條件投降，英軍總司令白思華在武吉知馬的福特車廠，向態度強硬囂張的日軍司令山下奉文簽署投降書，新加坡宣告淪陷，改名爲昭南島。

占領星、馬之後，爲了鞏固統治基礎，同時懲罰抗日分子，日軍首先採取肅清異己的「大檢證」行動，特別針對曾經資助中國抗日運動的華人僑領，以及支持抗日的知識份子，發出通知，強迫十八歲到八十歲的男性華人到幾個指定的檢證區內接受檢查。被傳召的人，還必須自備三天乾糧。

陳亞財三兄弟都屬於這個年齡層，只好乖乖到集中地接受日軍盤問。由於三人都是道地的農民，日軍又需要工農人士協助生產，兄弟三人總算逃過一劫，只在身上蓋了個「檢」字印記，作爲「過關」的證明。

「大檢證」的目的，是要肅清曾經參加南僑籌賑會的華人（陳嘉庚領導）、義勇軍、親共和親英分子，但執行者往往單憑個人喜惡，濫用職權，只聽漢奸的一面之詞，就判定受檢者的生死，許多無辜者因而斷送性命。陳亞財就親眼看過，不幸被檢舉的華人，被雙手反綁押上貨車，開往幾個地點集體屠殺，屍體草草就地掩埋。

僥倖逃出鬼門關後，三兄弟飛奔回家時，到了芽籠靠海的地方，正好目擊慘絕人寰的一幕：不知從哪個檢證區押送來的一群人，在海邊被趕下車，三五成群捆綁成串，士兵命令他們下跪後，便開槍集體射殺，還以刺刀亂刺，唯恐有人還沒斷氣。這令人不忍卒睹的場景，成爲三兄弟畢生難忘的心頭烙印。

在日軍的鐵蹄踐踏下，新加坡物資匱乏、民不聊生，但陳財來還是天天一大早就出門，到村子裡購買尿液，一甕一毛五分錢，作爲補充植物生長所需的胺基酸來源。

陳亞財的長子，原已上小學一年級的陳逢揚，這時也只好輟學在家，幫忙種菜養豬。

家裡人口越來越多，爲了增加收入，陳亞財除了想方設法改變土質，到外地挖了許多粘土回來調和菜園裡的泥土，讓蔬菜長得更好，另外也到芽籠三巷福順村找了另一塊地，讓兩個弟弟和次子陳逢千一起開墾菜園和養豬。這段時期，陳亞財經常騎著腳踏車在樟宜和芽籠之間來回奔波，照顧兩地的農務。

新加坡的米糧等食品，戰前都由泰國、緬甸、馬來半島和印尼等地輸入，但是日治時期對外貿易停頓，加上聯軍封鎖附近海域，致使糧食無法進口，造成新加坡社會嚴重缺糧。

其他日常用品，如糖、鹽、油、麵粉、魚肉、菜和豆類等等，也因來源中斷而缺市，日常用品也呈匱乏狀態，而且不論吃的用的，還得先供「皇軍」和官老爺享用，民間所剩無幾，市民只能忍饑挨餓，甚至有不少人活活餓死。

幸好陳亞財一家自己有菜園，還有部分物資可以勉強度日，但是看到社會上有人餓死，也不禁感嘆生逢亂世，人命竟然如此低賤。肩上的責任如此之重，他只能咬緊牙關，告訴自己萬萬不能倒下。

爲了暫時緩和缺糧問題，日軍實行了配給制，派人按戶調查，確定是「良民」後再發給安居證，實行糧物管制，同時推行「增產運動」。陳亞財的二弟財來，就被徵召去替日本人種菜；陳亞財家裡所種的菜，也一律得歸日軍管制收購，委任日本財團或華裔商號統籌管制配給，這些人往往官商勾結，囤積居奇，待價而沽，或偷偷運到黑市出售，牟取暴利。當時日軍所到之處無不黑市猖獗，通貨膨脹嚴重。

辛苦栽種的蔬菜必須交給日軍，換取遠低於市價的回報，而靠安居證領取的其他物資配給，尤其是米，卻越來越少，一九四二年的淪陷初期，每人每月還能以官價領取二十斤，當年十一月就減少到十七斤，一九四三年二月再減爲十四斤，後來更進一步減至只剩八斤，根本不夠基本溫飽所需。

淪陷初期，一般家庭都還能靠節衣縮食過活，隨著物價高漲，購買日常用品日益困難，三餐便難得一飽；大人尚可忍受，小孩可就淒慘了，常餓得哭爹喊娘。最令人難過的，當然是還在襁褓中的幼兒，個個難耐饑餓、日夜啼哭，因營養不良而面黃肌瘦。

由於不忍孩子受苦，有一次，陳亞財收割了家裡的蔬菜後，便不顧禁令偷偷拿到市場賣，只求能賣個合理的價錢，讓家人得到哪怕只是一天的溫飽，不料卻被日本員警逮個正著，狠狠修理一頓，胸口挨了幾記重拳，當場不支倒地。

陳亞財生性節儉，不肯尋醫檢查；就算肯，當時也沒錢診治。這次被毆打，日久竟然成爲痼疾，每逢季節轉變、陰晴不定、颳風下雨的日子，胸口就會隱隱作痛，甚至到了臨終時刻，這個多年前的「歷史傷痕」還一直糾纏著他，讓他回想起那夢魘般的一幕。

一九四五年八月，隨著聯軍在歐洲戰場上的勝利，以及日本本土遭受兩顆原子彈的轟炸，日本終於宣佈無條件投降。飽受日本鐵蹄統治三年六個月的新加坡人，也總算盼到和平的曙光。

工業化步步進逼，十三年後再搬遷

日據時期結束後，居民生活逐漸恢復常態，陳家莊的苦難也減緩了，並且有了比較穩定的發展空間。隨之而來的，是新加坡社會的整體發展調整，朝向都市化和工業化的方向邁進。但在當時，這個發展的步伐和速度都略嫌緩慢，要到一九六五年新加坡獨立後才更加迅速。

眼見社會發展不斷變化，陳亞財知道，必須想方設法改變陳家的「體質」，才能適應新形勢。

一九五二年，樟宜地帶一條河道淤泥堵塞，導致大片地區發生水患，陳家莊於是遷回芽籠三巷的甘榜福順村，那裡原來就有陳亞財租過的地段，兩個弟弟和次子也一直在那裡種菜養豬。搬遷之後，陳亞財就無須樟宜、芽籠來回跑。

當時的陳家莊已有老少二十多人，全家人同心協力，十年後，養豬的規模便已超過一千頭，成爲當地最大的養豬戶。說起來三言兩語，但陳家莊的發展過程，總是伴隨一些障礙和挑戰。

一九六五年，也就是新加坡脫離馬來西亞、被迫獨立的那一年，芽籠地區發生了一場大水，水淹達到一英尺之高，而政府又打算通過徵用土地的方式，把福順村一帶開發成輕工業區，陳家莊再度面臨被迫搬遷的窘境。

對於其他村民來說，搬遷或許只是「換個住的地方」，可是對人多豬更多的陳家莊而言，卻是重大的衝擊。陳家莊向來「豬在哪裡，家就在那裡」，找新地方蓋農場、遷移一千多頭豬是件複雜的大工程，要是「豬走人散」，家族便面臨分家的危機。

農場的搬遷，並非只是運輸上的頭痛事，牽涉層面很廣：早期養豬需要充足的水源，好給豬沖涼、清洗豬舍；菜園種菜、家裡洗衣做飯等等，也都得靠自挖的水池蓄收雨水來用。福順村沒有自來水，家裡的飲用水，都得走上半小時的路，到公共水龍頭排隊挑水回家。這回搬遷，同樣得找到一個「方便用水」的地方，否則一旦無法養豬，整個家族可能分崩離析。

陳亞財兄弟三人和子侄們雖然四處物色合適的地點，一時之間很難找到，新加坡建屋發展局又限令，短時間內必須搬遷，他們只好到管理農業的原產局尋求協助。當時的局長鄭東發（後來成爲新加坡首任駐華大使），於是具函向建屋發展局申請延期，陳家莊這才獲准延後兩個月搬遷。

到了限期的最後一天，陳亞財突然發現，農場、住宅四周都已經被建屋局新塡之土重重包圍，驚慌失措下，好不容易才在屋後發現一條小路。由於事態緊急、時間緊迫，只好硬著頭皮找來卡車連夜搬家，逃難似的搬到紅沙厘的靜山路。當時家裡人多物品也多，光是運載的卡車，就來回跑了一百來趟。

紅沙厘的這塊地有七英畝半，要價新幣十萬多元（折合新台幣約兩百二十萬），陳亞財只好賣掉一半福順村飼養的豬，加上領取政府補貼舊農場的錢，以及種植的絲柳、如意蘭（又稱紅葉）和四、五年來賺存的兩萬多元，才勉強湊足這筆錢。

但這筆錢也只夠買地，無法再供陳家莊開發新農場。建設費、每天的大量飼料費，都得抵押農場，才能從銀行借到現金周轉，再通過「邊養邊賣」來償還現金。經過很長一段時間的掙扎，才總算慢慢解決經濟問題。

家境穩定之後，又過了一年多，養豬的生意就賺不到什麼錢了，陳亞財兄弟不禁擔憂將來的生計問題。他的三弟陳財有認爲，從豬仔誕生到養大賣出，前後得花上十個月，期間還有飼養費和生病的意外，回收較慢、掙錢不易；反觀種菜，只需二十幾天工夫就能採收上市，於是堅持應該放棄養豬業。

意見分歧，三弟分家

到紅沙厘蓋新房子的時候，陳亞財和三弟陳財有因意見分歧而有些摩擦，加上本來就對「家業」的看法不同，讓這件事成了兄弟分家的導火線，不管大家怎麼勸說，陳財有仍然執意要回樟宜許錫林路的那塊地種菜，自謀生路。

身爲大哥的陳亞財，心裡雖不想分家，卻拗不過這位小弟的倔強脾氣，只好忍痛答應，拿出銀行裡幾十年來的兩萬兩千元新幣積蓄，二弟和三弟各分六千元，剩下的一萬元分給自己的四個兒子。樟宜的那塊地，則分給了三弟。

另外，陳亞財也給了三弟二十頭母豬、八十頭小豬和一頭公豬，相當於一萬兩千元的家產。當時陳財有的子女都還很小，陳亞財希望，這些豬能多少讓三弟一家再好過一些。雖然三弟分家外住，三兄弟的感情依然深厚，每逢春節和喜慶還是彼此往來，維繫血濃於水的手足之情。

陳亞財三兄弟都是忠厚純樸的農民，但性格上畢竟有些不同。亞財的次子陳逢千說，身爲長兄的亞財生性十分勤勞，碰上雨天大家都會暫停幹活，但只要天一放晴，他一定第一個拿起鋤頭，每樣事都親力親爲，但不多說話。

二叔陳財來爲人老實，習慣跟隨老大的步伐，一切唯大哥馬首是瞻；老三陳財有性格比較獨立，常有自己的想法，因此偶爾會與大哥意見分歧。老大和老二兩家人始終住在同一個屋簷下，老三卻搬離陳家莊，多少和性格有關。

畢竟是幾十年患難與共的親兄弟，感情之深不在話下，分家的事更讓人十分惋惜。三弟搬走的那天，陳亞財心裡既無奈又不捨，因此，往後的歲月他和二弟陳財來更加珍惜同屋共住的兄弟情誼，堅持不再分家，一家人要同舟共濟、開創未來。

三弟分家後的那段時期，原本就已心情沉重的陳亞財，一九七二年竟又碰上豬瘟的侵襲，每天都看著發病的豬隻被埋掉或燒掉。養豬多年的他不只內心痛楚，經濟的損失也很嚴重。

這場突如其來的流行性豬瘟，許多農場都難逃毒手，豬隻大量死亡，豬農愁眉苦臉，不到兩年的時間，新加坡當地的豬便死了一大半，引發豬價的暴漲。陳亞財憑藉堅強的毅力和耐力，熬過這段艱苦的時期，保住健康豬隻，反而因爲豬價暴漲賺回一大筆錢，不但彌補之前的損失，也讓家庭經濟獲得改善。

資金逐漸充裕，家裡人口又不斷增加，必須創造更多工作機會，陳亞財建立的陳財發農場，也就不斷擴充規模，養豬養到六千多頭，成爲臨近地區數一數二的大農場。這個時期的陳家莊，已經擁有可觀的「家底」。

一九六六年從芽籠搬到紅沙厘，一九七七年遷往榜鵝，陳家莊的養豬經驗和技術，就在這段長達十一年的時期裡日趨成熟，也更加瞭解市場；農場的負責和統籌，主要由二代的老二陳逢千擔當。

在建國總理李光耀的領導下，獨立之後的新加坡經濟發展平穩而迅速，這本來是件好事，然而，經濟的發展卻也必然導致農場土地被徵用。一九七七年時，陳家莊位在紅沙厘的這片土地，再度因爲新加坡的城市規畫被徵用，不得不再一次搬遷。這一回，他們決定搬遷到東北部的榜鵝。

陳家莊遷居榜鵝後，又經營了十多年，陳亞財最小的兒子陳逢坤就在起步階段，也就是一九七九年，從台灣學成回國，隔年便接任第二任莊主。

從那時候開始，陳家莊的農場逐步擴大，不但改造了舊農場，還在政府建議下開發新農場，養豬總數超過五萬頭，成爲名副其實的新加坡豬王；後來經歷政府淘汰養豬業的打擊，陳逢坤帶領家人適時轉型超市、北上馬國種植蘭花，繼而又把事業觸角延伸到海外等等，便是榜鵝時期的事。

開莊莊主陳亞財從沒上過學讀過書，更別說學過正規的農藝了，然而，經過數十年的務實努力，他不但成爲養豬專家，其他的農事，比如種菜、飼養雞鴨，也都十分在行。此外，他的頭腦靈活冷靜，具備經商的優異特質。

就以蔬菜種植爲例，種菜得留意不同菜種的生長習性，例如韭菜就適合含沙量高的土地。陳亞財把根部種在沙裡，採收時也在沙裡收割，根部便會留下一段沒有曬到陽光的白色部分，青白相襯，賣相更佳。

反之，芹菜和芫荽（香菜）需要更多水分，陳亞財便選擇每年十月底、開始多雨的季節播種。除了計較種植地點、時機，陳亞財也會留意市場供需變化，一般種蔥的農家，都會選在年初種、年中收成，陳亞財卻反其道而行，七、八月買進菜籽，年尾

播種，就能在市場貨源少的時候上市，賣到較好的價錢。

陳家莊的歷史，似乎與「顛沛流離」劃上等號，農場經常遷徙，環境不同，土質當然也不同，必須相應改變蔬菜的種植方式，也得面對土地貧瘠、蟲害等問題。

「與豬結緣」是偶然

當年蔬菜一斤不過幾毛錢，利潤很低，逼得陳亞財不得不開創副業，於是就在家裡飼養雞鴨，以增加家庭的收入。可是副業畢竟不是主業，而陳家莊半個世紀以來的經濟命脈，始終是「養豬」這一行。

不過，陳亞財「與豬結緣」是一件偶然的事，過程還有幾分戲劇性。

話說陳亞財夫人朱如貂一九二七年南來時，尚未生育子女，鄰居家的母豬剛好生下小豬，因爲比預期中多了一隻，鄰居怕母豬奶水不夠，便把那頭「超生」的小豬送給朱如貂。當時位在芽籠的陳家環境拮据，收到如此「貴重物品」的朱如貂自然歡喜又感激，特地找了大簍子，襯上破布條，爲豬寶寶造了個窩，還設法買來牛奶餵養；雖然只養到幾個月大，家翁陳炎遺就把牠給賣了，卻也賣得十六元，不無小補。當年一塊錢就可以買到二十斤米，可見豬價之高。

在這之後，陳家莊再度養豬已經是十多年後，第一次搬到樟宜時的事了，朱如貂也有了好幾個孩子。由於樟宜土地貧瘠無法種菜，陳亞財回想起養豬的事，也從此與養豬事業結下不解之緣。

從兩隻母豬養到四隻母豬和幾十隻小豬，陳亞財逐漸積累經驗，一邊吸收傳統方法，一邊發揮創意，也養出了知識與心得，意識到養豬不僅僅是一份額外的收入，如果處理得當，更是一份事業。中文的「家」，寶蓋頭下的部分，不就是豬的古字嗎？而民間所謂「豬肥家業盛」、「豬多福多」說法，背後更有值得推敲的道理。

於是他想到了未來規模稍具時，應該有個店號。剛巧在華人春節期間，他看到一幅顯目的紅色春聯，左右兩行字的最後一個字，正好是「財」與「發」，十分符合他對養豬業的期望不說，還和他兄弟三人的名字相關，於是他就把養豬農場取名為「陳財發農場」，正式對外營業。到了陳逢坤掌舵的時代，又添了個「陳兄弟農場」的招牌。

隨著陳家莊人口日益增加，提高豬隻飼養量一方面可以創造財富，另一方面也能為家族成員提供工作機會；為了達成這個目的，就得不斷擴充農場的規模。也就是因爲希望就近照顧農場、節省往返時間，陳家莊才形成了所謂「豬在哪裡，家就在那裡」的生活型態。

陳亞財領導下的陳家莊以養豬爲主，豬口也達到數千隻的中等規模，同時兼種蔬菜，但即便吸取了一點新技術和經驗，本質上還是「小農經濟」的格局，使用勞力密集的生產方式，依靠陳家的勞動人口，日出而作，日落而息，一家人團結一致，老老實實做人、勤勤懇懇做事。

陳家莊的養豬，從起先的「家在哪裡，豬就在那裡」、「有多少錢，做多少事」、「有多少人，養多少豬」，一直到「豬在哪裡，家就在那裡」，這些固然是陳亞財這位大家長的經營理念，不過，相對於新加坡一九七〇年代的社會變遷卻顯得保守與落後，而且有其必然的局限性——家族事業完全依靠人力畢竟有其瓶頸。

當農場養豬規模還不是很大的時候，家庭成員集體勞動，相互合作、有說有笑，揮灑汗水播下歡樂的種子，勞累中蘊含收穫的喜悅，一家老少其樂融融，一派農家生活情趣；但是，當農場的豬隻超過一千頭，就算家族成員已經有幾十人，人口的增添怎比得上豬隻的增加？在人與事都大增的情況下，又要如何公平合理地分配職務與責任？怎樣劃分管理和執行？缺乏科學管理機制的結果，自然導致工作上的摩擦和衝突。

另一個重點則是，早期在陳家莊農場養豬的第二代和第三代成員多半教育程度不高，不是只讀過小學，就是讀到初中便沒再繼續升學，有些甚至沒進過一天學校。第二代的十幾個男丁當中，更只有兩個大學畢業生：陳逢坤和陳逢秋。

教育程度不高的結果就是，雖然心思單純、比較沒有壞心眼，但個性也更率直、主觀，做事往往僅憑經驗而不講究科學與方法；此外，由於學歷和見識有限，自然習慣遵循老思維和舊習慣，憑個人的直覺與喜好來判斷事情，再加上沒有一套現代化的管理制度與科學分工，無論在家或在農場，兄弟、妯娌、長輩與晚輩之間，都可能爲一點小事就出現矛盾與裂痕。

在大家長陳亞財的傳統威權「統治」下，家族成員的小衝突受到壓抑，不致釀成大事故，但隨著時間的累積，有些家人之間的小小嫌隙，難免形成難解的心結，裂痕日益加深，無形中更凸顯必須「革新」的迫切性。這些問題，一直要到陳逢坤接任大家長的職責之後，才算徹底獲得解決。

莊主默許下，兒子搞副業

多年來，陳家莊這個傳統大家族都依靠傳統農業社會的生產關係與對土地的依附，屬於靜態而同質性強的家族社會。隨著都市化與工業化的推進，新加坡社會產生了許多嶄新的變化，衝擊了包括陳家莊在內的新加坡社會與家庭。

陳家莊的成員們，很自然會拿自己的生活和外界的家庭與工作情況做比較。一九六〇年代末期到七〇年代初期，新加坡政府提倡小家庭，高呼「兩個孩子就夠了」的口號，使得一些陳家莊成員也萌生「向外發展」的念頭。

所謂「一種米養百種人」，即使是家人之間，也難免存在興趣與志向的差異。當以養豬爲主的家業沒有突破現狀的發展遠景，加上之前就存在的摩擦與矛盾、國家的土地政策也制約農場擴張，陳亞財的長子陳逢揚，就向父親借錢，希望轉而從事其他行業。

當年陳家莊所在的紅沙厘一帶，還是相對較爲偏僻的山區，居民外出做工或學生上下課，交通並不方便；因此，一九六七年之前，當陳家莊還在芽籠的甘榜福順村的時候，曾經擁有一輛二手車，既可以接送家裡的小孩上下學，也能順路載街坊鄰里的子女。搬遷到紅沙厘之後，家裡的小孩更多了，就需要更大的車子。

陳逢揚靈機一動，想到乾脆買輛巴士來經營校車服務，便向父親借了一萬八千元，買了一輛一九七三年份的英國車，交由老七陳逢清駕駛，接載附近的學童上下學。

當時，由於新加坡政府經營的巴士路線不多，便開放一些地區的路段，提供補助，鼓勵民間企業參與經營。陳逢揚就到政府機關，辦理經營一條巴士路線，並且和幾所東部的中學簽約，成為這些學校的合約校車，在紅沙厘的靜山路設立「陳財發學生專車服務社」，開始經營校車業務。剛開始生意確實不錯，陳逢揚一邊賺錢還給父親，一邊也添購新車、擴充業務。

由於交通需求量日益增加，業務也相應發展，鼎盛時期陳家莊家裡大大小小的車子就有八輛之多。不過，隨著都市化發展，交通工具也更加普及與多樣化，巴士網絡越來越密集，搭乘陳家莊車子的人因而逐年減少，加上政府對民營巴士公司的要求逐年提高，檢查又十分嚴格，不久之後，陳家莊的巴士便一輛一輛減少了。

陳家莊落戶紅沙厘的十一年間，家裡很多成員都參與老大的巴士業務，有的跟車，有的當車長，有的負責車輛維修。陳亞財的第五個兒子，也是家裡唯一的英校生陳逢華，中學畢業後更因熱愛攝影，自己在外開了照相館。

另外，陳亞財三個女兒中最小的陳嬋蘭，也憑著晚間補習學來的裁縫技藝，在五哥照相館樓上開了一家車繡學院；陳亞財的第九個兒子陳逢弟，有一天和父親發生口角，負氣之下摔了榔頭離家出走，到五哥的照相館幫忙，後來更接手五哥的相館業務。

過去，陳家莊都由大家長陳亞財一手包辦家裡大小事務，別說柴米油鹽醬醋茶這開門七件事，就連家人的婚姻大事，從相親、下聘到印帖、擺酒，也都由他全權打理。雖然他確實管理得一絲不苟、井井有條，但隨著新時代來臨、社會環境的變遷，以及家庭成員越來越多，家務更趨複雜，問題也接踵而來。

如何公平分配資源、因應社會環境變化、滿足家人需求、解決家人紛爭，又該怎樣制定有效的管理機制，這些都是陳家莊無法避免的挑戰。農場的經營更是如此，養幾十隻豬和幾千、幾萬隻豬畢竟不能相提並論，再也無法單靠人力解決問題，而必須從技術、管理、經營上多管齊下、綜合治理，才能化解各種難題。

陳亞財的豐富人生經驗，雖然能解決部分問題，然而碰到層次更高，尤其牽涉到知識、技術和管理上的新思維、新做法時，不是力不從心，就是束手無策。自然而然，他把希望寄託在下一代身上。

因此，他之所以願意讓兒子們從事不同的行業，一方面是滿足他們的興趣，另一方面也展現了個人的智慧面：讓年輕人開拓家業的領域，設法突破單一作業（農業）的瓶頸。多年以後，他的小兒子陳逢坤終於實現了「企業多元化」的這一願景。

照顧小家，惠及大家

陳逢坤是在一九八〇年，也就是學成回國的次年，成爲陳家莊第二代接班人。這一年他的父親陳亞財正好七十歲，卸任莊主之後，繼續看著他挑選的接班人帶領家族發展事業，十年之後，才以八十歲的高齡與世長辭。

回顧陳亞財的一生，雖然父親陳炎遺立下的基礎相對薄弱，又幾度經歷戰亂和國家社會的變遷，卻能以兄友弟恭的精神創立陳家莊，一步一腳印地發展事業，不但在眾多子孫和侄兒女心目中儼然是遮風擋雨的巨樹、生活的好榜樣，就連遠在家鄉陳厝洲的親人和村民，也享受得到陳亞財的庇護。

陳亞財的次子，現年八十的陳逢千說，祖父過世前曾經囑咐父親寄錢給家鄉的親人，陳亞財不僅完成父親的遺願，還更進一步惠及鄉民，捐資辦學，並設立獎學金給老師和學生。

陳逢千和陳逢坤兄弟們，在老家有位堂姑陳雞母（已逝世），一九八八年的八月，陳雞母還帶了兒子陳訓和，應邀來新加坡探訪陳亞財這位堂兄，並且到當年還在榜鵝的陳家莊小住。

另外，陳亞財也同樣關照朱如貂的娘家弟弟。直到今天，妻舅朱錫桐的兩個孫子朱國榮和朱國懷，依然和陳家莊保持往來。陳亞財更曾出資，爲陳雞母兒子陳訓和及朱家兄弟各建了一所房子。

陳亞財的拚搏精神、敦厚樸實的農民性格、誠摯的兄弟情誼，以及澤惠鄉梓、回饋社會的作爲，特別是他的待人處世之道，無不對陳家的子子孫孫有著潛移默化的作用，陳逢坤也從中獲益，並且進一步發揚光大。

第十章

老么當家

經·營·啟·示·摘·記

◆父母是孩子最好的老師
◆有事得找會做的人去做
◆看得到的事情才去做
◆發展事業一定要做大，不能做小
◆要作專才，更要當通才

一個人的性格，除了少數先天的「前因」，即佛家所謂的「業」，在很大的程度上，後天的家庭因素與社會環境，扮演著更大的角色。陳逢坤的成長經歷，是他一步一步走上領導崗位的必然規律。而在成長的過程中，雙親不僅賦予他遺傳的基因，還對他的個性發展有著重大的影響。

陳逢坤雖是陳家莊第二代年紀最小的成員，卻也是第二代「掌門人」。傳統的東方社會，老么當家的例子較爲罕見。有的富裕人家，因爲兒子不多，在家族事業繼承人的選擇上，出於「擇優」的考慮，兩、三個兒子中最小的那一個，或許有機會脫穎而出。然而，陳家莊男丁特別興旺，陳亞財自己就有十個男孩，還有幾個侄兒，但他偏偏讓最年幼的陳逢坤接下莊主的重任，這當中雖有學歷——陳逢坤是陳亞財十個兒子中唯一的大學生——的考量，更重要的是個性能否擔起領導的責任。

陳亞財的決定，既有偏愛的元素，更多是客觀的選擇。

一個人的性格，除了少數先天的「前因」，即佛家所謂的「業」，在很大的程度上，後天的家庭因素與社會環境，扮演著更大的角色。陳逢坤的成長經歷，是他一步一步走上領導崗位的必然規律。而在成長的過程中，雙親不僅賦予他遺傳的基因，還對他的個性發展有著重大的影響。

且讓時光的機器倒轉，回到五十九年前，那個新加坡還處於貧窮落後的年代。

瓜棚裡的一條老瓜

一九五二年，陳家莊從樟宜村舉家搬回到芽籠三巷的福順村，隔年十一月，陳逢坤就誕生了。

很多年以後，從妻子轉述嫂嫂們的話語中，陳逢坤才得知，在他出世的前一天晚上，母親朱如貂做了一個夢：她走進一個瓜園，但瓜棚裡的瓜架上只剩下一條老瓜，朱如貂好奇地問這條老瓜：「爲什麼你還留在這裡？」

老瓜回答說：「爲了代代相傳，散播種子。」朱如貂醒了以後，心裡有些納悶，不明瞭其中的含意，但也不以爲意。

第二天，陳逢坤呱呱墜地之前，芽籠忽然風雨交加、雷鳴電閃，陳亞財只好冒著風雨，騎腳踏車去請接生護士；沒想到，鄉村地帶比較偏僻，加上路途遙遠天候不佳，護士還沒請到，朱如貂就自己替孩子接生了。

陳逢坤出生時刻的「異象」，還有他手指上的螺旋紋數目異於常人，根據潮州流傳的說法，嫂嫂們認爲，這位小叔將來必定成爲家族的「貴人」。貴人與否，當然有待時光來證實，因爲小陳逢坤勢必得和兄長在同一環境下成長，童年時光，無非就是「撿雞蛋、拔雜草，到水池撈萍回來，剁碎後煮成豬飯餵豬」。

陳逢坤是肖蛇的老么，整整比大哥陳逢揚小了二十四歲，童年玩伴自然不會是大哥，而是與他年齡相近的堂哥。從小，他如果貪玩忘記回家幫忙或偷懶，母親都會嚴厲地懲罰他，要是和堂哥玩耍時吵架，先被狠狠責打的也一定是他——母親認爲他必須學習禮讓精神。

陳逢坤就在嚴母的管教下成長，不過他也獲得終生難忘的母愛及無微不至的照顧，光是喝母乳，就一直喝到五歲。每天早上他起床時，母親已經到菜園幹活，他還是睡眼惺忪地找媽媽要奶喝，母親也從不拒絕。

母親小時候沒有機會上學讀書，因此對這個天資聰穎的小兒子寄予厚望。陳逢坤記得很清楚，小時候讀書寫字時是坐在一個木箱上，母親常常半夜起來爲他燉煮雞精，凌晨時分端給他喝，然後一邊陪伴著他讀書，一邊縫補衣服。

陳逢坤讀初中時，母親總是幫他背書包，陪他走過一、兩公里的路。他記得，上下學都要經過一個垃圾場，還得路過一處鋸木場，鋸木場裡有好幾條狗，母親總是拿著棍子保護他，一直到走過鋸木場後，才讓他自己背書包，獨自往學校的方向走去。無論哪一天，他回頭看時，母親一定還是站在遠遠的地方望著他，繼續替兒子護航。那一幕幕的情景，令他難忘至今。

那時候的陳逢坤，儘管只是個孩子，看著母親不忍離去、瘦弱的身影，在風中總顯得有些單薄，想起母親爲了這個大家庭終年操心勞累，還得每天起早陪他走一段路，十來歲的陳逢坤，常會流下酸楚和感恩的淚水。

最好的老師，最好的老闆

陳逢坤也還記得，小時候常常睡在母親的臂彎裡，醒來時去找母親，如果母親正在鴨舍餵鴨，一看到他就會高興地向他招手：「阿弟呀，來……」他便迎著朝陽向母親走去。沐浴著暖融融的陽光與母愛，讓他覺得非常幸福、非常有安全感。母親常常告訴他：「有東西大家吃才好吃。」所以他從小就懂得給予是快樂的道理；身教勝於言教，母親是他人生中最好的老師，最好的老闆。兒時的幸福令他記憶猶新、終生感恩，也是他無私奉獻、敬天愛人的泉源。

回憶與母親的相處時光，向來是陳逢坤的一種心靈享受，因爲母親對他的影響很大。他說：「媽媽是展現中華文化的一個非常好的示範。從小媽媽就要我們保持乾淨，刷牙要刷得好好的，每件事情都要做得細、做得非常穩妥，待人接物都要非常有禮貌，也一定要很勤奮、很節儉。這造成我常常做錯一點小事就會很自責，會覺得自己不應該做這些會被人家說嘴、批評、指責的事。從小養成自尊自愛的個性，是非常重要的事。」

上小學之前，他都和媽媽、幾個侄女住在一起，同睡在一張老式的、有蚊帳的大木床上。陳逢坤就寢前，從早忙到晚的母親就會來幫大家放蚊帳，再用棕櫚葉做成的扇子爲孩子們搧風趕蚊子。每逢這種時刻，小朋友們都非常享受，母親還沒到來前，總是興致勃勃地等待這一天裡最吸引人、最幸福的時刻。

他也記得，母親來放蚊帳時，總是要先掃掃床，一聽到搬開枕頭的吩咐，他和其他三個侄女就會像農場裡的工人搬運一包包玉米那樣，兩人一組，把枕頭抬到另外一個床上去。

那時的他們，小則七、八歲，大一點也不過十來歲的小孩子，嘻嘻哈哈、興高采烈，玩得不亦樂乎。忙上一陣子以後，一等母親掃乾淨床面的灰塵，再把枕頭搬回來。陳逢坤說，搬回來的樂趣可比搬過去大多了，因爲接下來大家便可以各就各位，躺在床上等待媽媽拿扇子爲他們搧風、驅趕蚊子，蚊帳裡很快就會像開了空調一樣涼爽，他們就瞇著眼睛享受那陣陣涼風。雖然那個時代是沒有空調的，但回想起來，扇子帶來的風似乎比空調的風更舒適愜意，因爲不僅涼快，空氣中還洋溢著溫馨、幸福與安全感。

那種興奮而期待的心情，陳逢坤總覺得難以描述。年紀小小的他知道，媽媽在最後一搧時，風量會特別大、特別涼爽，然後媽媽就會上床、放下蚊帳，他便依偎著媽媽，在媽媽的守護下幸福地進入夢鄉。

描述這個場景時，現年五十九歲的陳逢坤也不禁露出孩子般的興奮表情。他說：「你可以想像得到，媽媽是怎麼樣讓我們覺得很好玩。人有記憶，大多是五歲左右才開始，但我居然記得媽媽讓我睡在她的臂彎，然後拿著扇子一直搧著我，直到我睡著為止……你可以感覺得到，她那種愛的表達是有創意的，讓我非常有安全感。」

陳逢坤從小就在嚴母「一手軟一手硬」的管教下成長，上高中的第一天，媽媽把他叫到跟前，對他說：「從今天起，你就是大人了，以後不但有很多事得要你自己做主，有些事媽媽還會聽你的意見。」

從小受嚴格管教，甚至被打怕了的陳逢坤，聽到媽媽這麼說可嚇了一跳，一時之間不知如何是好，還以為自己做錯了什麼事。過後他才慢慢體會，父母對兒女的嚴教，其實是出自對子女的愛，嚴肅的背後是溫情，兩者是一體兩面，只是表達方式不一樣，他這才明白母親對他的期望和尊重。

只要提起母親，陳逢坤都十分懷念、深深感動，他說：「我沒有什麼宗教信仰，但我相信，從母愛到仁愛的企業文化，應該是一種信仰，而且是眞正能夠解決各種矛盾爭議，最基本也最重要的元素。」

他不無感慨地說：「從懂事到現在，我幾乎都在創業，從來沒有上司、沒有為誰工作過。為什麼我會有這一切？我之所以經常抱著憂患意識面對每一天、每一件事，都是因為媽媽對我的教育。」

有勤儉的父親，就有勤儉的兒子

至於父親陳亞財，陳逢坤的記憶篇章雖然不及對母親那般詳盡，卻也有其深刻的一面。

陳逢坤說：「父親出生在貧窮的農村，十三歲就跟隨我祖父遠渡重洋，到新加坡拓荒，面對嚴峻的生存環境，刻苦自勵。他在憂患中成長，經歷種種生活考驗，養成沉默寡言、嚴以律己、克勤克儉的個性。」

終其一生，陳亞財都過得十分節儉，一年到頭穿著那幾套妻子朱如貂用粗布縫製的衣褲，也很少出門遊玩；即便生病，他也不捨得花錢看醫生。如果只是傷風感冒，就搗碎薑、蔥，混在甘和茶（一種鐵觀音茶）裡，喝下這又苦又辣的自製「藥茶」，然後蓋上厚棉被睡覺，讓身體發熱出汗好治病。

七十歲那年，陳亞財突然感到腹部脹痛，還瞞著家人不肯尋醫求治，直到肚子腫得像顆西瓜，才勉爲其難到醫院診治，查出是痔瘡的毛病，動手術後才告痊癒。

日據時期被日本員警在胸口重重打的那一拳，讓他經常感覺胸悶，有時還會腰痠畏寒，但陳亞財只是根據民間流傳的療法，到中藥鋪抓藥服用。他三餐簡單，對吃一點都不講究，早年貧苦時如此，後來較爲富裕了，仍然維持儉樸的生活作風。

晚年時期的陳亞財，雖然已經交棒給幼子，還是每天到農場巡視，推著木製的手推車到處走，如果發現破損的地方，就自拌混凝土東補西補，看到可用的材料散置地上也一定撿起，連一根小鐵釘都不放過。

之所以如此節儉，一大原由是吃過太多的苦，深刻瞭解「一粥一飯，當思得來不易」的道理，好不容易才賺來的錢，更不能隨意花費。所以家裡的每個人都清楚，一旦這位大家長把錢放進了口袋，就很難要他再拿出來，更沒人知道存錢之處。大家也知道他並非吝嗇，而是早期生活窮困，每一分錢都得精打細算，做最有效的用途。他的簡樸和勤勞，深深影響了陳逢坤和其他家族成員。

陳逢坤的勤儉作風，當然來自陳亞財，但陳逢坤認爲，父親經營家族生意的心得，也給了他很大的啓發。對於經商，陳亞財常有獨到的見解，他曾經對陳逢坤說：「有事得找會做的人去做，不會做的人，寧可讓他在家裡坐。不做事總比礙事好。」他雖然沒受過教育，不懂得文縐縐地以「知人善任、用人唯才」來表達，卻能入木三分地以很「白」的話來表情達意。

陳亞財沒學過現代企業管理，只憑藉實在的經驗與敏銳的觀察，往往就能從表象發現本質，指出問題的癥結所在。在他晚年的時候，家族已經開了幾家小型的超級市場。

陳逢坤記得，有一回父親和他經過新加坡職工總會經營的平價超級市場時，便指著這家大規模經營的超市對兒子說：「坤啊，做生意就要做像這樣的。」意思是說，大規模的經營方式，利潤才會豐厚。

總結父親留給他的三句警惕就是，第一：看得到的事你才去做（要瞭解情況，不瞭解是不能去做的，要會管理）；第二：如果要發展事業一定要做大，不能做小（用現代語言講，就是規模效應）；第三：你一定要做你能做的事，如果不會做不如回家去坐著（用現代的語言來講，就是專業）。

陳亞財的敏銳眼光，也表現在挑選接班人這件事上。所謂的「知子莫若父」，他瞭解每個孩子的能力與個性，也以此爲根據，公平合理分配職務。因此，他並未因循「尊嫡立嗣」的傳統，反而把主要領導權交給陳家莊第二代最小的兩個孩子——自己的幼兒陳逢坤，和二弟的小兒子陳逢秋。

交棒給下一代之後，陳亞財還「扶上馬再走一程」，隱身幕後、默默支持了十年，每當陳逢坤遇見難題，他通常默不作聲、靜靜觀察，看陳逢坤如何應對，給他磨練的機會，適當的時候才發表「一錘定音」的意見，協助陳逢坤逐漸樹立領導權威和魄力，鞏固家族領頭羊的地位。

入伍從軍，「籠中鳥」振翅欲飛

除了父母對他的重大影響，學習、當兵與人生的經歷，也造就了陳逢坤的個性和志向。

中學時期，陳逢坤念的是華校文科，對世界偉人傳記、各國政治的發展都有濃厚的興趣，總希望從中獲得關於家族管理的啓示。一九七二年，陳逢坤高中畢業去服兵役，第一次離開家庭，走上從軍的道路。

參加軍訓過團體生活，對陳逢坤來說，就像是長期關在籠中的鳥兒第一次被「放飛」，接觸外面的世界，呼吸新鮮的空氣。他這才發現，過去的農場生活很閉塞，在軍中與來自不同社會階層、族群的同胞相處後，更發覺自己的見識淺薄，尤其是英語能力欠佳，讓華校出身的他無法與英校生流利交談，加上從小又有些口吃的毛病，相形見絀下，更讓他產生明顯的自卑感。

頭一遭在部隊生活，陳逢坤顯得有些不自在和羞澀，他看到了自己的不足，於是積極努力，但望能有超越自己的表現。在兩年半的軍旅生涯中，他多次參加競賽活動，比如越野賽跑、跳遠、游泳等等，都取得優異的成績。

值得一提的是，在坦克指揮官的訓練中，他更是名列前茅，獲得最佳炮手、最佳坦克駕駛員的榮譽，並順利通過坦克指揮官的口試和筆試。上台領獎時，他特別強調，自己並不比別人優秀，反倒是因為自覺不如別人，所以更加的努力、持續不斷的實踐，並且在教官鼓勵下，在汗水和耐力中取得成績。

這次的經驗，讓陳逢坤這隻「籠中鳥」得到極大的鼓舞，深信只要不怕挫折，按照計畫不斷努力，實現目標並非太困難的事，也堅定了他想要改革家族事業的決心和信心。

怎麼會想要改革家族事業？陳逢坤表示，那得從一九六六年說起。陳家莊搬到紅沙厘以後，由於對許多事物的看法不同，家庭成員之間的摩擦日增；農場工作失調，也加深了家人之間感情的裂痕，關係有些緊張。最麻煩的是，大家的生活和工作又綁在一起，想以暫時避開彼此來「冷處理」都不行。

另一方面，家庭成員一年多過一年，居住的地方益發侷促。當年木造的房子樓板單薄、隙縫又多，只要家人發生衝突，整個家族就彷彿發生地震般亂糟糟、鬧哄哄，就連想要置身事外、充耳不聞也做不到。

打從懂事開始，陳逢坤便經常感受得到，家族裡總是彌漫一股攪擾不安的緊繃氣氛。成長的過程中，更時不時就看到兄嫂爭吵、大家庭之下的各口小家庭因故失和，他內心非常苦惱，甚至可說到了深惡痛絕的地步。

儘管如此，第二代最年幼的他哪有什麼發言權？只能無奈地接受現實，一切聽從父母和兄長們的指示。然而，在他年輕的心中，已經有著很多的疑問：一家人既然選擇一起生活和工作，爲什麼不能和睦相處、互敬互愛？爲何非得吵鬧和對立？這樣的生活豈不很可悲？又有什麼意義？他苦思不得其解，一時也找不到答案。服役過後，身心經過鍛鍊，思想較爲成熟，眼界也更開闊，才有了改革家族事業的念頭和信心。

當然了，服完兵役的陳逢坤也不過是個二十一歲的小伙子，明白退伍後仍須繼續進修，不斷充實自己。於是，他向實際管理養豬場的二哥陳逢千提出希望升學進修的想法，這才發現，他的想法與二哥不謀而合。

憶往追昔，陳逢千說：「當時新加坡原產局有位台灣畢業的獸醫，每當養豬場碰到技術難點時，這位獸醫都會協助解決。因此我想，如果幼弟能到台灣的大學讀畜牧專業，對我們的農場發展肯定很有幫助。」於是他向父親提議，安排陳逢坤到台灣留學。

陳逢坤同時報考三所在農業領域很有名望的高等院校——台灣大學、中興大學和屏東農專，結果如願考上第一志願的台大畜牧系，踏出他實現改革家族心願最重要的第一步。

要作專才，更要當通才

陳逢坤做事向來方向清楚、目標明確，而且行動迅速，事前也都會經過仔細的規畫。不只選擇畜牧系是基於「發展家業」的考量，就連終身大事，也是放在同樣的大前提下。

選擇另一半時，他只考慮獸醫系或畜牧系畢業的女孩，因爲他比誰都明白，來自務農大家庭的自己，倘若妻子是個「十指不沾陽春水」、怕豬糞味的姑娘，哪能適應農場的生活？從陳家莊的發展軌跡中，陳逢坤歸納出，「婚姻大事也必須好好規畫、長期經營」的道理。

因此，雖然曾經有位台大中文系、頗具文藝氣質的女生喜歡他，「可是我知道，婚姻不能完全感情用事，對我來說，理智考慮比情感需求更重要」。當年就讀台大的男生都曉得中文系出美女，不少浪漫的愛情故事也都出自中文系。

帶著「家族託付的使命感」來到台大，自知責任重大的陳逢坤當然明白，他不是來享受大學生活的，而是爲了學習專業知識和管理辦法，以便將來在家族事業上學以致用，因此他格外刻苦用功，比別人更加勤奮學習。

陳逢坤怎能不用功呢？台大是全台灣莘莘學子們擠破頭都想要進去的最高學府，曾經孕育許多菁英，學術水準之高不在話下，而他只是個來自南洋的僑生，學業成績也不是特別突出，到台灣留學、就讀台大的壓力自然不小。

儘管如此，在接到入學通知的那一刻，陳逢坤還是興奮不已，光想到有機會留學海外、增長見聞與學識，內心就充滿了鬥志。離家前夕，他甚至興奮得睡不著覺。可是，眞正來到台灣、報到入學的頭一晚，想起遠在新加坡的父母和家人，他還是不禁抱著枕頭，在被窩裡暗自垂淚。

來到陌生環境的陳逢坤，呼吸到了自由的空氣，卻也感受到沉重的壓力。台大學生都是來自各地的「拔尖生」，一比之下，陳逢坤不但覺得各方面都得迎頭趕上，本身又是文科的底，畜牧系數、理、化方面的課程更讓他頭大如斗。

爲了應付功課，陳逢坤經常搞到暈頭轉向，總要比別人用功才勉強趕得上進度。有時異想天開想抄捷徑，反倒弄巧成拙，他才深刻瞭解，求學、做事都必須腳踏實地、穩紮穩打，沒有捷徑可走。於是，他發憤圖強、廢寢忘食，把圖書館當成第二個家，有空就泡在裡頭溫習功課，往往一待就是一整天，才拖著疲憊的步伐回宿舍。

他也知道，未來的社會菁英必定是通才，因此除了上圖書館，他時常利用課餘時間騎腳踏車到台北市徐州路的台大商學院，選修國際貿易、會計、企業管理等課程，也旁聽校本部的心理學、社會學，拚命吸收新知識，不僅期望充實自己的實力，更期待這些知識將來能幫他完成改革家族事業的使命。

爲了培養組織和領導能力，他也加入學校的社團組織，學習古箏、跆拳道、編輯系刊，還到台北ＹＭＣＡ學習烹飪，想盡辦法爲將來做足準備，生活作息規畫得極其嚴謹，絲毫不浪費時間。

每逢星期假日，他會一個人跑到竹南的養豬科學研究所收集相關資料，每年寒暑假更特地到台灣各大農場、甚至遠赴泰國、菲律賓和日本實習，對農場的飼養管理、汙水的處理、營養和育種等方面，都累積了豐富的經驗與心得。陳逢坤利用寒暑假期間，在台灣實習過的養豬場包括：台灣統一牧場、寶福豬場、立大牧場和現代牧場。

留學台灣，堪稱人生轉捩點

留學台灣的這四年，對陳逢坤來說，重要性與意義可以用「人生的轉捩點」來形容：「取經回國」是他後來光大家族事業的起點，更重要的是，也就在台灣留學期間，陳逢坤找到了人生兼事業的終身伴侶。

大三那年的暑假，陳逢坤參加暑假實習的時候，認識了來自高雄、就讀台中東海大學畜牧系的戚志萍，也就是後來和他一起改良陳家莊舊農場，攜手建立新農場、開闢馬來西亞蘭花園的妻子。

戚志萍的父親是浙江餘姚人，一九四九年來台，母親是斗六人。戚志萍原本考上東海大學生物系，讀了一年之後，認定生物系非興趣所在，於是轉修畜牧系，而且學習成績很好，所以在大三那年，有機會到台糖畜產實驗所（位在台糖竹南養豬科研所）實習。

回憶與陳逢坤的邂逅，戚志萍說，當時她和四位同校同學與來自台大、中興、文大等二十幾個學生，一起參加爲期一個月的實習。實習期間不但必須上課，還得到養豬場找題目、寫報告。就在這段時間，她認識了陳逢坤。

實習時分成四人一組，她和陳逢坤剛巧分在同組；不過，起初她並不知道對方是個僑生。因爲是同組，相處的機會無形中要多一些。戚志萍說，有一天她和一名女生走在路上時遇見陳逢坤，沒想到陳逢坤竟然爬上樹捉了隻蟬給她，趁機自我介紹說，他是來自新加坡養豬家庭的僑生。

關於這段將近四十年前的往事，戚志萍的記憶是：「陳逢坤問我，介不介意和僑生交朋友。」她的回答則是，「得問問媽媽」。晚飯過後，陳逢坤竟然眞的央求她到辦公室打電話請示戚媽媽！據說，戚媽媽當時就沒反對。

陳逢坤的說法卻大大不同。他記得，認識的第一天他就單刀直入，問戚志萍「願不願意嫁到新加坡」。聽起來很唐突，但陳逢坤其實別有用意：陳家莊是個大家族，能和他一起共挑這個重擔的另一半，絕對不會輕易被一句話嚇倒。從戚志萍的「沒被嚇倒」，他知道這個女孩至少有沉穩的一面。

在陳逢坤看來，戚媽媽「沒有開口說反對」就是「默許」，於是他開始採取主動。其實那段時間裡，有個男生也對戚志萍產生好感，但陳逢坤是行動派，在那個還算保守的年代，有一晚他還邀約戚志萍進城，兩人搭公車一起出遊，加深對彼此的瞭解，也展開了交往。

實習結束、各自返回學校之前，陳逢坤告訴戚志萍，他會每天寫信給她。

戚志萍原本打算大四後到美國留學，爲了考托福，暑假就搬到台北一個女同學的家，以便在台北學習英文。陳逢坤要到了她的地址，但戚志萍並沒有收到任何信件；直到暑假結束回校後，陳逢坤帶了一些東南亞的特產來找她，問她有沒有收到他的來信時，這才知道，原來他寄錯了地址，信件都被退回郵局。

大四那年，每隔兩星期，陳逢坤就會搭車到台中的東海大學看望女友，一整年風雨無阻，從不間斷。從他畢業後回新加坡，到與戚志萍結婚的前後這一年內，陳逢坤就寫了三百封信給戚志萍，幾乎是「一天一封」的程度，可見他追求的熱度與力度。

這一年裡，陳逢坤還特地邀請戚志萍和她的家人，到新加坡陳家莊「實地考察」，讓戚志萍和家人眼見爲實，親身瞭解和感受陳家莊的生活情景。要嫁入外鄉異國的特大家庭，畢竟不是「過兩口子的生活」，更不能單靠美麗的幻想。兩人的命運，必須與家族緊密相連。

話說回來，戚媽媽當初雖沒開口反對，卻也不表示默認，也許當時老人家以爲，交個僑生朋友不是什麼大事，等到女兒與陳逢坤越走越近、眞的論及婚嫁，她才意識到事態嚴重——既不放心讓女兒遠嫁外國，更不願意讓她成爲一個大家庭裡最小的媳婦。

但陳逢坤「目標明確，堅持不懈」的精神，最終還是發揮了關鍵作用。

戚志萍記得，大四那年的春節之前，陳逢坤特地南下高雄，到她家裡作客。每年除夕家人團圓、吃年夜飯，都是戚媽媽最忙碌的日子，必須爲一家五口人加上老奶奶煮一頓豐盛的晚餐，但這回陳逢坤除夕前一天來到戚家，就拍胸脯對未來岳母說：「您別操心，明晚的這一頓，就由我來張羅吧！」

陳逢坤敢說這種話，當然是胸有成竹——還記得，他曾到YMCA學習烹飪。當時學會的技藝，這時終於派上用場。除夕當天，他和戚志萍到菜市場買齊年夜飯所需的各種食材，大顯身手，讓餐桌上擺滿了一道道佳餚。

有道是「要征服家人的心，先征服他們的胃」，陳逢坤「行家一出手，就知有沒有」，雖然八寶鴨裡的飯還不夠熟，戚志萍的父母兄妹和奶奶卻都吃得很開心，尤其是戚媽媽，樂得無須勞累、輕鬆過節，自然格外滿意。

陳逢坤和戚志萍有情人終成眷屬，一九八〇年六月結婚，分別在新、台兩地完成婚姻登記，也在兩地設宴招待親友。在台灣的婚宴，還得分南北兩地舉行。

話說回頭。陳逢坤學成回國，正盤算著如何把在台所學發揮在養豬工作上時，陳家莊的大家長、平日不苟言笑的陳亞財，有一天卻突然開口對小兒子說：「我就是在等你們畢業回來。從現在起，我會慢慢把整個家交給你。」陳亞財爲何迫不及待要幼兒接班？

原來，經過七〇年代的高速發展，一九八〇年的新加坡已經面目一新。一來高樓大廈林立，昔日的沼澤林地、落後鄉村，不少已開發成工業區或商住地段；二來社會變遷明顯，民眾教育程度提高，資訊科技發達，讓陳亞財有一種「跟不上時代」的緊迫感，相信應該趁自己健康還可以的時候，早點交棒給擁有高等學識的下一代。

不過，陳亞財之所以看好老么陳逢坤和侄兒陳逢秋，並不全然只因爲兩人受過大學教育，而是豐富的人生經驗告訴他，管理家族和事業，需要鋼鐵般的毅力和決心，他看好兒子的剛毅果斷、侄兒的溫和沉靜，兩人一剛一柔，正好互補，成爲很好的搭配。

巨樹般的大家長，就這麼悄悄走了

接下「莊主」棒子的幾年之後，陳逢坤記得，有一天陳亞財把他叫到跟前，仔細告訴他，哪一筆錢放在家裡的哪個地方。陳逢坤立刻明白父親的用意——如果不是心懷憂慮，父親向來把錢財看得很緊，從不會透露藏錢的地方。

當時的陳逢坤，只覺得一陣酸楚湧上心頭，立刻要父親別操心，他並不想知道這些「家財」放在哪裡，如果父親非要交代不可，那就寫在紙上，交給當時管理帳房的八哥陳逢家。

陳逢坤的憂心確實成眞。老父交代藏錢處所時，大約是一九八九年間，也就是陳逢坤經常奔波於星、馬之間的那個時段。沒過多久，就在一九九〇年八月十七日，陳亞財便以八十高齡往生了。

那一天晚餐過後，陳亞財正在看電視，新聞播報著中國總理李鵬率領代表團訪問新加坡。九點半左右，他突然感到胸口鬱悶、呼吸不順暢，向老伴抱怨：「被日本人打過的地方又在痛了。」於是不得不回房休息。不久，這位沉默寡言的大家長就悄悄走了。

家族壯大以來，這是陳家莊人最悲痛的一天。當晚小女兒嬋蘭回到家裡，發現平日最疼愛她的父親驟然逝世，傷心欲絕下當場昏倒，精神幾乎崩潰。陳亞財的兒子，平日堅強的漢子們，有的躲在廚房飲泣、有的嚎啕大哭、有的六神無主、失魂落魄；巨樹般的大家長走了，家族的支柱彷彿斷裂，愁雲慘霧瀰漫陳家莊。

失去父親的陳逢坤比誰都哀痛，但是人死不能復生，無論如何，大家都得盡快振作起來。身為第二代家長，陳逢坤只能按捺內心無比的哀慟，召集家人，指揮調度，一邊號召家人回到工作崗位，一邊發佈訃聞、著手料理後事。

居喪期間，往時有點小過節的家人都平靜下來，不敢再鬥嘴吵架，深恐對大家長不敬，遭致其他家人的批評；偶有小小爭執，也必定有人出面嚴詞制止。由此可見，這位大家長在眾人心目中的地位和威望。

不過，外界也傳出一些猜測，諸如「怎樣分家產有沒有交代清楚」之類的閒言閒語。陳逢坤當然也聽過這些話，但他深信，秉性善良的家人不會有藉此分家的念頭，尤其是第二代的十兄弟和兩位堂兄弟，雖然多年來難免有些小摩擦，但手足之情始終深厚，不懷私心。

大家長在世時，兄長們全都為家族盡心竭力，即使經手家族錢財，向來也沒人想過私吞。大哥早年經手絲柳和紅葉，賺來的錢一分都沒有動用；三叔分家之後，大家長以老二、老三、老四和老六的名字存放在銀行的錢，也全都原封不動，足證這些兄長都很純樸、老實。

不過，陳逢坤也很明白，如果不能未雨綢繆，長此以往很難擔保家族不會生變。爲了家族的永續發展，他當機立斷，找來幾位兄長，依照父親生前告訴他的藏錢處，拿出錢來一一點算清楚，如數放進保險櫃裡，再和大家約定：誰也不要動用家產，永誌同心爲家族事業奮鬥。

對於家族的永續發展，陳逢坤有著這樣的理解：一、必須有穩固的企業，才能確保生計無虞，不致出現僧多粥少的情況；二、家族內部要有公平合理的制度，成員的感情更是精神層面的要素；三、身爲大家長的他，必須具備包容心和慈悲心。這三個環節不但環環相扣，而且缺一不可。

也就因爲處理上述事項的過程意外順利，讓陳逢坤倍感放心和鼓舞。他發現，陳家莊並沒有因爲大家長的離世便出現分裂的危機，家族成員反而更加團結。

陳亞財在一九九〇年逝世時，三十七歲的陳逢坤已累積了十年的莊主經驗，進入人生的成熟期的；儘管如此，這仍是「沒有父親在背後援助」的開始，他深知未來仍充滿挑戰。

改革之路，漫長又崎嶇

配合家族企業發展的需要，以及提升家族企業的「體質」，陳逢坤毅然決定大刀闊斧，進行家族企業的改造。核心做法就是分離產權與管理權，在知人善任的原則下，根據能力、經驗與性格適當分配職責。

另一方面，陳逢坤也向外招攬人才，最典型的例子，就是聘用外人出任百美超級市場的總經理兼董事，再通過這位「外援」引進中階管理幹部。從此，陳家莊的許多成員在公司內還得「屈就」於外人。

經營權與擁有權的切割、新制度的實施，必然導致一些「初期的陣痛」。在家族企業裡，陳家莊第二代人人都是老闆，部分是董事會成員；然而，在企業經營上，有些人的職位不得不在外人之下。剛開始革新制度時，有的「老闆」仍像過去那樣，下班後到其他超市巡視，指指點點，關心企業的運作，甚至以老闆身分下達指令，讓工作人員無所適從。

由於教育程度較低，他們不可能懂得現代企業分層管理的原則與方式，也就無法瞭解權責分離的「好意」，往往造成管理上的混亂，攪亂了管理流程。對於新體制的一些做法，比如拿錢辦事要依規定塡寫單據，本來就無關信任與否，純粹只是流程與規則，但剛施行時總會引起人事上的小糾紛，必須運行一段時日之後，大家才能理解和接受。

其中較典型的一個例子是，有一回，某位兄長的媳婦因爲孩子生病，留在家照顧孩子，於是口頭向家翁請假。這位兄長答應了，卻忘記向她的上級報備，引起連串問題：不知內情的人事經理，當然去質問那位兄長的媳婦；另外一位兄長，也不滿放媳婦假的哥哥沒有知會他而向陳逢坤告狀。在溝通時兄長藐視公司制度（請假沒有向上司報告），導致陳逢坤當面拍桌子責備。

這原本是件小事，但被自己的弟弟責備心裡終究不是滋味，犯錯的哥哥越想越覺得委屈，便召開家庭會議，一吐胸中陳年往事和長久壓抑的不滿。這些牢騷，立時有如傳染病般，兄弟們你一言、我一語地爭論起來。

那位兄長因不滿陳逢坤對他的不敬，召集會議提議改選董事長，請陳逢秋接任，會議上陳逢秋不敢接，且其他兄弟也紛紛指責這位兄長的不是，一番爭議後事情不了了之，這位兄長也就退休了。由此可見，家族企業的改革之路有多漫長崎嶇。

爲了達成理想，陳逢坤得不斷向家人解釋，有時必須忍氣吞聲，有時又不能不鐵面無私地仲裁。必須低聲下氣好言相勸時，陳逢坤心中的確酸苦，但是爲了走更長遠的路，只有努力熬過陣痛期。他始終相信，有一天家人終究會明白，陣痛過後便會看得到更好的未來。

另外，對外來的員工他也要有所交代，必須給外聘的管理階層強而有力的支持。否則，豈不又走上回頭路，無法徹底改變傳統家族企業的毛病和窠臼？

他的改革道路，便是從團結家族開始，逐步進行家族企業的擴張，通過引進外來人才，給予優秀「外援」成長的機會，等到能將家族企業轉型爲企業家族後，再發揮企業的社會責任，進一步攀登關愛土地和環境的制高點。

【第四部】

共生與分享

坐實「農民企業家」的精神

一九九〇年八月，陳家莊第一代大家長陳亞財以八十歲的高齡與世長辭時，由他指定、經家族成員投票認可的幼子陳逢坤，已經接掌莊主重任長達十年。

在那十年之間，他目睹兒子與眾兄長齊心協力，不但撐過養豬業被淘汰的厄運，還帶領家族企業成功轉型，並北上鄰國馬來西亞開拓、經營熱帶蘭花園，攀上「世界第二」的高峰。所以，陳亞財走得很放心。

但他大概猜想不到，陳逢坤領導下的陳家莊會在接下來的二十多年，面對更大的挑戰，取得更多的成績：事業版圖和經營範圍大幅擴增、人力資源更多、陳家子弟更見長進。以陳逢坤爲首的第二代，從「家族凝聚力工程」開始，將陳家莊的事業帶上一個更高的層次，非但解決了家族內部的問題，也順利提升「家族企業」爲「企業家族」，進而創建一條「共生與分享」的發展道路。

然而，時間來到二〇〇七年六月時，一場突如其來的健康危機差點兒摧毀了陳逢坤的人生。大病初癒的那一刻，他對於生命有了更深一層的領悟。

第十一章

從家族、家族企業到企業家族

經·營·啟·示·摘·記

◆群居能形成一種「良性的群體意識」
◆接班即要部署交班
◆每一代都是第一代
◆不能用的人就不當用
◆永續發展是時間的延續，也是空間的拓展

所謂萬丈高樓平地起，陳逢坤深刻明白，家族企業是家族持續存在的基礎，家族企業的「飯鍋」，必須不斷做實與做大，企業才有望走上健康發展的道路。若要達到這個目標，必須從內部的改革做起，也就是陳家莊本身。

陳逢坤留學回國後不久，父親便要他接任陳家莊第二代莊主。這個接班雖然帶有「欽點」的色彩，然而，爲了得到大夥的衷心認可，他還是主動提出「投票選舉第二代接班人」的辦法。

一九八六年十二月十五日，陳逢坤召集陳家莊成員，召開第二代接班人投票會議。結果是，他和二堂哥陳逢秋（第二代另一位大學生），兩人高票當選第二代管理層的第一和第二把手，這次歷史性選舉的選票，過後被永久保存在保險箱裡。

陳逢坤和陳逢秋，一位讀華校、一位讀英校，專業上一個學文、一個學理，性格上一個外向、一個內向，正好是能夠互補的完美組合，此後數十年他倆攜手並肩，果然帶領家族企業度過一個又一個難關。

所謂萬丈高樓平地起，陳逢坤深刻明白，家族企業是家族存在的基礎，家族企業的「飯鍋」必須不斷做實與做大，企業才有望走上健康發展的道路，若要達到這個目標，必須從內部的改革做起，也就是陳家莊本身。

一個由包括父母、叔嬸、十二個兄弟、妯娌，加上數十個侄兒侄女組成的超級大家庭，在一個屋簷下共同生活，也都在同樣的農場工作，如果說單憑血緣之親，自然而然便能和睦相處、團結一致，未免太過理想化。

事實上，身爲家裡最年幼的第二代成員，陳逢坤經歷的家族矛盾、家人之間的種種衝突，不勝枚舉，尤其是在他年幼時期，由於人微言輕，根本無可奈何，不免有著一種「無力感」，因此一度他對此覺得十分厭煩。

沒有親身體驗，很難想像陳家莊生活的實際情景，因此，我們不妨「量化」他們的生活實況：陳家莊光是採購生活必需品，就得出動大卡車運載；單單米糧這一項，每個月就得消耗兩百公斤。陳家大廚房就像個小超市，櫥架上擺滿罐頭與包裝食品，還不包括其他的生活與個人用品。

日常打掃和衛生清潔，也一點都不輕鬆。陳家莊建築面積兩萬七千平方英尺（約八百坪），總共有三十二間臥房、十個浴室、八間廁所、兩個大廳、一個大廚房、十台洗衣機、三台烘乾機，還有遊藝室、圖書閱覽室，以及曬衣場和可以停放三十部車子的停車場。光是全部打掃一遍，就夠許多人辛苦的。

說起陳家莊這座現代莊園，在買地申請蓋房子的時候，還引起政府主管機關的質疑。主管建築的部門雖然處理過比陳家莊面積更大的豪宅大院案例，卻從沒見過需要三十二間臥房的住宅規畫，因此第一個懷疑就是：會不會假借建設住宅的名義，實際上卻在搞小旅館的經營？

光是爲了說服當局，陳家莊就必須多次反映，這是家族的實際需要，絕對不存在「違章使用」的問題；但最後還是不得不央請國會議員出面背書，與建築管制署（Building and Construction Authority，簡稱 BCA）簽下協議，擔保日後不會轉成商業用途，當局這才核准了建築方案。

陳逢坤一九七九年自台返星，次年接下莊主棒子後，就決意進行「家族凝聚力工程」。他說：「我回國後沒多久，首要之務就是不斷經營『家族凝聚力工程』。大一時期曾經學習彈奏潮州古箏，當時還有雄心壯志要學作曲，後來發現自己不具備足夠的音樂細胞，才放下這個念頭，但我沒有放棄彈琴，因爲潮州音樂也能凝聚家人的感情。」

至於「家族凝聚力工程」的實施，他選擇從陳家莊內部的炊事開始，通過一系列的改革，清楚劃分職責權限，提升負責炊事者的地位，促進家人之間的相互諒解。

從改良廚務制度做起

正式成爲大家長之後，陳逢坤改革的第一步，就是著手改良廚務制度。千萬別小看廚房事務，在過去的養豬時期，掌廚者一天得準備五餐，工作十分繁重，從晨起忙到晚上，整天頭髮、衣服都是油煙味不說，更沒有多少私人的時間，所以很少人願意負責這項苦差事。

辛苦煩累就算了，家族成員人多口雜，一會兒有人批評菜色不夠豐富、變化不多，一會兒又有人嫌東嫌西，評論味道不好。多煮了，倒掉剩菜被批浪費；煮得太少，沒吃飽的人就抱怨在外辛苦幹活沒被照顧，諸如此類。總之，廚房工作怎麼看都是吃力不討好的任務。

明白其中緣故的陳逢坤，爲了改良廚務，還找來自己的太太（唯一的大學生媳婦戚志萍）負責掌管廚務——她安排侄媳婦輪班掌廚，如其他人不做，她則要親自掌廚，待找到其他人員後再替換——因爲他知道這項工作難度大，如果不以身作則，家人會有閒話，雖然明知妻子沒做過廚務，還是請她勉爲其難接手。

經過不斷的調整、嘗試、修正後，終於形成一套「自助餐制度」，爲家人制定用餐規範。對於負責三餐的廚務成員，一來是一種尊重，二來也培養大家的體諒之心，讓用餐的家人都能體諒廚房工作的辛勞，不再隨意批評飯菜——有時說者無心，負責廚務的人聽到卻很難受，也很難不覺得委屈。

陳家莊訂立的這條家規，不僅讓家族成員知道口德的重要，也從中傳達一個「惜福培福」的資訊：不必動手就有三餐，應該覺得幸福；假設眞的不合胃口，可以到外頭解決。

以前的傳統家庭，都喜歡大家圍桌一起吃飯，這樣的氣氛固然很溫馨，不過，以人口那麼龐大的陳家莊來說，大家的工作時間不盡相同，要求這麼多人齊聚一堂並非易事，不是這個慢、就是那個遲，老是等待開飯的人心裡也不舒服。

家人這麼多，總會發生誰跟誰有疙瘩、彼此之間不願意碰面的狀況，卻都得同桌共食，場面難免有點尷尬。另外，家族人多，一定要等人到齊了才開飯，鐵定得花上不少時間；如此一來，很多本來會早到的，慢慢的也都不想太早到等別人，變得要三催四請。改成自助餐的方式後，這些問題也迎刃而解。

陳家莊人無論男女老少、職位高低，吃完飯後，每個人都會自動自發收拾碗筷，再把桌面整理乾淨，以身作則，爲下一代樹立責任與義務的觀念和榜樣。初次受邀至陳家作客的人，看到年逾八十的老大和老二用餐過後自己洗碗筷，無不感到不可思議。

二〇〇七年，戚志萍到台灣大學就讀草坪管理碩士，才結束了在陳家莊長達二十七年的服務，並將工作交給第三代管理層秀莊和永興負責，由陳逢秋和太太陳婉芳督導管理。過後也開始開放週一到週六請阿姨來煮飯，這也是陳家莊第一次由外人參與廚務的工作。

陳家莊成員組成四個小組，每週日輪流負責家裡的廚務工作。他們都會去買食譜做可口的飯菜，家裡形成良性競爭。由於菜煮得可口，週日在家吃飯的人員也最多。如此也訓練了一批家庭廚師，當煮飯的阿姨沒來時他們也可以幫忙，從而建立起團隊精神。

陳逢坤後來也將這套制度推廣到公司裡頭，就連百美超級市場的員工，也可以在公司食堂免費用餐，餐後同樣得清洗自用的碗盤，就像在家一樣，氣氛融洽又溫馨。

以往，在同居共財下，除了大家長陳亞財總攬財政大權之外，陳家莊的成員並沒有私產，住在紅沙厘的時候，每人每月只能領到幾十塊的零用錢，直到陳逢坤接掌家族企業、向父親爭取調整每個月的零用錢後，才逐步調整到一百餘元至幾百元不等。

制訂家族福利制度

從成立百美超級市場至一九九三年這段期間，家族企業已經完成過渡到現代企業的改造工程，陳逢坤按照市場水準，讓做事的家族成員各領一份工資。於此同時，一套涵蓋結婚生子、托兒、教育、工作、交通、伙食、退休、醫藥、糾紛處理等，共有十七條的《陳家莊管理與福利制度》也出爐了，作爲家族成員共同遵守的「家法」（見附錄一）。

這套家族福利制度涵蓋的層面很廣，可滿足家族成員的各種需求，包括醫療保健、休閒旅遊、結婚生子等等，從生老病死全方位照顧整個家族，確保陳家人幼有所長、壯有所用、老有所養。

雖說已明文規定了實施辦法和細則，然而，家族成員的感情畢竟不能僅單靠「法治」來維持，而必須在平日就養成互敬互愛、不分彼此的習慣。在這方面，打從第一代大家長陳亞財和朱如貂在世時，就已經開始努力了。

陳逢坤夫人戚志萍曾表示，當年她決定遠嫁新加坡時，心裡不免有些顧慮。由於學的是畜牧業，她對種菜養豬這些農事本來就熟悉也喜歡，因此很樂意嫁入養豬人家；她擔心的是像多數人的傳統觀念那樣，認爲大家族人事關係必定複雜，要和平共處恐怕不容易。

然而，嫁入陳家後的第一印象，就讓她大大放心。她很快就感覺到，公公婆婆、伯伯嬸嬸和妯娌們，對她這位一不懂潮州方言（現在已很流利）、二是外來媳婦、三是輩份最低（丈夫排行最小）的新人很不錯。

正因如此，戚志萍才能在短時間內便順利融入陳家莊，成爲其中的一分子，心無旁騖地投入農場的工作。三個月過後，她已經能掌握簡單的潮州話，有的嫂嫂也會說華語，溝通上不成問題。

陳家莊是由多個「小家」組成的「大家」，這裡頭除了陳亞財各自成家的十個兒子，還有二弟陳財來的兩個兒子。人難免有幾分私心，但私心不能成爲「護短」的藉口，一旦如此，就容易引起家人之間無原則的爭端。

因此，《陳家莊管理與福利制度》明文規定：「當孩子吵架時，雙方父母應馬上把自己的孩子帶回房間教育。父母之間不得在孩子面前爭吵，或指責對方孩子不是。如果雙方家長無法協調，不允許公開爭論，應找管理層處理。」

條規是發生問題時，用來解決問題的依據，其作用只是「治標」，至於如何「治本」，就得靠平日的工夫了。

戚志萍說，爲了促進家人的感情，每當農閒的日子，陳家莊有時也會舉辦活動，比如全家人浩浩蕩蕩到海邊燒烤野餐，有時候還去挖貝類。後來，她還在陳逢坤鼓勵下考取駕照。

陳家媳婦們都曉得，照顧下一代也要不分彼此，因爲有的媳婦，如戚志萍，白天必須在農場工作，看顧年幼子女的任務就得交由他人代勞。陳逢坤的兒子陳永紹，就是由家婆親自帶在身邊，長女秀慧的保姆是五嫂謝良儀，小女秀虹則由大嫂劉粉椿看顧。

陳逢坤記得，有一回小女兒因發燒被送入醫院，第二天，大嫂和他去醫院探望時，老遠大嫂就邊哭邊呼喊「秀虹、秀虹」，盡顯焦急與擔心，照顧侄女視如己出，所以有大嫂看顧，陳逢坤夫婦百分之百放心。

就連忙著工作的戚志萍，也有扮演「孩子王」角色的時候，比如她曾帶永紹到游泳池學習游泳，後來兩個女兒加入，再後來幾個侄兒也要學習，於是她乾脆讓教練專爲陳家莊的孩子開班授藝。

事無大小，「小家」有事「大家」幫忙的例子多不勝數，前述的種種安排，不僅僅是分工合作、節省時間那麼簡單，實質意義遠遠超過表面所見。由於經常來往，第三代之間從小就有深厚的感情，也瞭解彼此的個性和專長。

以儒家倫理觀促成家族永續發展

陳逢坤追求的「家族永續發展」願景，是以儒家的家族倫理觀和道德觀——也就是東方的價值體系——爲基礎，確保家人都能做好下一代的生活教育，樹立良好的家風和規範。

這些家風，體現在許多生活小細節之上。

陳逢坤舉例說，每年的耶誕節，陳家莊都有個獎學金頒發儀式，母親朱如貂在世時，是由她親自頒獎，後來母親過世，便改由輩份最高的二嬸（陳逢秋之母）接手。由於陳逢坤在上海，頒獎儀式中，陳逢秋也會代爲宣讀陳逢坤的新年獻詞，後來就改由秀莊代讀。

更難得的是，在朱如貂的晚年，她的孫子孫女，也就是第三代的成員，每天晚上都陪伴這位老奶奶，和她說說話、請安，照顧她的需要，這段時間也是孫輩們聯絡感情的溫馨時光。陳永紹就深有感觸。

身爲陳逢坤的兒子，第三代的陳永紹清楚記得，因爲父母每天爲農務奔忙，小時候他與爸爸媽媽接觸不多，自四、五歲有記憶起，印象中與祖父母的相處時間反而多得多，與眾多的堂兄弟間，也有愉快的共同回憶。

他說，年齡相近，玩在一起的機會自然也多。不管是比他年長的堂兄姊，包括永峰（大堂伯逢春之子）、永智（七伯之子）、永合（八伯之子）、盈盈（五伯之女）、秀玲（六伯之女）、永川（大堂伯逢春之子），還是比他小一點的永忠（八伯之子）、小三歲的永錠（六伯小兒），相處的時光都不少。其他堂哥堂姊年紀差距較大，有的還小他父親沒幾歲，比較像是長輩而不是同輩。

陳家莊長大的孩子，因爲從小生活在大家庭，比較容易體會與家人之間的倫理關係和角色的互動，形成一種「良性的群體意識」，爲將來的社會化進程奠定基礎；不像都市小家庭「關門成一家」般局促一室，而是有廣闊的天地和眾多的玩伴。

陳永紹就說，小時候他常和堂兄弟們到農場撿雞蛋、除雜草、趕豬。再大一些，就一起到超市幫忙，或到自家度假村當行李員和下球場當球僮，彼此之間和親兄弟沒有兩樣。

到了少年時期，因爲新加坡每逢星期一屠宰場不殺豬，百美超市的包裝部門不必上班，堂兄弟們就趁星期日忙完手頭的工作，好在星期一時相約去海邊釣魚，或者到樟宜的籃球場打籃球。

陳永紹說，通常是由華哥、茂哥（二伯的兒子永華和永茂）開車，載著大家到球場，打一場混齡的球賽。球友中既有十來歲的青少年，也有三、四十歲的老將，看來雖像臨時組軍，其實都有並肩作戰的長久默契。他們偶爾也會邀請場邊的外人加入，但自家好手仍分散在敵我兩隊。這樣的組合形式，正是年輕一代往後踏入社會做事、處理人際關係的「基礎訓練」。

籃球賽一般從下午五點打到傍晚時分，別的孩子大多形單影隻、孤單一人回家，陳家子弟則是大大小小一串人，大汗淋漓、身心歡暢地哼著歌，踏著夜色回返陳家莊。籃球打法多元，講究彼此合作、培養默契，有了這樣的生活經歷，這群「打球打到大」的堂兄弟，在職場上共事時，也較容易組成彼此信任、高效的團隊。

本書撰寫之際，陳永紹和堂弟陳永錠，以及小他們沒幾歲的第四代男丁陳章豪三人都在太陽島工作，下班後，三個叔侄還經常相約騎腳踏車、打高爾夫球，或者一起長跑，感情非常融洽。

自從陳亞財當家以來，陳家人就維持上述親密無間的關係，其中雖然也有矛盾和摩擦，但從來沒有傷害到根本，手足之情也沒受到威脅，主因就是大家長夫婦不但有威信，也做出了表率，並發揮一定的調和作用。

陳亞財不僅照顧弟妹、子女和侄兒侄女，也非常關心遠在家鄉陳厝洲的大陸親友，除了經常以金錢接濟，幫他們蓋房子，也把故土之情延伸到同鄉子女，出資興建學校，爲師生設立獎學金。這些善行義舉，對陳逢坤的人格塑造都有很大的影響。

家族企業的發展步入穩健階段之後，陳逢坤也和父親一樣關心家鄉。當然，時代不同，他的實踐方式也有異於陳亞財。他的想法，是到家鄉開發專案，通過實體與文化建設回饋家鄉。百年陳家莊的源頭來自澄海，關心故鄉，正是在間接發揚「飲水思源」、「不忘本」的精神。

陳家第二代都是純樸的農民，因此，陳逢坤在改造家族方面遇上的難處，主要還是在適應的能力與過程，而非家人的本質。反過來說，就因爲家人有著農家子弟的良好關係，這個正面的基礎，便足以確保陳逢坤推行改革時不會遭遇惡意的干擾。

剛接班就開始部署交班

陳逢坤堅信，作爲家族與企業的領導人，他的責任重於一切，必須以「家族和企業的利益」爲依歸，做事以公平合理爲原則。他說，唯有不存私心、不純粹爲「錢」和「權」做事，才能產生巨大的力量。

因此，他在接班的同時便開始部署交班事宜，積極培養第三代和第四代的幹才，包括送他們到國外，分頭學習企業所需的各項學識和技能，然後從中挑選精兵強將，建立未來管理核心的「儲備庫」。

當年父親突然生病、出現沒有接班人的危機時，陳逢坤就已意識到，必須儘早建立體制和計畫，所以從兒子永紹一九八一年誕生開始，陳逢坤腦海中便已經有「爲接班做好部署」的想法。兒子取名「紹」，就有繼續、繼承的涵義，「紹」的意思就是「克紹箕裘」、繼承父祖的事業。這是一個父親很自然的願望。

儘管如此，陳逢坤依然堅守「公平合理」的領導原則。由於他這一代哥哥眾多，管理層中難免有些兄長無法勝任主要角色，處於非主流地位，換成是一般的家族企業，只要哪個兒子接手企業管理大權，主要領導職務總是止於自己的子女，其他「失勢」兄弟的孩子，也就只好接受被邊緣化的命運。

陳逢坤的做法，完全沒有這種趨向。從目前下一代的潛在領導名單中，我們不難看出，幾位在企業當中職位不高的兄長，他們的子女，包括孫子輩，都在接受重點培訓的行列。從這一點可以清楚看到，陳逢坤所謂的「公平、不存私心」，已經眞實體現。

陳逢坤舉了個特殊的例子：負責管理高球場草坪和農業的太太戚志萍，有一回工作時出現疏失，按公司規定必須受到「記過」的懲罰，即使身為集團總裁的夫人、本身又是副總裁，她也只好接受規章制度。有趣的是，發出記過通知的，還是她負責人事的長女秀慧。

在陳逢坤的心目中，接班人除了應該具有勤、儉、勇、謀、膽識和刻苦耐勞的精神，還要有壯大企業的雄心壯志、對家族親情具有深厚的包容心和使命感。他的培植接班人計畫，具體步驟則是從家庭教育著手，讓每位陳家的孩子都能在成年前，就培養好健全的人格。

每一位潛在的接班人，都要接受循序漸進的栽培程序：中學時期進行思想教育，建立正確的家庭價值觀與倫理道德觀念；高中時期決定專業選修方向；大學階段，在尊重當事人意願的前提下，由家族規畫選系的方向；畢業後，則從企業的基層做起。

接下來以年齡為座標：三十歲之前完成就業的培訓，找出適合的發展方向；三十到三十五歲，提供從管理到決策階層的磨練機會；三十五到四十歲，表現較優秀的便列入可能接班人選，未來再以集體領導的方式，推舉企業集團的領導人。

為了激勵家族的接班人，陳家莊除了考慮讓外來的專業人才參與集體的領導工作，也不排除讓他們參與競爭、出任主席職位。在陳逢坤的規畫中，未來陳家莊企業的領導方式，將會採取集體領導的模式，因為他相信，單由一、兩個人左右龐大企業體的做法有一定的風險；隨著家族企業的多元化與國際化，未來陳家莊的成員，也要配合世界潮流。

在陳逢坤的遠景規畫中，未來企業將朝歐美、日本、澳洲等地區發展，所以家族的年輕一代也要到這些地方留學，熟悉當地的風土人情、政經環境、社會條件，預先爲家族企業的開展做好準備和鋪路，等到企業建立起來，其他的家族成員就會陸續調派到當地，協助企業的開發和建設，然後在當地定居，形成一個又一個的海外陳家莊。

這個全球性的家園版圖，永遠以新加坡爲精神堡壘，以上海的太陽島爲家族企業的海外總部、培訓家族企業高級管理人才的基地。陳逢坤篩選員工時，有「四不要」和「三不碰」的原則。四種不能要的人是：庸人、懶人、理所當然的人、壞人。「三不碰」則指在正當範圍之外，「不碰金錢、權力和感情」，因爲這些都是腐敗的根源。他幽默地說，前述的「四不要」和「三不碰」結合起來，正好是一套「不三不四」的用人標準。

總的來說，陳逢坤對家族企業的未來展望，是確保其永續經營和卓越發展，既是時間的延續，也是空間的拓展。這當中有兩個重點：一是內在的深化與強化；一是外在的擴充。對陳逢坤來說，爲了達到長治久安的目標，建立接班機制至關重要。

陳逢坤很早就定下接班人制度，並開始嚴格訓練下一代。據他透露，目前不但包括第三代的幾位核心成員，比如永紹、秀慧、秀虹、盈盈、秀玲和秀莊，二伯陳逢千的孫子、第四代的陳章豪，也是被看好的可造之才。

名單之中的前三位，都是陳逢坤自己的子女，三十一歲的獨子陳永紹專攻法律，本科就讀英國諾丁漢大學、碩士畢業於倫敦政經學院，目前是 Birk-Beck College 的博士生；長女秀慧畢業自美國普渡大學，修的是酒店管理；幼女秀虹則是新加坡國立大學畢業生。

對陳逢坤來說，這份名單可不是「鐵板一塊」。他採用的是動態管理的辦法，按階段進行必要的調整，一旦有新的人才出現就會納入；反之，表現令人失望的也有可能被擠出接班行列。

雖然是菁英式的培養，所有的人選也都得從基層——球僮、行李員、超市員工——做起。家族成員進入企業時，就根據個性、興趣、潛力和能力安排適當的職務。除了重視培養新人，也不忘記妥善照顧家族中的弱勢成員與傷病者。

陳逢坤曾經有個堂哥和堂嫂，不幸在一年內先後患病逝世，留下雙親和兩小，若在一般家庭，那將是何等不幸的事？可是在陳家莊，往生的堂兄嫂不會有後顧之憂，因爲家族中的老人和小孩都會得到最好的照顧。

每一代都是第一代

很多年前就有人發現，華人家族企業幾乎都「富不過三代」的現象；這個「魔咒」也的確多次應驗在不少赫赫有名的家族身上。陳逢坤認爲，家族企業之所以會出現這種情況，一來是因爲第二代已經體會不到第一代早年辛苦創業的過程；二來則是缺少道德教育與身教，使得第二代之間非但不能融洽相處，反而形成一種互相傾軋的惡性競爭關係。

有的家族領導人，自身就不是什麼好榜樣，發達之後就三妻四妾，不顧糟糠之妻，結髮妻子積累多年怨恨，影響子女，家庭關係早已埋下衝突的惡因，等到領導人逝世，所有惡果當然一一顯現，不要說三代，第二代就已分崩離析了。

因此，陳逢坤除了灌輸家庭倫理道德，更提出「每一代都是第一代」的精闢見解，意思就是：代代接班人都必須把自己擺在第一代的位置，不能只是接受成果，而是與上一代人一樣肩負創業的使命，永遠把危機意識背在身上。

完成「家族凝聚力工程」與改造家族企業後，陳逢坤更上層樓，進一步把「家族精神」擴大到企業員工，將原本的家族企業轉型成爲企業家族，簡單說，重點就是視員工家屬爲擴大後的家族成員。

具體的表現，包括重視員工的培養。除了經常提供學習的機會，那些自發到外頭學習、成績不錯拿了文憑的，都可以回來公司索回學費；一些員工的配偶患病時，公司也能體恤其困難而給予援助，充分體現企業家族的精神。

陳家莊的根源在中國汕頭澄海區，但在新加坡落地生根已超過半世紀，對陳逢坤來說，不論是新加坡的陳家莊，還是汕頭澄海的老厝，重要的不是實體，而是一種「根」的意義。人又不是樹木，爲何需要樹根呢？這是團結、認同的象徵，是一種identity，好比在何時何地，國旗與國歌都會引發你的情感，見到國旗心生感動，聽見國歌更可能熱血沸騰。

陳逢坤雖然和父親一樣，也是離鄉背井多年，但與父親陳亞財不同的是，他離的「鄉」不是中國大陸，而是出生地新加坡，他不僅熱愛新加坡，也由衷崇拜建國總理李光耀，視李光耀爲學習的楷模。

李光耀在六十七歲那年（一九九〇年），身體還很健康硬朗的當兒，毅然宣佈退休，把一手建立的江山，毫不遲疑地交給新一代菁英管理，這是何等寬闊的胸襟與高貴的情操，更是了不起的決定。

李資政也曾公開聲明，今後不要爲他塑像，也別留下什麼名人故居，因爲一向務實的他，對於虛榮毫無興趣。在他執政當總理的三十一年間，新加坡從一個落後、默默無聞的小島國，一躍而爲獲得多項世界級榮譽的小紅點。從李光耀的建國經驗和個性上，陳逢坤獲得許多重要的啓示，也領悟許多人生的智慧。

李資政不但提倡終身學習，而且身體力行。據曾經教過他華文的學者說，過去數十年中，除了出訪以外，無論國務多麼繁忙，李資政從不缺課，對學習華文始終抱著持之以恆的態度。如今的陳逢坤，也是每週二上午七點風雨無阻地學習英文。

重現昔日泖島輝煌

陳逢坤最不願意做的事，就是把寶貴的時間浪費在無謂的吃喝應酬上。對他來說，工作就是最好的娛樂，能夠開發一些項目、面對一些挑戰、克服一些難題，過程便會帶來很多滿足感，也能達到娛樂的效果。

公餘時分，能和家人或員工聊聊天、交換一些資訊也是一種享受，一種放鬆心情的休閒方式。陳逢坤也喜歡閱讀，而且興趣廣泛，各種書籍和資訊都涉獵，只要能夠有所啓發，就不斷吸收和充實自己。

目前在新加坡，陳家莊總共經營十九家超級市場，但若論聘用人數、專案領域與營業規模，以上海太陽島爲海外總部的中國大陸業務，重要性已經超越陳家莊發源地新加坡，一年當中，陳逢坤大部分時間也都坐鎮上海。

陳家莊的事業翅膀國際亢立集團，主營業務涵蓋養生度假村、高爾夫球場、有機農場、國際學校、房地產開發、超級市場、文化旅遊、中醫理療等範疇。在「共生、分享、和諧」的指導思想下，陳逢坤致力於把太陽島構建成「自然、人文、藝術」的家園，這些年來也已取得不少實效。

陳逢坤希望，未來還能把陳家莊企業發展和倫理實踐，拓展到其他的領域以回饋社會，更期待包括企業、學術與文化等領域的各界菁英，都來和他一起關注「家族企業與社會責任」這一命題，他不但願意與各界人士分享成果，也隨時準備取人之長。

因此，他苦心經營下的太陽島，雖然面積僅僅兩千四百畝，以島嶼的面積來看，幅員不算太大；然而，陳逢坤的胸懷、太陽島的「心境」都是無比寬廣。陳逢坤要以開放的態度、太陽般的精神，將小島打造成國際的舞台。

隨著世界經濟版圖的東移、中國的改革開放和崛起、上海的繁榮，太陽島不僅迎

來各地的球友和訪客，也經常性召開各種性質的研討會、交流會，以及關於身心靈修養的活動，重現昔日洳島人文薈萃的輝煌。

然而，就在二〇〇七年六月，一場突如其來的健康危機差點兒摧毀了陳逢坤的人生。大病初癒的那一刻，陳逢坤說，他對於生命有了更深一層的領悟。

第十二章

重生的感悟

經·營·啟·示·摘·記

◆健康是創業與發展的基礎
◆看似理所當然的事，反而重要得多
◆跌倒站起來不夠，還要幫助更多人站得更穩

二〇〇七年六月十日當晚，堪稱陳逢坤的驚心動魄生死夜。晚飯之後，他像往常一樣，到太陽島上的室內溫泉游泳館游泳，但不知道為什麼，那晚他感覺池水的溫度特別低，有種讓人不寒而慄的透心涼。他原本以為是熱身不夠，心想只要多游幾圈，身體自然就暖和些，於是一口氣游了二十圈。到了晚上十一點，他開始感到不對勁，胸部發悶、冷汗直流，還感覺胸痛。他曉得，這絕對不是一般的不舒服，因為患上糖尿病十多年，對這種病的併發症陳逢坤早已有所瞭解。直覺告訴他，這很可能是心臟病的一種：心肌梗塞。

出身務農之家、兄弟姊妹多達十三人的陳逢坤，從小受到父母和兄姊們刻苦耐勞、勤懇做事的影響，數十年來一心一意投入工作，可是與二〇〇七年之前最大不同的是，目前他雖然還是十分忙碌，也經常出國考察和商議新投資計畫，但對於飲食、

運動、修身養性、調養身心，乃至人與環境、天地人的多維關係，有了更廣泛且深入的認識，對於生命的價値和個人的角色，也有更深一層的感悟。然而，二〇〇七年之所以可說是陳逢坤「人生的分水嶺」，還得從當年六月的那一天說起……

那天傍晚，上海已經進入「一陣梅雨一陣熱」的夏天，當時五十四歲的陳逢坤，晚餐後一如往常先休息一個小時，再從那幢具有歐陸風情的別墅住所，上海太陽島度假酒店門牌一〇二〇號，步行到幾百公尺外的溫泉養生館，準備在室內游泳池游上一會兒。這個晚餐後的活動，已成爲他的生活習慣。

陳逢坤回憶說，那天不知爲什麼，感覺池水的溫度特別低，有種讓人不寒而慄的透心涼，當時以爲是熱身準備不夠，心想只要多游幾圈，身體自然就會暖和些，於是一口氣游了二十圈。奇怪的是，那種「畏寒」的感覺並沒消失，讓他非常納悶：在溫熱的六月天裡，又身處恆溫的室內泳池，按道理不應該那樣的冷。那股寒氣，究竟從何而來？

儘管情況有些異常，他卻沒有特別在意，更沒察覺身體出了狀況，反倒越覺得冷，越想繼續游下去，這是他一貫「不向困難低頭」的個性使然。又這麼游了兩個鐘頭之後，他才返回寓所歇息，除了「冷」，當時倒也沒有其他的不適。那時陳太太戚志萍剛好在新加坡，三個子女也都在國外求學，屋內只住著陳逢坤一人。

到了晚上十一點，陳逢坤開始覺得不對勁，不但胸部發悶、冷汗直流，還感到胸口疼痛。他曉得，這絕對不是一般的身體不適症狀，因爲患上糖尿病十多年，對這種病的併發症，陳逢坤早已有所瞭解。直覺告訴他，這很可能是心臟病的一種：心肌梗塞。

追憶五年前的那一刻時，陳逢坤說：「我坐在客廳裡，先是直著坐，又試著平躺，看看會不會比較舒服，但大概只過了十分鐘左右，我就決定要去看醫生了。首先想到的，是找島上的值班醫生診斷病情，做基本檢查：測心跳、量體溫、把脈。醫生檢查過後，光看他的表情，我就證實了自己的判斷，病情十分危急，我便跟醫生說去青浦的醫院做心電圖，然後馬上到上海醫院動手術。」

臨危不亂，爭取「黃金六小時」

陳逢坤不但準確判斷出心臟病，還像平日指揮員工、分配任務那樣，有條不紊地規畫從青浦到上海間，時間的設定和一路相關的人事安排。他很清楚，這可是性命攸關、極其重要的「黃金六小時」，一絲一毫的差錯都不容，許多事情必須當機立斷。

平常管理集團公司繁雜的事務，陳逢坤總能指揮若定；在這緊急關頭，他也同樣發揮冷靜處理的性格，鎮定地分派大家去做該做的事。當時很多人十分惶恐，亂了手腳，反而是身爲病患的陳逢坤在安慰大家，叫他們不要驚慌失措。

緊接著，陳逢坤撥打了好幾通電話。首先打給公司經理張江川，讓江川先去青浦醫院辦好必要的手續；然後才通知公司車隊派車，送他去青浦醫院；之後則打電話給集團副總裁沈世萍，請她聯繫家庭醫生、上海名醫邱佳信教授，再請邱教授聯繫上海醫院的院長，找最好的醫生幫他做心臟支架手術，同時一一備齊手術前後所有準備工作。

到了青浦中山醫院、做完心電圖後，只見醫生表情嚴肅，說要立刻轉院到上海。此時邱教授已聯繫上海中山醫院的院長，午夜時分，中山醫院院長早已入睡，但一聽到這個消息便立即起床，趕到醫院，守候在手術室門口。

車子抵達中山醫院時，邱佳信教授、中山醫院院長、主治醫生已經全都等在那兒，診斷過後，陳逢坤馬上被推入手術室。手術在四個小時內完成，剛好在所謂的「黃金六小時」之內。

被推進手術室、躺在手術檯上是什麼感覺呢？回憶發生在五年前的那一夜，陳逢坤說：「手術時是局部麻醉，進行中知道有人來回走動，就有信心自己能夠度過這一關，因爲我明白，只要及時找到好醫生，正確處理、按照醫療程序行事，度過這個階段就沒事了，所以我心裡始終很鎮定。手術完成時，公司的幾個高層主管和載我來的司機都還守候在手術房門外，那是半夜，大概凌晨三、四點鐘。」

陳逢坤清晰記得，當大家看到他雖然面色蒼白、卻已死裡逃生時，都鬆了一口大氣，有人甚至喜極而泣。

醫院不得不開出病危通知

外人用文字或口述的形容，不會比一份由醫院提供的〈陳逢坤PCI手術及術後醫療資料匯總〉更能清楚顯示當晚的嚴重狀況，這份資料匯總如此表述：陳逢坤於二○○七年六月十日晚上突發心肌梗塞，被送到青浦中山醫院急診，診斷後緊急轉送上海中山醫院心內科，確診爲冠心病——亞急性前壁心肌梗死。緊急進行PCI心臟手術，放入EXCE12.75×28m雷帕黴素心血管支架，門診診斷高血壓二級、二型糖尿病、高血脂，BP110/74mmhg，心率74次／分。

手術過程是在手腕切開一個小口，放一個支架在裡面，令其游走到堵塞處，清除身體中的壞膽固醇及其他沉澱物，好讓血液恢復暢通。

陳逢坤心肌梗塞病發當晚，最早聯繫和接觸的兩名員工，是張江川經理和值班的司機鄧建民。二〇一二年五月三十一日，當年目擊陳逢坤心肌梗塞，並協助安排他輾轉入院的張江川經理，回憶當晚發生的事，筆述了緊張一刻的情景，張江川寫道：

二〇〇七年六月十日，晚上十一時許，我接到陳總電話，問說：「江川，你在哪裡？」我回答在家裡。他說：「我心臟不好，需要去青浦中山醫院，你在那裡等著。」我接到電話後，立即駕車在第一時間趕到青浦中山醫院，到醫院後我立即爲陳總掛號。當晚急診的病人很多，我擔心如果按正常的排號就診，會耽誤時間而影響診治，立即找到急診預檢處的醫務人員，講明陳總的身分和病情，希望他們給予照顧。預檢處的醫務人員立即安排專門醫生等候，我並向公司的沈世萍副總裁做了報告，不久公關部的浦偉經理也來了。

後來轉送上海中山醫院，醫生一檢查完畢，立即開出病危通知，必須即刻進行手術，此時，經沈世萍協調，龍華醫院的主任醫師邱佳信教授也趕到了醫院，之後沈世萍也在午夜十二時許趕到了醫院，在病危通知書上簽了字。不久，陳總便進入手術室進行手術。

當年的值班司機，目前擔任車隊主管的鄧建民說，儘管事情已經過去五年，他還記得當天的情形。他說：

那天晚上剛好我值班，醫務室打電話過來講陳總身體不怎麼好，要去他房間看一下。因爲那時是晚上，當時是一位女醫生夏醫生值班。我跟她兩人去的時候，陳總比較痛苦，冒冷汗出來，她一看情況嚴重，說趕緊去中山醫院，於是我們就直接去青浦中山醫院了。我車子開得滿快的，從小路就穿過去了，太陽島到青浦中山醫院估計二十一、二分鐘就趕到。開到那裡，張江川，因爲他是青浦人，還有公關服務部的浦偉經理，他們兩個已經等在那裡。青浦中山醫院稍微檢查一下，表示可能是心梗，但是不太確定，要到上海市中心的中山醫院心臟專科去確診手術。

在青浦中山醫院耽擱了最多只有二十分鐘，然後就開始往上海趕，紅燈都沒有停，張江川開在前面，我跟在後面，只有最後一個紅綠燈，因爲有車，我們等了一下子。我們一邊往上海趕，一邊通知沈世萍和邱教授，到了那裡，沈總和邱教授等在那裡。陳總到了以後，他們確診是心肌梗塞，而且要馬上動手術，我們幾個人推著陳總進了樓上的手術室，當天晚上就動了手術。

鄧建民是在二〇〇四年成爲太陽島員工的，換句話說，陳逢坤出事的那年，鄧建民已工作了三年，現在他是車隊的主管。當年陳逢坤的專職司機吳春華，目前已升職爲經理，主管總務、工程，安保等事務。

許多「如果」，還好全沒成真

話說回頭。每次回想起五年前的那個夜晚，陳逢坤都感覺好像是到鬼門關兜了一圈再回來。人在醫院時，他通知了新加坡的堂哥、集團公司二把手陳逢秋，也聯繫太太戚志萍。他們從新加坡趕來的時候，陳逢坤雖在重症加護病房，但他的頭腦很清醒。

做完手術，住進加護病房時，陳逢秋問陳逢坤：「接下來應該怎麼辦？」他只說，病好了以後還要大發展。其實在那個節骨眼，陳逢坤也曾想到可能發生的最壞情況：「如果我……到時候家人、家族會怎麼樣？那時，家人大概也都在想中國這邊該如何、新加坡那邊又怎麼辦。公司眾多的員工，當然也各有猜想。總之，那時候真的非常混亂，大家都不知所措。」

所以陳逢坤意識到，當一個突如其來的危機發生時，平時有沒有妥善的部署和準備，有沒有危機管理意識，面對這種「非常時期」，就能立見分曉。不過這都是後話了。

在手術前後的關鍵時期，陳逢坤認識了主任醫生，過後轉到曙光醫院，又認識了特需病房的梅主任、繼續給他看病的蔣主任，還有負責糖尿病的虞主任和瑞金醫院的副院長——也是一位糖尿病專家。

他感激地說：「我在多年的待人處事中，總要求自己能以誠懇之心對待每個人，因此，往往在見過一、兩次面後，便建立起非常親密的關係，我也提醒自己，要常常用感恩的心對人。」在這種緊要關頭，每個人都爲他盡心盡力、展露人性光輝的一面，顯見他平日的廣結善緣，這時候發揮了作用。

負責診斷的醫生事後解釋，陳逢坤是因爲有兩條血管被堵死，才會導致心肌梗塞。陳逢坤說：「做這種手術很辛苦，先要在手腕切開一個口子，放導管、儀器進去，才能清楚看到心血管的哪個地方堵住，然後再放支架進去，哪個地方堵塞就撐開那個地方，讓血液流通。因爲血液進不去，心臟在這個時候沒有氧氣，便會產生壞死，所以我的心臟有一小塊是壞掉的。這是心肌梗塞的常見現象。」

回想與死神搏鬥的那一幕幕情景，陳逢坤不無感慨，也想到了諸多的「如果」。

「如果當時缺乏對糖尿病及其併發症的醫學常識，在胸悶氣短的當下慌了手腳；如果沒有平素養成運籌帷幄的辦事風格，預先打電話做周密的安排，爭取寶貴的時間；如果平日沒有以誠待人，結識肝膽相照的朋友（包括名醫朋友），召之即來，並爲你做好手術的準備工作；如果公司內部沒有良好有效的運作系統，相應的員工不能隨時待命……那麼，豐富多彩的生命樂章，便會在那一晚劃上最後的音符，留給大家的只是悲傷、遺憾。」

幸運的是，太多的「如果」並沒有發生。思想至此，陳逢坤平靜地說：「人走了就走了，多大的名氣，走了就走了，人生就是這麼脆弱，而我是幸運的……」

孟子說：「天將降大任於斯人也，必先苦其心志，勞其筋骨，餓其體膚，空乏其身，行拂亂其所爲，所以動心忍性，增益其所不能。」俗語也說：「大難不死必有後福。」然而，所謂的後福，絕非等待上天的恩賜。陳逢坤從中汲取了經驗和教訓，也找到了方向及方法，所有的「後福」，皆來自於醒悟之後一連串的決策和實踐。

陳逢坤前後在醫院住了兩個月。住院的這段時間，他悟出了很多道理，深感生老病死的無常，同事和家人的探訪，更讓陳逢坤感觸良多：「看到大家都可以走路，你卻被監控在床上不能動，不可以隨便下床，你會突然間發現，一個人在不能動的那刻，已經沒有人生的意義與價值。」

出院後回到太陽島，跟著他十多年的小金阿姨，見到闊別多時的老闆平安回來，發自內心的又高興又激動。回家的溫暖也讓陳逢坤發現，平常日子的「無病無痛」，本身就是一件幸福的事。

住院期間，他也目睹因爲種種病因，很多人必須在醫院留宿，當然也包括他在內。他說：「回來以後才曉得，人在生病時是那麼無助；平時原來半分鐘走完的路，現在大概得走十五分鐘。平時的你根本無法想像，人有一天會變得這麼脆弱。」

生了這場大病，回想在陳家莊的生活歲月，數十年來的創業與人生經歷，種種際遇結合起來，讓陳逢坤下定決心，要好好思考人生的眞正意義與價値。

大病後，找到泰生新方向

二〇〇七年九月，陳逢坤到江蘇省的徐州參加一個招商會，這是他病後第一次出遠門。本來醫生是說不能搭飛機，但他惦記著公司與業務，那股扛在肩上的「責任」，逼迫著他不能再等待，必須繼續向前。

儘管這樣，他的心態和突然發病之前已經大不相同了。這時的他已然大徹大悟，深刻瞭解再也不能只知拚命衝刺而不顧自身健康；不僅如此，他還誓願把創造身心健康的資訊及方法，傳達給家人、企業、朋友和社會大眾，立志探索健康之道，並且將之發揚光大。

他說：「和死神交過手後，才知道生命的可貴與脆弱，才知道生命的意義所在。之前忙於事業而忽略了身體健康，如今我要喚醒大家，不要到了心臟有很多細胞壞死的時候，才來覺醒生命的許多課題。畢竟心臟有了問題，很難恢復到原來的狀態。」那次的大手術讓他切身體會到，醫院與殯儀館僅一線之隔，生命只在呼吸之間。

出院後回到太陽島，在復健的那三、四個月裡，他時常出外行走。雖然身體依然十分虛弱，根本無法邁開大步走遠路，但他還是堅持每天出去散散步。當時在一〇二

○號別墅工作的阿姨小金總會陪伴著他，走得很慢很慢，慢到令人難以想像，可能是之前速度的五十分之一。他終於體會到，健康遭到破壞宛如黃河潰堤，重返健康之路更是舉步維艱。

養病期間，思潮終日起伏不止。他想到之前健步如飛，當兵時甚至帶著十多公斤的鋼盔、背包、來福槍，參加越野障礙跑步、攀越高牆、鑽鐵絲網，然後快步衝刺；過程中遇到各種障礙時，都要想辦法克服，好不容易踩過爛泥地，眼前便出現只用鐵鍊懸吊的狹窄木橋，但他就這樣勇往直前地跑過去，還跑出個第一名。衝刺過程中，他說，從未考慮到萬一摔下來怎麼辦。

新加坡十八歲以上的男子都要服兵役，役期兩年或兩年半，視兵種而定。退役後才能上大學，但每年還得履行一段時期的後備役。陳逢坤是在台灣大學畜牧系畢業之後，回返新加坡爲家族服務時，才開始每年回營參加爲期兩到三週的後備役。

參加後備役期間，他常常是在豬場給豬打針，眼見時間快到了，跳上摩托車便走人，連衣服、鞋子都來不及換，就到部隊裡去跑步，跑完二．四公里再回豬舍做事。很多同袍穿著 Nike 的鞋子、運動裝，戴著很帥氣的手錶跑步，而他則是穿著一雙臭鞋，邋裡邋遢地衝到現場。有時騎著摩托車衝去買零配件，買好後再回來組裝起來，一忙就是一整天，完全不知道疲倦。

離開部隊後，開創事業時期，他也一樣全力拚搏，可以連續十七、八個小時不吃不睡地工作。年富力強時期的他思路清晰、反應敏捷，凡事親力親爲、精益求精。

舉凡和工作有關的事物，陳逢坤都有興趣瞭解，所有的技術都想掌握，別人不會的東西他拿來做，別人不要做的東西他也撿來做，而且要做就要做好，勤勤懇懇、盡心盡力。當時的他，只覺得自己無所不能。

「一個有著萬能思想的人，突然間變得動彈不得，那種落差，你想也知道有多大。」他說：「對於當時的我來說，就連呼吸、走路，都不再是輕鬆、簡單、理所當然的事。」

他接著說：「開發了這麼多公司、看到公司擁有這麼多同事，會覺得很有成就感，因爲創造平台讓大家有所發展的人正是你，可是，突然自己連行動都無法完成，反過來要大家來幫忙自己，內心實在很沉重。」

讓陳逢坤欣慰與難忘的是：「我突然發現，公司的各種資源都莫名其妙地自動發揮了作用，我之所以能放心地治療養病、無後顧之憂，就是因爲有家族、企業兩組優秀的團隊在背後支持我。」陳逢坤特別感念堂兄陳逢秋，他也是新加坡家族的負責人。養病當時，幫他管理陳家莊的就是陳逢秋和戚總；他們都已管事了二十多年，早有威望，有他們在那兒，大家都覺得心裡非常踏實。

「當時，如何穩定軍心是很重要的。陳家莊裡，有很多人一聽到我病倒就一直哭，讓我難以想像，萬一眞出事該怎麼辦？所以，當逢秋描述完大家的心情以後，我就不能不想：陳家莊有多少親人，對自己懷著莫大的期盼？這可以說是自己價値的一種體現，一種力量的泉源，但也讓我反思與內疚。同時，我也想到自己過去做了很多事情，好像是個強者，結果突然就被疾病打敗了。而同事、下屬雖然做著很簡單的事，卻很健康，對自己有這麼大的幫助。我會生這場病，說穿了，不過是因爲自己觀念上的錯誤，忽略了健康，導致緊急入院動手術，甚至生活上、生理上的基本需要都不能自理。那時我常常反省：爲什麼要弄到大家都在爲你而忙？」

這是他人生中一次不小的打擊與震撼，然而他沒有絲毫氣餒，反而在心理、生理上徹頭徹尾地改變，並激發出更多新的能量。他想到：很多人窮極一生忙忙碌碌，始終不願停下來，也不能停下來。因爲沒有停下來，就無法思考，無法沉澱，所以無從體悟人生的很多道理，包括生老病死、包括人生的意義、包括健康永續。

他嘆了口氣說：「我覺得不能夠因爲事業而犧牲健康，更重要的是，平常生活中很多看似理所當然的事，其實反而重要得多，可是我們沒有留意、沒有重視、沒有珍惜。」

因此，他後來經常特別反覆強調一個觀念：「我們不能這麼忽略身體健康，不能因爲自己對於健康的錯誤觀念而導致生病，成爲別人的負擔。這個重要的觀點，是在生病的時候悟出來的，也是在那個時候我想到讓一切重新再來。」

天地交則萬物通，上下交則其志同

雖然是因工作過度、生活方式失調導致大病，而後獲得「重生」才對生命有了新的感悟，陳逢坤卻從未後悔勤奮工作，他說：「發病的時候，心裡只想如何儘早回復健康、重新出發，但沒有認爲自己從前做的東西是錯的，所以我可以理解蘋果電腦老闆賈伯斯在五十六歲去世時的那種心態。他並沒有抱怨因工作而導致生病，完全沒有，因爲你不是在爲自己做事，而是在爲大家做事。我從懂事以來到現在，都很少想到自己，一心一意爲這個家族著想，也爲家族企業的未來設想。」

「重生」之後的陳逢坤，經過一番的探索和實踐，發掘了一條通往永續發展的道路——泰生之路。這個機緣的由來，又與一位農藝專家林宗賢教授息息相關。

陳逢坤剛認識林教授的時候，就覺得這個人和一般人很不一樣——他是一個很有成就，卻低調又謙虛的人。陳逢坤首先覺得，兩人的背景很相近：一是兩個人都爲台大人，一個學農、一個教農；二來都是愛讀書的人。陳逢坤從同學口裡聽說了生態農業，就請林教授進行研究，到世界各地去考察，進而認識了致力推廣有機農業（biodynamic agriculture，簡稱ＢＤ）的漢斯先生。陳逢坤的兒子陳永紹和林教授，兩人相偕去漢斯在瑞士的總部參訪後，都認爲如果能在農場實實在在做事，一定能把事情做好。於此同時，他們也看到了化學品和農藥的應用，無非是近百年來人類爲了求快、急功近利的結果，也看到由此產生的一系列問題。

儘管是個新的領域，虛心學習的林教授還是很快就進入狀況，讓陳逢坤決心延請他負責生態農業這個領域。陳林兩人認識之後的三、四年間，曾經幾次同行考察專案，林教授非常認同和嚮往陳逢坤倡導的價值觀，也從陳逢坤身上看到企業中散發的一種愛與和諧氛圍，於是寫下合作共事的機緣。

那時的陳逢坤沒想太多，只覺得既然要搞有機農業，就該爲ＢＤ找一個適當的中文名字；這方面，博覽群書、尤其喜歡涉獵人文和哲學領域的林教授認爲，倒不如用

《易經》「泰卦」的「泰」，而「生」則是指「生命」，這個想法十分契合陳逢坤對生態農業的整體思路。「泰生農法」這一名詞由此誕生。

兩人先是就「泰生」的總體思路、概念進行思考，再沿著這個思路，研究如何在生活的各個方面實踐；經過與多位文化學者、中醫專家和資深媒體人反覆討論和研究，一套結合理論與實踐方法的泰生學，終於有了雛形。

這個「泰生」的大系統，上層既有《易經》與儒家等東方智慧尊奉的天人合一思想，也有宇宙天體的運行和現代應用科學當中，萬物相互依存、人與自然共生的研究成果，再結合陳家莊走過的歲月，陳逢坤與他的研究和管理團隊，就這麼發現了「共生、分享與和諧」的永續道路。

在這個大系統之下，萬物生存的基礎是關愛土地與環境，實踐方式便是泰生農業；在關愛土地的前提下，順應四時規律調養身心、注重飲食、修身養性防病與治療，都可以通過泰生療法加以實現。

如果從中國文化的角度來理解「泰生」涵義，所謂泰生農業，就是以自然生態爲本，中國四、五千年的農業文明爲綱，用一百年來人類找到的其他農法，像ＢＤ農法、**Permanent Culture**（該農耕方式於一九九〇年代引進台灣，取其音與意而翻譯爲

「朴門」），以及其他的有機農業等等，從而建立起理論更全面、實踐面更深廣的泰生農業。

「泰生」的源頭理念是「天地交則萬物通，上下交則其志同」，根本精神則在於「設身處地、換位思考」，也是利他之心的顯現，引申而言，可以用在家庭、企業、教育與社群關係之上，對於營造人與人、人與環境和眾生之間的和諧共處，絕對能起到積極的作用。這，不就是「永續」的根基嗎？

天行健，「泰生」以自強不息

幾十年來，陳逢坤在陳家莊看到很多的生老病死，企業成長過程中也碰到很多災禍，可說深有體會，因此提出了「生命價值」和「永續經營」這八個字，由此聯想到自然界的始終生生不息，就會悟出「天行健，君子以自強不息」這句古話。「健」的意思，就是自然界既然運作不斷，人也要自強不息，所以需要研究泰生學與泰生事業。

原有的農場，因此重新規畫，注入「生物多樣性」的元素，藉以打造視覺、聽覺、衛生、安全，乃至氣氛幽雅的泰生示範農場，連景觀都請專家精心策畫，將一個原來鳥不生蛋的地方，變成生機勃勃的泰生示範農場。

陳逢坤說：「看見農場外停放一隊車，一堆人進來參觀。看到他們來的時候很開心，回去時很快樂，那種喜悅是很難描述的，也會讓你很想和大家分享建設農場時的點點滴滴。」

他又說：「坐在小池邊的亭子裡喝杯茶，你會聽到『蘑菇』中傳出音樂，原來蘑菇都是揚聲器，我們的蔬菜水果也在聽音樂。慢慢的，所有的人和小動物都會習慣生活在這裡。溫度再上升一點兒，葉子就長出來了，花也開了，人、小動物、花草樹木都散發喜悅的氣氛，這就是泰生示範農場的眞實寫照。」

泰生農場原來占地五百畝，最近當局再撥給一百八十畝，使得總面積達到六百八十畝。把「農牧漁林和旅遊」匯集在一個農場裡，而且形成有機結合的系統，就是所謂的「泰生模式」，但在還沒能確保成功運作之前，現在的農場只是個示範基地。

未來目標是開發萬畝農田，也就是以這個示範農場爲「模組」，十倍、二十倍去放大，先做一個試驗，完成一個典範，讓大家都能看到裡面怎麼運作，怎麼讓農牧漁林合諧運作，再和旅遊結合，在當中找到通路。這個自給自足、永續發展的模式，也就是泰生模式。

目前的泰生模式，還只是測試泰生發展的一個初步實踐，把大自然視爲一個大宇宙，人的身體則是一個小宇宙，而這個模式下的實業體——泰生實業，本身即是一個自我具足、循環不息的系統。

談起農業問題，陳逢坤這位農民企業家總是特別來勁，進一步闡述了泰生模式的「大系統工程」。

他舉例說：「如果今天大家都只做一件事，養豬的只管養豬，不知道怎麼處理豬糞；種菜的買了不知道摻了什麼的肥料，沒有妥善協調，也不考慮後果，農業的困境，就是這麼來的。泰生模式是個綜合性新興產業，整合了各種專業，相互關聯，天在下、地在上，以小事大、以大事小，所以一切暢通。」

陳逢坤希望，泰生學最終能變成一個超越宗教、包容性大，完全沒有「排他性」的信仰，成爲一個很實在的、生活化的，能夠具體實現的生態大系統。在它之下，面對自然萬物時，不管是一個家庭、一個企業、一個社群，大家都能夠從「共生與分享」中，獲得身心靈的和諧與解放。

他現階段在做的，就是爲這個目標系統打造基礎事業。第一個結合生態超市、中醫理療與健康餐飲的「泰生天地」館，已經出現在上海市區。

過度簡單地理解泰生事業，你會陷入「以經濟效益爲終極目標」的誤解，對陳逢坤來說，企業效益固然重要，也的確是「打開泰生大門」的必要通道，但它只是手段，不是目的。閱讀全書之後，相信大家也都能懂得他的意思。

可以說，病後重生不僅讓陳逢坤有更高層次的感悟，也讓他找到人生的眞諦。

任何堅強的人，跌倒了都會自己站起來；然而，對於像陳逢坤這樣意志特別堅強的人而言，「跌倒之後重新站起」遠遠不夠，還立志通過實踐「泰生」理念，幫助更多人站得更穩。

而且不只立志，他已經開始在做了。

【後記】

回到原點

二〇〇〇到〇五年間，筆者曾經在上海居住了五年。前四年是工作關係，擔任新加坡《聯合早報》駐上海特派員；第五年是爲了找資料做研究，暫時離職一年，希望完成復旦大學的學位論文。

旅居上海期間，早已聽說上海有個太陽島，是由新加坡農民企業家陳逢坤開發和經營，擁有北歐風格度假別墅和綠草如茵的高爾夫球場，第一位告訴我的人，是已故新加坡駐上海總領事、偶爾會到那裡打球的王祿敬先生。據他說，球友中不少是台商和韓國人。

由於工作性質，我時常接觸駐滬的新加坡商人、企業管理者、留學生、機構代表和官員，也曾多次參加與新加坡有關的各種活動，比如：一年一度的國慶晚宴；企業項目的簽約、動工、落成；新加坡政治領袖來滬，接見旅居上海的新加坡社群；以及

新加坡與上海共同參與的活動等等。

在這些帶有政商色彩、濃厚交際性質的聚會上，我從來沒有遇見過陳逢坤，因為他是一個低調做人、認眞做事的創業型企業家，而我因沒學打高球，所以也未曾踏上太陽島，但是，我不但早就聽說過陳逢坤這個名字，對於他所屬的陳家莊家族，我更有一種「陌生的熟悉」。

說「陌生」，是因為在二〇〇九年認識陳逢坤之前，我未曾眞正與陳家莊的任何成員打過交道。那「熟悉」之說又從何而來？原因是我們出生在同一個鄉村：新加坡芽籠三巷的甘榜福順。甘榜，是馬來語 **kampong** 的音譯，意思就是鄉村，所以可以稱為福順村。

在我四、五歲開始懂事的年紀，也就是一九六〇年前後，陳亞財和他創立的陳財發農場，就已經是當地赫赫有名的大家族。當年我們不曉得陳亞財的名字，還以為他就叫做陳財發。福順村的居民，都知道有這麼一家養豬大戶，也經常見到這位大家長；那時已年過半百的陳亞財，經常一身「唐山阿伯」的裝扮，騎著腳踏車、戴著闊邊帽子，拎了個菜籃子到菜市場。

那時候，陳家莊的男丁會定期開著小貨車到福順村，挨家挨戶收集剩餘的殘羹剩菜，回到養豬場調製成豬飼料。每逢過年過節，陳家莊也不忘以雞蛋或其他食品，贈送常年提供廚餘的每家每戶；這種回饋鄉里的行動，是當年「甘榜精神」的一部分。

一九六〇年代中旬，獨立前後的新加坡開始工業化的腳步，政府在「居者有其屋」計畫下，大量徵用土地發展工業，興建稱作「組屋」的國民住宅，我居住了十年的福順村，也在這樣的時代背景下走進歷史。

我的家人並不務農，搬遷比較便利；陳家莊就不一樣了，他們是當地的農業大戶，家庭人口眾多自不必說，飼養的數千頭豬，要找環境、交通、水源皆符合闢建農場需要的地段，絕對不是輕鬆的事情。因此，我家是在一九六五年遷徙，陳家莊卻要到次年才完成大搬家的繁重任務——搬到紅沙厘。

從那個時候開始，除了上中學的前兩年搭乘過陳家經營的校車上學，我對陳家莊的動向就不甚清楚了。一九八〇年代中旬，聽說陳家莊開起了超級市場，一直到一九九五、九六年間，新加坡電視台《焦點》系列節目和「人在異鄉」單元，先後播出專題報導，介紹陳家莊的故事與事業，攝製組還拉隊到上海太陽島和崇明島，拍攝高爾夫球場及養豬場，陳家莊的事蹟，才又一次在我腦海中出現。

在這之後的一九九七年，爆發了東南亞金融危機，間接聽說上海太陽島受到相當大的衝擊，那時候我已第一次離開報業，從北京常駐五年後回國；雖然仍舊經常往返北京，消息來源不多。直到前述的二〇〇九年，在一次上海之行中，經時任新加坡國際學校總校長劉榮基的引薦，我才眞正認識陳家莊第二代莊主陳逢坤，而且在兩年之後，機緣巧合下加入這個企業家族的團隊，並且有緣負責撰寫本書。

爲了獲得寶貴的第一手資料、最眞實的「現場感」，我多次作客陳家莊，也接觸多位陳家莊的成員，以及在元立集團任職多年的「老」臣子。陳家兄弟當中，人稱「二伯」的老二陳逢千尤其讓我印象深刻。

二伯陳逢千現年八十歲，個子高瘦，目前雖已退休在家，還時常開車接陳家莊的孫輩放學，他愛看書報、思維清晰。我在與他訪談時發現，對於家族往事，他如數家珍。我也感受到這位老二的細心，當他講述完一段經歷，看到我還在作筆記時，一定會稍作停頓，讓我完成記錄再往下說。

陳家莊在新加坡的養豬規模和務農，是第一代大家長陳亞財開的頭，在第二代的十個兒子和幾個侄兒當中，陳逢坤接班之前，陳逢千的角色稱得上舉足輕重。即便其他兄弟紛紛開發副業，陳逢千還是堅守務農的崗位。因此，寫這本書之前，陳逢坤就建議我應該多找他的二哥瞭解情況。

陳逢千也是陳逢坤口中「家裡最大的反對黨」。當年在開發和經營農場的過程中，陳亞財最器重的就是老二，他也出力最多，然而，在小兒子陳逢坤從台灣回來後，陳亞財卻決定交棒給幼子。

陳亞財的這項決定，出乎許多兒子的意料，而心裡最覺得有些失落的，恐怕就是這位老二了，因爲二伯向來是農場的中堅分子。當年陳逢千鑑於自己沒念過書，一番好意向老爸舉薦，讓幼弟留學台灣，他的想法是將來幼弟回國，可以輔助他成爲一員幹將，沒有想到幹將倒變成了主帥。

但既然父親決定栽培幼弟爲接班人，老二和其他的兄弟、堂弟，也只有欣然接受及配合。然而，眾兄長接受陳逢坤領導，從「口服」到「心服」，不但是循序漸進的過程，也經過重重的考驗。

陳氏兄弟畢竟是純樸、心地善良的農民，在磨合的過程中，雖然有情緒化的對抗，甚至出現企圖「逼宮換帥」的激烈場面，但我們沒看到勾心鬥角、爾虞我詐，或者惡意中傷，有的只是「恨鐵不成鋼」的求全，以及由於熱愛家族事業而引發的集體焦慮。

陳家莊子弟的難能可貴之處，最明顯的一點就是沒有私心。就以老二陳逢千來說，他當初或許有些不服父親的決定，然而，多年之後他雖已淡出領導班子，看到幼弟眞金不怕火煉、通過了種種的考驗時，心裡還是感到非常的安慰。

過去的三年間，上海太陽島每逢九月都會舉辦以農業和養生爲主題的國際論壇，我也都在會場內外見到這位可愛的老農民。他總是靜靜坐在後排，聚精會神聆聽各國專家演講，我也留意到他以非常欣賞的眼光、驕傲的神情，看著幼弟在台上演說。

與會期間，他也特地前往崇明的泰生農場，到豬舍走走，到菜園看看，還告訴農場總監林宗賢教授，當年種菜養豬僅靠經驗和土方法，與現代靠知識技術的方式相比，效果實在大有分別，讚賞神情寫在臉上。

陳逢千已經退休，他的兒子中，有三位在百美超市的採購與配送部門工作，只是擔任中等職務，不在核心管理層內，然而大學畢業的長孫章豪，卻被視爲培養人才之一，充分反映陳家莊家族成員的愛心、公平與合理。

雖把二哥稱爲「最大的反對黨」，但是我深深感覺到，陳逢坤其實很感激這位二哥。一來因爲家族開始務農的階段，陳逢千是父親的左膀右臂，對農場事業起了奠基作用；二來陳逢坤更明白，今天家族企業有此成績，二哥的反對肯定發揮了鞭策的作用。一個人的成功，總是離不開「拉」（pull）與「推」（push）兩種力道。

本書很少提到大哥陳逢揚，其實這位老大今年八十三歲，論年紀，甚至可說大了小弟陳逢坤一代，除了有點耳背、不便接受採訪，身體倒很硬朗，仍在百美的中央配送部「幫頭幫尾」，每逢陳逢坤從上海回來，這位大哥總愛找幼弟閒聊幾句，有時候，上午七點鐘就上辦公室找弟弟。

在陳逢坤的口中，陳家兄弟感情深厚，雖然在生活和做事上偶爾會有摩擦，最終大家都能以和爲貴，相信這是受到父親待人處事的影響，父親的言傳身教，成爲陳家莊的精神財富。

我在陳逢千提供的一堆舊書信中，就發現了好幾封寄往汕頭澄海鄉下的家書，有的是陳亞財寫給堂妹的、有的則是陳逢千寫給堂姑或堂弟的。最早的是一九六九年十月二十三日，以陳亞財的名義，寫給堂妹陳雞母的一封信。

這封信開頭寫道：「得知吾妹已把那被風雨摧殘了的房屋修好，我等方爲放心。」然後陳亞財表示聽到侄兒訂親非常高興，也在信中透露了和三弟陳財有分家的消息：「由於遷居後地方的局限，三弟樂意遷往他居。」

其實，當年兩兄弟對於如何經營家業——到底要繼續養豬還是改爲種菜——意見分歧，三弟才提出分家，但是陳亞財在寫給堂妹的信中，一點兒都沒有批評三弟的意思，由此可見他的宅心仁厚，兄弟之情始終沒變。陳亞財還隨這封信，寄上港幣一百五十元給堂妹一家。

由於陳炎遺在一九三三年逝世之前，曾經囑咐長子往後要關照家鄉的親人，因此陳亞財一直不忘父親的遺訓。上述信件寄出時，距離陳炎遺往生已經三十六年，但陳亞財與家鄉親人的聯繫一直沒有中斷。在父親的影響下，陳逢千也經常代表家人，關心家鄉的親屬。

「家風」影響所及，在與陳逢坤接觸中，我很少聽到他對三個子女的期望，最常掛在他嘴上的，反而是「陳家莊」這三個字，他總是把「小家」擺在「大家」的後面。他關心家族當中的弱勢成員，也給犯錯的小輩改過的機會。陳家莊的精神，是陳亞財留給後代子孫的精神遺產。

陳逢坤反覆強調「家」的重要，因爲他認爲，這是個人之外最基本的群體單位，是通往企業與社會這些更大組織的基點，所以他一再呼籲我們，要回到以「家」爲本的原點。家庭關係處理得當，才是確保企業健康、社會和諧的後盾。

值得一提的是，陳逢坤誕生於一九五三年的十一月下旬，生日剛好是個星期日，英文的 Sunday 意爲陽光的日子，他的名字又有個代表大地的「坤」字，明媚陽光照耀大地，不正是農作物賴以生長的情景？這本身就是多種因緣的和合。

是的，本書的完成同樣借助於各種機緣。筆者必須叩謝的人很多，篇幅所限無法一一列名，但是當中的一位應該點名，那就是潘庭松先生。潘先生是陳逢坤的好友，九十年代初期曾受邀到陳家莊作客兩個月，對於陳家莊的生活細節，有很詳細的記錄，他的這份寶貴資料，豐富了這本書的內容。

【附錄一】

陳家莊管理與福利制度（適用於住在陳家莊的成員）

2006.12.01 修訂

一、結婚

(1) 男性家庭成員

(a) 提供一個房間。

(b) 家俱及裝修費—— $3,000.00（新加坡幣，以下同）

(c) 聘金—— $2,000.00

(d) 在陳家莊宴客酒席費用由家裡負責，禮金收入歸家裡。提供十桌宴請女方親友。若酒席在陳家莊以外的地方舉行則費用自理。

(2) 女性家庭成員

在公司服務三年以上嫁妝——$5,000.00

在公司服務未滿三年嫁妝—— $2,000.00

(3) 度蜜月費用

其中一人在公司任職—— $2,000.00

夫妻倆在公司任職—— $4,000.00

若未在公司任職，以上福利將被取消。

二、生產

由於第三代的薪金已比照市場行情，也有公積金和保健儲蓄，因此不再提供生產費及住院費。慶祝滿月費用自理。

三、托兒服務

爲了鼓勵成員到企業工作，將安排老一輩家人，協助看顧兩歲以下的孩子，若不滿這項做法，可以自行另作安排，費用自理。

四、教育

(1) 津貼

在陳家莊長大的家庭成員享有以下的福利：

(a) 教育津貼

不同教育階段將給予不同金額的津貼。（附表I）

(b) 書費

按照學校所提供的買書清單給予書費。每位學生只允許一套書本的費用，如有需要多買一套或購買其他課外書、書包、制服、文具等，費用自理。

如果父母其中一人不在公司任職，以上福利減半。

(2) 校車服務

將在規定時間與距離住家的合理範圍內，提供這項服務予幼兒班至中學學生。如果時間和地點皆無法配合，請自行處理和自費。

(3) 獎學金：將在每年的耶誕節發放獎學金。（附表II）

(4) 大學教育及深造留學：孩子在本地大學就讀，費用由家裡支付；若孩子出國深造，費用則由父母支付。

(5) 補習：費用自理。

五、工作

(1) 成員的工作由家庭管理層安排。如有不滿，可向管理層提出協商。

(2) 家庭成員如果要在外面工作，須通知管理層並且得到本身父母的同意。

(3) 在外工作

(a) 家裡只提供住所（一間房間）及伙食。

(b) 孩子獎學金按照規定而給。

(c) 若夫妻倆都選擇在外工作而又住在陳家莊，每個月必須象徵性補貼陳家莊 $500.00的津貼。

六、交通

(1) 至公司上班的車子安排由家庭管理層決定。

(2) 在不用上班的情況下，家庭成員需要用車時可使用家裡提供的車輛。成員之間應該好好溝通及安排車輛使用，以免造成他人的不便。在未使用車子的情況下，任何車資費用自付。

(3) 成員若購買自己的車子，將不支付車子的任何費用，包括油費。家族車子內的添油紀錄器不得移動到其他車輛。如有犯規，將受到懲罰。若需要駕駛自己的車去上班，將按照公司的制度處理。

(4) 家族的車子一概不准在外停放過夜，除非得到家庭管理層的批准。

(5) 任何交通意外的費用將由駕駛員承擔。

不在家庭企業任職的成員，不能駕駛家族的車。

七、廚房

(1) 廚房為家人提供一日兩餐。

(2) 除了廚師本人，任何人皆不准取用廚房的食材。個別小家庭在房間內或陳家莊以外的住所烹煮料理，請自備食材。

(3) 任何人若對廚房所烹煮的食物不滿，可選擇在外用餐，費用自理。因不喜歡餐桌上的食物而到廚房去個別烹煮，是不被允許的。

(4) 任何人都不准在廚師面前批評所準備的食物。如有不滿或具建設性的建議，歡迎大家向管理層提出，可加以改進，使生活更加愉快。

(5) 如果廚師請假（包括事假、年假、病假等），將由負責駕駛校車的成員（學校或公共假期）或四姆林亞妹頂替。駕駛工作將另作安排。

(6) 收拾餐廳飯桌的工作將於晚上七點半進行，遲回的人可請家人代為留飯菜。

八、退休

(1) 第二代的成員在退休後，家族將支付退休金。

(2)六十歲以上的成員如果能繼續爲公司服務，將按照市場行情給予薪金。家庭管理層有權做最後的決定。

九、醫藥費

(1)第二代

(a)如需留院治療，家族將根據政府醫院的收費支付（B1）或以下的床位費用。家族將支付扣除保健儲蓄後的餘額。如果第二代的成員沒有保健儲蓄，應利用子女的保健儲蓄。

(b)專科治療費用由家庭管理層決定是否支付。

(c)普通醫生或中醫治療費用自理。

(d)任何補品費用自理。

(2)第三代或以下

所有費用，不管住院、普通醫藥或中醫治療，請自理。

十、在外活動

家庭成員不得在外惹事生非，如有成員涉及非法活動，一切責任和費用自行負責。

十一、周圍環境

陳家莊的周圍環境將有人打掃。所有成員應盡量保持環境的清潔及衛生。

十二、家庭糾紛

當孩子吵架時，雙方父母應馬上把自己的孩子帶回房間教育。父母之間不得在孩子面前爭吵或指責對方孩子不是。如果雙方家長無法協調，不允許公開爭論，應找管理層處理。

十三、投訴

家庭成員若對任何事有所不滿，可以反應給管理層。

十四、破壞公物

若孩子不小心弄壞了家中任何物品或公物，應馬上向管理層彙報。

十五、工資

家庭成員應盡力把所安排的工作做好。公司將按照個人職責、工作範圍及表現決定個人工資。

十六、紅包及花紅

過年除夕，管理層將會按照個別情況決定家庭成員的紅包及花紅。在公司任職的成員將根據個別主管的評估及公司所設定的制度領取花紅。

十七、管理層

(1)家庭管理層的成員現由陳逢坤、陳逢秋和戚志萍組成。如有更改，將另行通知。

(2)公司管理層由家庭管理層及外來人才組成。

所有福利將隨著時間和情況而更改，例如夫妻倆有一人不在公司服務，家族有權減少各方面的福利與津貼。

在任何情況下，管理層有權更改制度並做最後的決定。

附表I：教育津貼

教育階段	一人在公司任職	兩人在公司任職
小一～小三	20.00	40.00
小四～小六	40.00	80.00
中一～中二	80.00	160.00
中三～中四／ITE	100.00	200.00
初級學院／高中	150.00	300.00
理工學院	150.00	300.00
大學	200.00	400.00
等待會考成績	100.00	200.00
國民服役	100.00	200.00

附表II：獎學金

小學學校成績	獎金
90分以上／全部 band 1	100.00
85分以上／三個 band 1 及其他至少 band 2	80.00
80分以上／一個 band 1 及其他至少 band 2	50.00

中學學校成績	獎金
85分或以上	150.00
80分或以上	100.00
75分或以上	50.00
O Level 會考成績	**獎金**
六科積分6～9分	500.00
六科積分10～13分	300.00
高中學校成績	**獎金**
選修六科者積分6～9分／選修五科者積分5～8	300.00
選修六科者積分10～13分／選修五科者積分9～12	200.00
A Level 會考成績	**獎金**
選修六科者積分6～9分／選修五科者積分5～8	500.00
選修六科者積分10～13分／選修五科者積分9～12	300.00
理工學院成績	**獎金**
選修六科者積分6～9分／選修五科者積分5～8	500.00
選修六科者積分10～13分／選修五科者積分9～12	300.00

陳家莊十條家規

(1) 孩子間發生爭吵，各自父母帶開自己的孩子，回房間勸導教育。
(2) 成人間不准吵架，有意見不合或磨擦，透過溝通協調解決爭執。
(3) 兄弟間不批評或指責對方的妻子和孩子，有問題透過長輩協調。
(4) 吃飯時不可隨意批評。
(5) 不亂丟垃圾，不亂塗鴉，不破壞公物。
(6) 嚴禁聚集談論他人是非。
(7) 尊敬長輩，看見長輩一定要稱呼，要愛護晚輩。
(8) 晚歸或不回家時，一定要通知父母。
(9) 年輕人禁止帶異性朋友回家過夜。
(10) 接受工作指派。

犯規者的處罰

(1) 規勸。
(2) 責罵。
(3) 減薪、停薪或調換工作。
(4) 根據企業的制度處理。

附錄二：陳家莊百年大事記

一八八六年	陳炎遺誕生
一九一〇年	陳亞財誕生
一九一三年	陳炎遺南移新加坡
一九一五年	陳炎遺之父在家鄉逝世
一九一八年	陳炎遺回家鄉處理父親安葬事宜
一九二三年	陳炎遺再度回鄉，把母親、妻子和兩個兒子接到新加坡，在芽籠租地種菜
一九二七年	陳炎遺夫婦攜長子陳亞財返鄉娶妻，妻子是陳亞財表姊朱如貂。婚後，陳亞財隨父母先回新加坡
一九二八年	朱如貂南來，與丈夫一家團聚
一九二九年	陳亞財長子陳逢揚出世
一九三三年	陳炎遺逝世，享年四十七歲，陳亞財繼續與兩個弟弟同住，陳家莊成型
一九三七年	陳家莊第一次搬遷，由芽籠搬到樟宜，向地主許錫林租地種菜
一九三九年	陳亞財由春聯得到靈感，把養豬場取名爲「陳財發農場」
一九四一年十二月	南侵日軍空襲新加坡市區，死傷慘重
一九四二年二月七日	日軍登陸，新加坡攻防戰拉開序幕
一九四二年二月十四日	新加坡淪陷，改名爲昭南島
一九四二年二月到一九四五年八月（日軍投降）	•因私賣蔬菜，陳亞財被日本員警重拳打傷 •陳亞財到芽籠福順村多找了塊地，讓弟弟和兒子種菜養豬，他樟宜芽籠兩邊跑
一九五二年	樟宜大面積水患，陳亞財舉家搬回芽籠福順村
一九五三年十一月	陳逢坤誕生
一九六五年	新加坡政府宣佈徵用芽籠大片土地發展工業
一九六六年	陳家莊搬遷到紅沙厘。陳亞財三弟陳財有與大哥意見分歧，第二年與大哥分家，搬回樟宜種菜
一九六七到一九七七年	陳財發農場不斷擴大，養豬達到六千多頭
一九七七年	新加坡政府在城市發展計畫下，徵用紅沙厘土地，陳家莊搬遷到榜鵝
一九七二年	陳逢坤高中畢業，被徵召入伍參加軍訓，激發出昂揚的鬥志
一九七五年	陳逢坤考入台大畜牧系

一九七七年	陳逢坤認識就讀東海大學的戚志萍
一九七九年	陳逢坤學成回國
一九八〇年	陳逢坤與戚志萍結婚；陳亞財透露有意讓幼子接班的意向，同一年陳亞財生病住院，不久痊癒
一九八一年	陳逢坤長子陳永紹誕生
一九八四年	新加坡政府宣佈，五年內全面淘汰養豬業，當時陳家莊的養豬規模已經達到五萬頭，成爲新加坡的「豬王」
一九八六年	陳亞財第一次回家鄉探親
一九八六年十二月	陳逢坤召集陳家莊成員，召開第二代接班人投票會議，陳逢坤和陳逢秋獲正式推舉成爲家族企業第一和第二把手
一九八七年	陳逢坤到馬來西亞開發熱帶蘭花園
一九九〇年	陳逢坤買地蓋房子，在樟宜的卓灣興建陳家莊莊園
一九九〇年八月	陳亞財逝世，享年八十歲
一九九三年	陳逢坤赴上海，買地開發太陽島
一九九四年十二月	捲入上海最大「確權案」，被老同學控告，最終法院判「駁回起訴裁定」，贏了官司。這起官司前後歷時兩年半
一九九五年五月	新加坡總理吳作棟參觀太陽島
一九九五年七月	銜接太陽島和陸地的「中新橋」竣工啓用，由時任中國國務院副總理的吳邦國命名與題字
一九九五年十月	新加坡電視台《焦點》系列節目播出「陳家莊」專題報導
一九九七年七月	太陽島高爾夫酒店度假村開幕，同年爆發東南亞金融危機
一九九八年到二〇〇一年	受金融危機衝擊，太陽島經營深陷困境
二〇〇二年	太陽島業務逐漸走出陰霾，陸續開發新項目，包括昆山、蘇州、南京等太陽島系列
二〇〇六年七月	朱如貂逝世，享年九十七歲
二〇〇七年六月	陳逢坤心肌梗塞，緊急送院動手術，病後對人生有了新感悟，誓願全面關注個人、家庭與企業的健康之路
二〇一〇年	陳逢坤與林宗賢教授發現「泰生」概念，開展「泰生學」的思想與實踐研究，建設泰生示範農場，將「泰生」理念逐步導入養生、餐飲、企業和教育等領域
二〇一〇年九月	舉辦第一屆泰生國際論壇
二〇一一年九月	舉辦第二屆泰生國際論壇
二〇一二年一月	《泖塔》季刊創刊號出版，研究與宣揚「泰生」理念與實踐方式
二〇一二年八月	上海「泰生天地」館開業
二〇一二年九月	舉辦第三屆泰生國際論壇

附錄三：陳家莊百大名單

- 陳亞財（已故）
  朱如貂（已故）
  - 陳逢揚／中央配送部門幫忙
    劉粉粧／已故
    - 陳秀蓮／已婚
    - 陳秀花／已婚
    - 陳秀貞／廣告部門任職
    - 陳秀琴／休養中
    - 陳秀珍／已婚
    - 陳永福／鮮魚部門主任（採購）
      梁美雲／財務部門主任
      - 陳宣翰／學生
      - 陳宣銘／學生
  - 陳逢千／退休、看孫
    黃柔錦／看孫
    - 陳永華／鮮魚部門負責採購：主任
      蔡美英／負責載送家中學生上下學校及廚務
      - 陳章豪／上海新加坡國際學校；職務：校長助理
      - 張伊婷／上海太陽島的養生館研究院；職務：活動策劃
      - 陳章銳／新加坡百美IT部：主任
      - 陳婉欣／學生
    - 陳永光／中央配送部門任職
      梁寶蓮／超市蔬菜部門：組長
      - 陳章凱／學生
      - 陳章旋／學生
      - 陳章祥／學生
    - 陳永茂／不在家族企業任職
      王美蓮／貿易部門經理
      - 陳宣帆／學生
      - 陳宣佑／學生
      - 陳琬潞／學生
    - 陳永強／中央配送部門任職
      林來麗／不在家族企業任職
      - 陳章偉／學生
      - 陳章俊／學生
  - 陳逢木／中央配送部門任職
    郭蘭香／中央配送部門任職
    - 陳秀枝／已婚，移民澳洲
    - 陳永輝／中央配送部門：副經理
      陳貞霓／看孩子
      - 陳宣睿／學生
      - 陳宣融／學生
    - 陳秀莊／超級市場總經理
    - 陳秀彬／財務部：主任
  - 陳逢欽／已故
    林亞妹／負責廚房及祭祖的事宜
    - 陳永亮／保安部：主任
      唐麗萍／財務部：主任
      - 陳婉倩／已婚
      - 陳宣恒／學生
    - 陳永興／中央配送部：高級經理
      陳麗施／採購部：經理
      - 陳婉菱／學生
      - 陳婉淇／學生
    - 陳玉蓮／已婚，採購部：主任

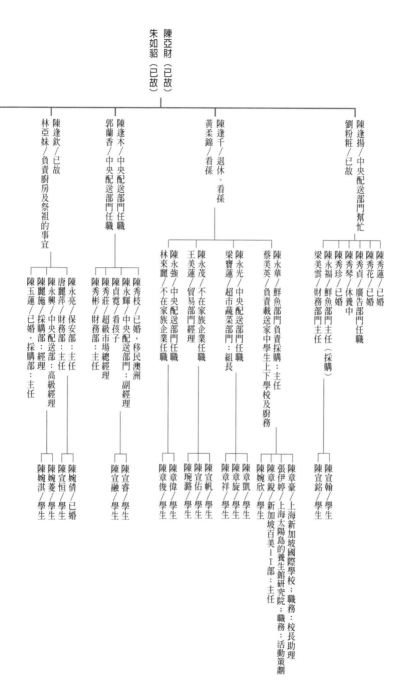

- 陳逢華／看孫
  謝良儀／看孫
  - 陳永全／不在家族企業任職
    蕭筱婷／不在家族企業任職
    - 陳婉萱／學生
    - 陳俊恩／學生
  - 陳永傑／休養中
    黎文玉／人力資源／行政部：高級經理
    - 陳俊康／學生
    - 陳俊佑／學生
    - 陳壘樂
  - 陳盈盈／已婚，上海國際學校校董部：校董助理
- 陳逢存／中央配送部門任職
  卓柑吉／超市新鮮部門任職
  - 陳秀玲／上海太陽島養生研究院：常務副總經理
  - 陳秀敏／不在家族企業任職
  - 陳永錠／上海國際學校電腦部：經理
- 陳逢清／超市的保安部任職
  劉美心／負責家裡的衛生工作
  - 陳秀藝／已婚
  - 陳秀能／已婚
  - 陳永智／不在家族企業任職
    吳美玲／不在家族企業任職
    - 陳婉寧
    - 陳章文
- 陳逢家／超市保安部門任職
  白金菊／看孫
  - 陳永善／中央配送部門：組長
    劉金玉／不在家族企業任職
    - 陳婉婷
  - 陳永合／不在家族企業任職
  - 陳永忠／不在家族企業任職
    尤珊珊／坐月
    - 陳琬怡
    - 陳琬恩
- 陳逢弟／不在家族企業任職
  何素娟／不在家族企業任職
  - 陳秀雯／不在家族企業任職
- 陳逢坤／集團總裁
  戚志萍／上海太陽島養護部、農業部：副總裁
  - 陳永紹／上海國際學校校董部：總裁特別助理
  - 陳秀慧／上海太陽島總經辦：副總經理
  - 陳秀虹／集團總部商務銷售部：副總監
- 陳嬋蘭／退休

陳財來（已故）
高亞順（退休）

- 陳逢春／已故
  詹亞嬌／已故
  - 陳永峰／不在家族企業任職
    趙心怡／不在家族企業任職
    - 陳宣文
    - 陳乙萱
  - 陳永川／不在家族企業任職
    蔡月蘭／不在家族企業任職
- 陳逢秋／集團副總裁
  陳婉芳／貿易及超市：常務副總經理
  - 陳永毅／學生
  - 陳永毅／學生

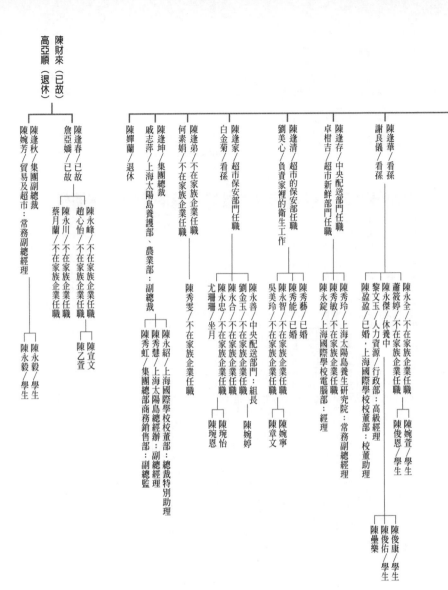

國家圖書館出版品預行編目資料

世紀陳家莊：從養豬戶到營收百億的企業家族傳奇／李永樂 著.
-- 初版. -- 臺北市：商周出版：家庭傳媒城邦分公司發行,
2012.12　面：　公分
ISBN 978-986-272-275-6（平裝）
1. 陳氏　2. 成功法　3. 家族史
177.2　　101022402

世紀陳家莊：從養豬戶到營收百億的企業家族傳奇

作　　者／李永樂
責任編輯／陳玳妮
版　　權／翁靜如

行銷業務／李衍逸、蘇魯屏
總 編 輯／楊如玉
總 經 理／彭之琬
發 行 人／何飛鵬
法律顧問／台英國際商務法律事務所　羅明通律師
出　　版／商周出版
城邦文化事業股份有限公司
台北市民生東路二段 141 號 9 樓
電話：(02) 25007008　傳真：(02) 25007759
Blog：http://bwp25007008.pixnet.net/blog
E-mail：bwp.service@cite.com.tw
發　　行／英屬蓋曼群島商家庭傳媒股份有限公司城邦分公司
台北市民生東路二段 141 號 2 樓
書虫客服服務專線：(02) 25007718、(02) 25007719
服務時間：週一至週五上午09:30-12:00；下午13:30-17:00
24 小時傳真專線：(02) 25001990、(02) 25001991
劃撥帳號：19863813；戶名：書虫股份有限公司
讀者服務信箱：service@readingclub.com.tw
城邦讀書花園：www.cite.com.tw
香港發行所／城邦（香港）出版集團有限公司
香港灣仔駱克道193號東超商業中心1樓
E-mail：hkcite@biznetvigator.com
電話：(852)25086231　傳真：(852) 25789337
馬新發行所／城邦（馬新）出版集團【Cité (M) Sdn. Bhd.】
41, Jalan Radin Anum, Bandar Baru Sri Petaling,
57000 Kuala Lumpur, Malaysia.
Tel: (603) 90578822　Fax:(603) 90576622
email:cite@cite.com.my

封面設計／黃聖文
排　　版／新鑫電腦排版工作室
印　　刷／韋懋印刷事業有限公司
總 經 銷／高見文化行銷股份有限公司
電話：(02) 26689005　傳真：(02) 26689790
客服專線：0800-055-365

■ 2012 年 12 月 4 日初版

定價320元

Printed in Taiwan
城邦讀書花園
www.cite.com.tw

商周出版

廣　告　回　函
北區郵政管理登記證
台北廣字第000791號
郵資已付，免貼郵票

104台北市民生東路二段141號2樓

英屬蓋曼群島商家庭傳媒股份有限公司　城邦分公司

請沿虛線對摺，謝謝！

商周出版

書號： BK5076	**書名：** 世紀陳家莊	**編碼：**

請於此處用膠水黏貼

商周出版

讀者回函卡

謝謝您購買我們出版的書籍！請費心填寫此回函卡，我們將不定期寄上城邦集團最新的出版訊息。

姓名：____________________

性別：☐男 ☐女

生日：西元 ________ 年 ________ 月 ________ 日

地址：____________________

聯絡電話：__________ 傳真：__________

E-mail：____________________

職業：☐1.學生 ☐2.軍公教 ☐3.服務 ☐4.金融 ☐5.製造 ☐6.資訊
☐7.傳播 ☐8.自由業 ☐9.農漁牧 ☐10.家管 ☐11.退休
☐12.其他 __________

您從何種方式得知本書消息?

☐1.書店☐2.網路☐3.報紙☐4.雜誌☐5.廣播 ☐6.電視 ☐7.親友推薦
☐8.其他 __________

您通常以何種方式購書?

☐1.書店☐2.網路☐3.傳真訂購☐4.郵局劃撥 ☐5.其他 __________

您喜歡閱讀哪些類別的書籍?

☐1.財經商業☐2.自然科學 ☐3.歷史☐4.法律☐5.文學☐6.休閒旅遊
☐7.小說☐8.人物傳記☐9.生活、勵志☐10.其他 __________

對我們的建議：____________________

請於此處用膠水黏貼